JN101189

**Study in
Childhood Educators' Work**

2004

DOBUNSHOIN

Printed in Japan

保育・教育ネオシリーズ ⑨

保 育 者 論
共生へのまなざし

第四版

【監修】

岸井勇雄

無藤 隆

湯川秀樹

【編著】

榎沢良彦

上垣内伸子

同文書院

執筆者紹介 *authors*

【編著者】

榎沢良彦（えのさわ・よしひこ）／ 第5,10章
東京家政大学教授

上垣内伸子（かみがいち・のぶこ）／ 第2章
十文字学園女子大学教授

【著者】 ＊執筆順

浜口順子（はまぐち・じゅんこ）／ 第1章
お茶の水女子大学教授

矢萩恭子（やはぎ・やすこ）／ 第3章
和洋女子大学教授

山田陽子（やまだ・ようこ）／ 第4章
十文字学園女子大学教授

鈴木眞廣（すずき・まひろ）／ 第5章
社会福祉法人わこう村　和光保育園園長

若松亜希子（わかまつ・あきこ）／ 第5章
児童養護施設至誠学園　臨床心理士・公認心理師

向山陽子（むかいやま・ようこ）／ 第6章
武蔵野大学講師，東洋大学講師，道灌山福祉専門学校講師，白梅学園大学大学院博士課程在学

義永睦子（よしなが・むつこ）／ 第7章
武蔵野大学教授

鈴木正敏（すずき・まさとし）／ 第8章
兵庫教育大学大学院准教授

福元真由美（ふくもと・まゆみ）／ 第9章
青山学院大学教授

Introduction

はじめに

　グローバル化に象徴されるように，現在の社会は従来の枠のなかでの安定にとどまることが許されず，市場原理にさらされる自由競争の時代を迎えている。このことは基本的には必要なことではあるが，厳しい現実を伴う。優勝劣敗という弱者に冷たい社会。短期的な結果や数字にあらわれる成果の偏重。基礎的な理念よりも人目を引くパフォーマンスの重視など——。

　これらは人間形成としての教育，とくに乳幼児を対象とする保育にとって，決して望ましい環境ではない。教育者・保育者は，すべての価値の根源である1人ひとりの人生を見通し，その時期にふさわしい援助をあたえる見識と実行力をもたなければならない。

　こうした観点から，本シリーズは，幼稚園教諭ならびに保育所保育士（一括して保育者と呼ぶことにする）の養成機関で学生の教育にあたっている第一線の研究者が，研究の成果と教育の経験にもとづいて書き下ろしたもので，養成校のテキストや資格試験の参考書として配慮したものである。

　各章の著者はそれぞれ研究と教育の自由を活用し，個性豊かに叙述したので，その記述に多少の軽重や重複が見られるかもしれない。無理な統一を敢えて避けたのは，テキストを絶対のものとは考えないからである。教科書を教えるのではなく，教科書で教える——といわれるように，あくまでもテキストは参考書である。担当教員は自ら大切と思う点を詳細に重点的に講義し，それだけでは偏る恐れがあるので，他のところもよく読んでおくようにと指示することができる。学生諸君も，読んでわからないところを教員に質問するなど，幅広く活用していただきたい。

　「幼稚園教育要領」と「保育所保育指針」は，近年いちじるしい深まりを見せている保育学および周辺諸科学とともに多くの実践の成果を結集したものである。その趣旨が十分に理解されてよりよい現実をもたらすにはさらに少なからぬ努力と時間を要すると思われるが，本シリーズが，この重大な時期を迎えているわが国の保育・幼児教育の世界と保育者養成のために，ささやかな貢献ができれば，これに過ぎる喜びはない。

初版　監修者・編著者代表　岸井勇雄

無藤　隆

柴崎正行

第四版改訂にあたって

　2017（平成29）年3月に「幼稚園教育要領」「保育所保育指針」「幼保連携型認定こども園教育・保育要領」が改訂（改定）され，2018（平成30）年4月より施行されました。さらに，保育士養成課程も見直され，2019（平成31）年4月より改正された新しいカリキュラムが実施されています。各保育者養成校（施設）においては，これらの改訂（改定）・改正を踏まえて，社会で求められている資質を身につけた保育者の養成に努める必要があります。それに応えるべく，本書を改訂することにいたしました。

　本書の改訂に当たっては，初学者である皆さんが保育者であることの意義・責任，保育者として生きていくことの意味を自ら深く考え，理解し，保育者の仕事に興味をもって学習できるように内容を再吟味しました。その結果，特に以下の5点について留意しました。

　第1に，学生の皆さんの理解をより容易にするために，事例の解説を簡略化したり，図表で表現できる箇所はできるだけ図表化するなど，読みやすさと見やすさの向上を図りました。

　第2に，本書のコンセプトである「共生へのまなざし」がグローバル化の進む社会においてますます重要となることを踏まえ，多様性の問題として，外国籍の家庭や障がいのある子ども，配慮の必要な家庭，児童虐待の家庭などへの支援について内容の充実を図りました。

　第3に，新しい「幼稚園教育要領」「保育所保育指針」「幼保連携型認定こども園教育・保育要領」において，より重視されるようになった「乳幼児期から学童期への学び・発達の連続性」「保育者同士の連携・協同」「保育者の専門性の向上」などについて内容の充実を図りました。

　第4に，調査データに関しては最新のものに更新しました。

　第5に，各章に関連のある新たな法令や改正された法令について確認し，必要なかぎりで内容に反映させました。

　各執筆者は以上の点について内容を丁寧に見直し，修正しました。

　子どもの成長・発達にかかわる問題・課題が山積する現在において，幼児期の教育・保育の重要性はますます高まりつつあります。それゆえ，保育者はすべての子どもが人権を保障され，健やかに成長できるように最善の努力をしなければなりません。そのためには，保育者自身が常に学び成長していかなければなりません。幼稚園教員免許や保育士資格を取得することはその出発点に過ぎません。私たち執筆者は，学生の皆さんが本書を通してそのことに気づき，免許・資格を取得することの責任を自覚し，主体的に学び続ける保育者になられることを期待し，本書の改訂に努めました。授業においてだけでなく，これからのキャリアにおいて本書が皆さんの座右の書となることを切に願います。

2020年4月

編著者　榎沢　良彦

上垣内伸子

Contents

目次

本書について

・このテキスト内の事例に登場する人びとは，すべて実際の事例を反映させました架空の人物としておりますこと，ご了承ください。

・各章の演習問題は，問題の内容によって，節内，章末，事例に基づいたものなど，さまざまな形式にて出てきます。「自分だったら」とイメージしながら取り組んでいただけましたら幸いです。

・このテキスト内で記されている「幼稚園教育要領」「保育所保育指針」「幼保連携型認定こども園教育・保育要領」および各「解説」の該当ページは，文部科学省，厚生労働省，内閣府のホームページに掲載されている原本のページに準拠しています。

保育者をめざす

〈学習のポイント〉 ①保育者を志望するとはどういうことかを考える。
②実習のなかで出会う困難や課題を通して，めざすべき保育者のイメージと，いまの自分とのギャップについて考える。
③学生のうちにしておくべきことを考える。

1. 願望から志望へ

■ なぜ保育者をめざすか

保育者（幼稚園教諭・保育士）養成校の学生に「どうして保育者になりたいのですか」とたずねると，次のような答えが多かった。

　a. 自分の通った園の先生が大好きだったから

　b. 子どもが好きだから

　c. 家庭の育児にも役立ち，一生できる仕事だから

　d. 資格・免許がとれるから

　ここでは，a，b，cについて考えてみたい。

（1）幼児期に出会った保育者の記憶

自分の通った幼稚園や保育所で出会った「やさしい」「大好きな」先生の思い出を胸に，幼児期からずっと「大きくなったらあの先生のような保育者になりたいと思い続けてきました」という動機をよく耳にする。卒園した後も，ときどきその先生と交流を続けている人もいる。自分自身のすばらしい幼児期の経験を，今度は自分が子どもたちに返していこうという思いには，「なるほど」と納得させられる。

逆に，自分の幼児期に受けたマイナスの体験が，保育者になろうという気持ちに結びついている人もいる。幼児期の悲しかったり苦しかったりした思い出が，よい保育者になるきっかけになるということもあるのだ。

幼稚園や保育所での経験には，明るい部分と暗い部分があるだろう。ただ楽しいだけの場所ではなく，子ども心に，不思議に思ったり，わけのわからない思いをしたり，行きたくなくなったり，こわい時間があったり，不安を覚えたりした部分もあったはずである。子どもにとって，園は必ずしも明るい，楽しい，だけの場所ではなく，むしろ，そういう部分を含めてトータルな園生活として子どもが体験していることを重く考えるべきだ。

また，自分が出会った保育者についての記憶は，事実をそのまま反映しているとは限らず，その後の自分なりの解釈をともなって想起されている部分もあるはずだという点を認識しておく必要がある。だからといって「あいまいで当てにならない」記憶なのではなく，自分の保育者観（保育者に対するイメージ）の出発点をさぐる大切な素材であることに変わりはない。養成課程において理論的に保育者に関して学んだり，また実習などで子どもと接したりするなかで，保育者観も変わっていく。そのプロセスにおいて，自分の出会った保育者に対するイメージも変化するだろう。

（2）子どもが好きだということ

　「子どもが好き」というのはどういうことだろうか。

　ある養成校の学生（１年生）に「理想の子ども像」のイメージをきいてみると，次のような意見が多かった。

- ・よく遊ぶ
- ・元気，活発
- ・素直
- ・友だちが多い，みんなと仲良くできる
- ・健康，体力がある
- ・思いやりがある，人の気持ちがわかる
- ・笑顔，よく笑う

　これらのイメージを逆さにしてみると，どのような子ども像になるか考えてみてほしい。それは，現場でよく話題になる，典型的な「気になる子」のイメージに重なるのではないだろうか。ここにあげられた「理想的な子ども像」は，必ずしも初心者だけに特有のものというわけでもない。問題は，その理想像に近い子どもだけを「好き」と感じるかどうかなのである。

　理想の子ども像としてあげられているもののなかの「素直」について考えてみよう。子どもは素直だ，というイメージを多くの人が抱くようだが，学生に「皆さんは，恋人や結婚相手は素直な人がいいですか」ときいてみると，「ええー」という声がいっせいにあがり，一部で「気持ちわるい」などというつぶやきも聞こえてくる。どうして，素直な子どもはいいのに，素直なおとなは嫌なのか。ある学生はこの問いがよほど気になったのか，授業のあとに，短いコメントを書いたメモをもってきてくれた。

　「子どもはまんなかの気持ちをもっているということではないか。おとなになると，付属品が多くなるから。子どもは余計なものが少ないと思う」。

　面白い意見だと思ったので，次の授業で紹介すると，別の学生から「子どもはまんなかだけというのは，思い込みではないか」という意見が出た。つまり，「子

どもは純粋無垢で，わるくいえば単純だが，おとなはいろいろあって複雑なんだ」という区別がおかしいという指摘であった。そのほか，自分の心に正直，という意味の「素直さ」ならおとなにとっても大切だ，という考えも発表された。

　保育者としての経験を積んでくると，「いい子」がかえって気になるという感覚をもつことが多い。「『いい子』というイメージだけで見過ごしていることはないか」「『いい子』になろうとしてどこか無理をしてはいないか」……というように，現実の子どもに即したまなざしになっていくのである。しかし，ベテランの保育者にとっても「理想の子ども像」はそれぞれあるはずだ。手のかかる子ほどかわいい，というのもよく耳にする言葉だが，いずれにしても「子どもが好き」という感覚は，非常に不安定なものであることは確かのようである。

　「子どもは苦手」「子どもは好きというより，おもしろい」という人でも，すぐれた保育者になることは多いのである。

（3）保護者のサポートを一生の仕事に

　養成課程において保育者について学ぶなかで，保育者になりたいという夢や希望は，より現実的なものに変わり，やりがいのある仕事か，自分に向いているかなどと考えるようになるだろう。夢やあこがれの段階だと，「子ども－保育者」の二者関係が関心の的になりやすいが，より現実的に保育者という職業について考えるようになると，現代の親子の問題や子どもが育つ環境など，「子ども－保育者」の関係だけでない，その周囲にあるさまざまな社会的関係に思いがめぐるようになる。そのなかで決定的に重要なのは保護者である。保護者と保育者がどんな関係を結ぶかが，子どもの成長を支えるキーポイントであることに気づいていくだろう。子育て不安や少子化，待機児童や児童虐待などの世の中を騒がせている話題も，実は保育者という仕事と密接な関係がある。1人ひとりの保育者が，日々子育てで苦労している保護者をサポートすることは，こういう社会の大きな問題を解決することと無関係ではない。いや，保育者は誰よりも保護者を確かにサポートできる立場にあるともいえるかもしれない。また，自分自身の問題としても，将来仕事を続けるうえでワーク・ライフ・バランス（仕事と家事の両立）をどのように実現するのか考えざるを得ないだろう。自分も保護者となって，保育者の仕事を続けるためにわが子を他の保育者に託すかもしれない。そこにも保育者という存在は不可欠なのである。

　小さい子どもを育てる保護者が安心して子育てできるということが，今から未来に向かって希望のある社会を築いていくことと密接につながる。そのために，自分はどんな保育者になりたいか，具体的に模索してほしい。

2. 子どもとかかわり，自分を知る

　保育者になろうと決心して，養成課程に一歩踏み込むと，保育・教育・心理・福祉・表現などのいろいろな授業があり，それまで抱いていた保育者や子どもに対するイメージが変わってくるだろう。授業を通して得る，新しい知識や技能によって，ますます「保育者になりたい」と考えるようになるかもしれないし，その逆のこともあるだろう。いずれにしても，そのようなときに，こころしておくべきことは，子どもと実際に出会う機会を意識してつくるということだ。テレビやビデオもいいが，電車やバス，公園や店先などで見かける実際の子どもとの出会いを大切にしてほしい。子どもだけに注目するのではなく，まわりのおとなとのやり取りなども含めて日常的に観察しておくことが，授業で得た知識に奥行きを与える[*]。学校で準備される実習だけが実習ではなく，日ごろから，いろいろな場面における子どもの姿を意識的に見ておくことは，知識や理屈で硬くなった子ども像に生気を吹き込んでくれるだろう。

＊幼児に限定せず，小学・中学生を含めた子どもの集まる場所（公園，児童館，図書館の児童書コーナー，玩具店，遊園地など）に折にふれて行ってみるのもおもしろいし，子どもの間で流行している遊びやおもちゃ，ことば，グッズ，ゲーム，キャラクター，テレビ番組などへもアンテナを張っておくとよいだろう。

■1 はじめての参加実習で

　1年生の学生がはじめて，「子どもの心にふれよう」という目的で入った幼稚園実習の記録を，まず紹介する（記録中の下線は筆者が引いたものである）。

【学生Aのはじめての実習】

　今回が子どもたちとふれあう最初の実習です。ここの幼稚園は，遊びを中心としているので，登園してきた園児は着替えを済ませ，朝から元気に遊んでいました。山の上で遊んでいるつくし組の子に「おはようございます」と声をかけると返事が返ってきて，照れずにきちんとあいさつができるのだなあと感心しました。あいさつは大切なコミュニケーションの手段だと思います。そして私が「きょうはつくし組でお勉強するんだよ。よろしくね」と言うと，子どもたちは「ワーイ！」とよろこんでくれたので，とても嬉しかったです。（略）

　今日は給食の日で，ハンバーグ，スパゲッティ，パン，イカリング，さくらんぼといったメニューで，先生は園児たちに「今日はイタリアンレストランに来たつもりで召し上がりましょう」とおっしゃっていて，園児がよろこびそうな状況づくりがうまいなぁと思いました。（略）

　先生とのミーティングでは，言葉遣いや話す速さを指摘され，あせると早口になり，同じ言葉を2度くり返す傾向があるようでした。やはり話し方ひとつで子どものとらえ方は違うだろうし，ゆっくり話すほうが，子ど

もにとって安心できるのだろうと思いました。

　「子どもの心にふれよう」という目的で行った実習だったが，最初の実習ということもあり，なかなか目的に達することはむずかしく，つい外面的なこと（挨拶ができる，先生の動きなど）に気をとられてしまいがちであったようだ。また，幼稚園独特の小さい机やいす，壁面構成の工夫，遊具の配置など，物的な環境に目をうばわれ，とかく先生のことばかけの「うまさ」に「感心」してしまう傾向がある。この学生Aの記録に，具体的な子どもの名前が出てこないというのもその表れだろう。しかし慣れてくると，しだいに目に見える事柄の背後にある意図や思いに関心が向かっていくものと思われる。

　学生Aの場合，先生に早口を指摘されたことは，貴重な経験だった。子どもの前で変わった自分，それに気づかない自分への気づきが，その後の実習において重要な意味をもつ。

【学生Bのはじめての実習】年少クラス

　R子と砂場で遊びました。R子は型に砂を入れてたこ焼きをつくっていました。それにはちゃんとしたつくり方があって，「レンジで温めてから粉をかけるんだよ」と教えてくれました。でも，そこにS君が来て「僕もたこ焼きつくる」と言って取りあげてしまいました。私は「S君，だめだよ。R子ちゃんが先に使っていたんだから。順番で使おうね」といっても返してくれなくて，R子は泣き出してしまいました。すぐにY先生がとんできて，S男に「これはR子ちゃんが使っていたんだよ。S君だって自分のものを取られたらいやだよね」と言いました。でもS男は怒ってほかのところへ行ってしまいました。そのままR子と私はまた一緒に遊びはじめたのだけど，こころはすっきりしませんでした。そして，しばらくするとR子は「これ，S君に貸してあげる」と言って，S男のところへ走っていきました。S男はもういいよ，とすねていたけれど，最後には「ごめんね」と言って仲良く遊びはじめたのです。自分たちだけで，ちゃんと解決できてすごいと思いました。

　ミーティングのときに，Y先生が「みんなわがままに見えるけど，何をするにもちゃんと理由があってのことなんですよ。たまの実習ではなかなか見えにくいでしょうけど，がんばってください」と励ましてくださいました。今日1日見た限り，S男の行動は自分が中心で，ほかのお友だちを寄せつけなくて，それを見て，私はおろおろするばかりでした。でも，その行動の1つひとつにきっと理由があったのだと思います。次の実習では，

その理由を見つけられたらいいなと思います。

　私は子どもに，何かをしてあげようと思っていた気がします。けんかがはじまったときも，「仲直りをさせなきゃ」と気が焦るばかりでした。でも手を出すのではなくて，見守っているだけでもいいんだなと思いはじめました。またがんばりたいと思います。

　物の取りあい，ときには実習生の取りあいといういざこざのなかで，学生は戸惑うことが多い。学生Bも，砂場でのけんかに遭遇し，子どもに泣かれている。「おろおろするばかり」だったが，子どもたちが「自分たちだけで，ちゃんと解決できる」ことを見ることができて貴重な実習になったようである。

　子どもたちの自己解決能力を目の当たりにすると，「子どもなのにすごい」という気持ちになるものだが，そういう驚きのなかには，もしかしたら，「子どもには，いざこざを自分で解決する能力がない」とか「いざこざを解決するには，おとなの助力が必要だ」と決めつけていた部分もあるかもしれない。

② 子ども１人ひとりの気持ちを大切にできるか

【学生Ｃの実習記録から：その１】年中クラス

　給食時間。Ｔ子に一緒に食べようと誘われた。私は昨日，ほかの子どもと約束したのだが，だれだったのかを忘れてしまっていたので，「もしその子が思い出したらＴ子ちゃんとは明日ね」という約束をした。結局分からないので，Ｔ子と，Ｔ子のそばにいたＣ子と食べることにしたら，直前になってＭ子が「あ，そういえば，私先生と昨日食べる約束してた！」と思い出して言った。本当はそこで，前から約束していたＭ子とＴ子と食べるべきなのに，私は「Ｃ子ちゃんより，Ｔ子ちゃんの方がわかってガマンしてくれるはず」と最低なことを考えてしまった。結果的に，やはりＴ子が「じゃあ明日食べよう」ということでガマンしてくれたが，このことを後でＳ先生に話すと，「それはお子さんに対する甘え」と言われ，本当にその通りだと思い反省した。Ｔ子はしっかりしているから，と思う私のこころが，Ｔ子をガマンしなければいけない状況に追い込んでいるのではないかと思った。これが今日の一番の反省点だ。

　子どもとなんらかの約束をすることは多い。とくに，実習生となると，子どもは個人的な結びつきを「約束」の形に託してくることがある。その子どもの気持ちを中途半端に受け止めていると，この記録のように，「子どもは覚えていない

のではないか」「延期しても許してくれるかな」と考えてしまうことになる。子どもは忘れっぽい，というような認識があれば，それは誤っている。大切なことは忘れないし，たとえ忘れてしまったとしても，おとなのほうが「こういう約束を昨日したけれど，どうしようか」と子どもに思い起こさせてもいい。それが，人と人との信頼関係を尊重する態度を子どもに伝えていくことになるだろう。また，この実習生は，違う形で，子どもの気持ちを大切にすることのむずかしさを体験している。

【学生Cの実習記録から：その2】年中クラス

　給食の後，K男と遊んだ。K男は2カ月ほど前に転入してきて，まだあまり友だちと慣れていなくて，ことばもあまり出ず，ひとりで遊んでいることが多いので，私もほとんどかかわっていなかった。でも，今日は突然私の手を引っ張って，おうちのなかに入れてくれた。(中略)K男もいろいろと広がりのある遊びをしていたし，また安心できる存在として私にも少しこころを開いてくれたのかな，と感じることができて嬉しい。でも，今日の大きな反省点は，M男がK男にいじわるをしたとき，せっかく楽しい遊びが広がりはじめたK男を守ろうとして，「M君，いじわるしないでね」とK男のことばかり考えて，M男の気持ちをしっかりと受け止めてあげられなかったことだ。もっとM男の気持ちも考えて声をかけていたら，もしかしたら，また違う遊びがK男との間で生まれていたかな……とも思った。

　弱い立場にある方をかばうということはよくあるし，また理解しやすい方の子どもに偏った判断をしてしまう傾向もある。これは実習生に限ったことではない。この例では，M男の行為を「いじわる」という表現でしか受け止められないこころの硬さがあるが，そのことに後から気づいていることが，実習生としての成長を感じさせる。この後，学生CがM男にどのように接し，かかわっていったかが重要である。

【学生Dの実習】年長クラス

　前回，Z先生のおっしゃられた「多くの子どもに多くのことばを」というアドバイスを実行しようと，音楽会の練習でピアニカの練習をしているみんなのところをまわり，弾いてもらうことにしました。これでおおかた「多くの子どもに」はクリアできたのですが，「多くのことばを」はとてもむずかしいと思いました。「気の利いたことばをかけてあげたい！」そう

思う気持ちの反面，<u>出てくることばはワンパターン</u>。「上手だね，たくさん練習したの？」といった単純なものだらけ。とてももどかしかったです。

　子どもに多くのことばをかけるということは，まず，自分が多くのことばの引き出しをもっていなければならないのだと痛感しました。そして重要なのは，<u>ことばをたくさんもっていること，それではなく，いろんな角度で物事を受け取れる感受性なのだと思います。</u>いまの自分にはどれも欠けていると思いました。だからこそ，多くのことばをかけてあげられる保育者になりたいと思います。

　「多くの子どもに多くのことばかけ」をする必要があるかどうかは，保育の状況にかかっていて，ことばかけが少なくてよい場合もある。学生Dがことばかけを増やすようにアドバイスされたのは，前回の実習で消極性が目立ち，子どもの輪のなかに入ることがなかなかできなかったためであった。先生のアドバイスを実行しようとすると，自分の口から出ることばがありふれたものばかり，という気づきは非常に重要だ。「上手」「がんばったね」「すごいね」など，子どもを励ます際につい口にしてしまう決まり文句がある。しかし，同じことばをくり返すことだけでなく，そこに込められている気持ちまで一辺倒になりやすい点が，実は問題なのである。

■3 子どもの要求を平等に受け入れられるか

　子どもが，子ども同士の関係性のなかで育っていく体験はとても大切だ。実習生になると，「いざこざが起こらないようにするにはどうしよう」とか「けんかをどうやってやめさせたらいいのか」などと悩む人が多いが，むしろ，言い争いや葛藤的な場面に遭遇したら，「子どもが育つチャンスだ」と思うぐらいの心構えでいてほしい。「どちらが悪いのか」とか「どう気をそらそうか」などと，おとなが先回りして考えて解決策を講じるのではなく，子どもが自分たちでかかわりあいながら友だちの気持ちを感じとり，どうしたらいいのかを考え，（保育者が援助したとしても）自分たちだけで解決できたという実感をもたせることを目指したい。

【学生Eの実習記録から】年長クラス

　E男，F男，G子が高オニ*に飽きて，次はこおりオニ**をやるか，ケイドロ***をやるかでもめはじめている。E男とF男が争うあいだで，G子は「みんなで仲良く遊びたい」という。そこへ，横から入ってきたH男が「E男なんかほっといて，ケイドロをやろう」と言います。E男はど

*高オニ
鬼ごっこの一種。高いところにいると鬼に捕まらない。

**こおりオニ
鬼ごっこの一種。鬼に捕まると凍りついて動けないが，逃げている人にタッチされると解かれる（ルールに地域差がある）。

***ケイドロ
警察と泥棒のグループに分かれてする鬼ごっこで，警察は泥棒を捕まえて牢に入れるが，捕まっていない泥棒は牢屋にいる仲間を助けることができる。ドロケイともいう（ルールに地域差がある）。

うしてもこおりオニをやりたい，と泣き続けました。そこで，「じゃあ，みんなで仲良く遊ぶためにはどうしたらいいかな」とみんなに尋ねてみました。するとG子は「混ぜようよ」と言いました。すると，みんなが口々にどういう風に二つを混ぜたらいいか提案しはじめました。前回の実習で同様のけんかがあったときは私が遊びを提案してしまったのですが，子どもたちが自分たちで考えて解決しようとしてくれたので，さすが年長さんだなと驚きました。

　しばらくケイドロをしたあと，また意見が分かれてしまいました。今度はI男がリレーしようと言い出し，高オニをしよう，というE男以外，みなリレーをすると言いました。昼食の時間も迫っていて，二つを順番にやるというのもむずかしい状況でした。私がすっかり困っていたら，E男は「僕ひとりで高オニするからいいもん。かってにリレーやってれば」と言いました。ますます困ってしまいました。すぐにI男は「E君こそかってにやってれば。F君やろう」と言いました。ところがその2人とは対照的に，E男は私と同様に困った表情をしていました。さきほどのこともあってか，「みんなと遊びたいな」と言い出しました。ジャンケンでE男はしぶしぶと，次には高オニだからね，と言い，リレーをやることになりました。ところが十分にリレーをやらないうちに，昼食の時間がきてしまい，保育室へ戻らなくてはならなくなってしまいました。E男は「ほら，やっぱり高オニができなかったじゃん」と言いました。この日の一番の後悔は，この瞬間でした。

　子ども同士の「何をして遊びたい」という要求がわかれたとき，学生Eは，前回自分がリードして解決に向かわせたことを反省したので，今度は迷いながらもなるべくことばをはさまないようにしている。このようなもめごとは，年長クラスになればとくに，自分たちだけで調整の道をさぐる重要な葛藤場面にもなり得る。しかし，この場面では，実習生も同じ輪のなかにいるので，ただの傍観者というわけにはいかない。「あの子の意見も，この子の意見も」と聞いていて，一見「平等」に子どもを扱っているようではあれ，いつの間にか強者の論理に向かっているという面もここでは見逃せないだろう。

　集団保育のなかでの「平等」は，深いテーマである。「今日は数人の子どもとだけつきあってしまったので，次回はほかの子どもとかかわりたい」「ひとりの子どもをみていると，ほかの子どもがみえなくなる」「ひとりの子にくっつかれてしまって，離れるのに苦労した」などという反省は，実習生によくある種類のものだ。しかし，「専門職としての保育者になればそんなことはいってられない」

というように，切り離してよい問題でもない。このあたりの問題には真剣に取り組んでおかないと，クラス全体のまとまりばかりを優先して子ども1人ひとりを後回しに考える保育者になりかねない。

　複数の子どもと「平等」に接するにはどうしたらいいのか。
・すべての子どもの要求をそのまま聞き入れることなのか（学生Eの困惑の要因）
・すべての子どもと同じ時間つきあうことなのか

　しかしながら，「30人のクラスであれば，6時間の実習時間中に1人あたり12分ずつかかわろう」というような計算は，まさか成り立たないだろう。

　ことばでいえば簡単になってしまうが，関係性と状況のなかでの「平等」を考える必要がある。子どもがどのように「受け入れられている」と感じるかも，その子どもと実習生との関係で違ってくる。また，子ども同士の関係性によって，どのようなとき，どのような仕方で自己を発揮できていると感じるかは異なり，それによって，毎日の園生活に対する充足感が変わってくるのである。

3. 仲間と語りあう

■1 体験を言語化する

　実習に行くと，実習生のこころのなかにたくさんの思いがふくらむ。その思いは，まだことばの形をとらずに，もやもやした印象のままにとどまっている部分が多い。しかし，たとえば，担任の先生に「今日，どうでしたか」ときかれて口頭で答えたり，実習の後で実習仲間と話したり[*]していると，少しずつ何がおもしろかったのか，何が問題だったのか，何がわからないのか，などが意識化されてくる。体験はことばのレベルに置き換えると，はじめて，その体験を共有していない人とも話しあうことができるようになる。

　実習日誌・記録を書くことは，その意味でも，非常に大切な作業だ。記録は人に見せる（園や養成校の先生に提出する場合が多い）ことを前提にすると，自分が一番書きたいことの周辺から書き起こさなければならないので，「そういえばこういうこともあった」と新たな事実を思い出す必要がある。また，「どのことばを使うのがもっとも適切だろうか」という選択に迫られ，そのプロセスで，自分のもやもやした印象の輪郭がはっきりしてくるという面もある。逆に，もやもやした印象の大切な部分が，言語化によって削り取られてしまうような感じを抱くこともあるかもしれない。「うまく言語化できない」というジレンマは非常に大切で，それはなぜなのか，という問いを，簡単に片づけないでもち続けることが重要だ。

*保育の現場で知った子どもやその家族についてのプライバシーにかかわる情報を，部外者に漏らしてはならないという「守秘義務」が，幼稚園や保育所の保育者にはある。実習生にもそれに準ずる義務があることを自覚し，道端や交通機関のなかなどの公共の場所で個人名をあげて特殊な情報について話さないようにしよう。メールやSNS，ブログなどインターネット上への書き込みは厳禁である。

演習問題

Q なぜ実習で得た印象をうまく文章化できないのか，いろいろな側面から考えてみよう。

② 仲間同士で話しあう

　実習日誌・記録を仲間と読みあうと，自分ひとりで考えていたときとも，先生のアドバイスとも違うことを感じることがある。「友だちも同じことで困っていたのだ」と知ると安心する。また，「私に比べて友だちはすごいな」と思うこともある。そういう場合，「今度はがんばるぞ」と思うか，「人それぞれタイプは違うから」と自分を励ますか，「私は保育者に向いていないのでは」と悩むか，大きく分けて３タイプある。実習のこの段階で，自分の保育者としての適性を云々するのは，まだ早すぎるだろう。

　もし，ひとりで実習に行き，現場の先生に忠告やアドバイスを受けるだけで，同じ立場の実習生と体験を分かちあうことがないとしたらどうなるだろうか。実習がうまくいかないでいると，「まだ未熟だから」という答えしか出てこないかもしれない。また，先輩である先生からほめられれば「うまくいった」と思い，注意されれば「直そう」とすることのくり返しとなり，人の目ばかりを気にするようになりかねない。

　しかし，たとえ同じ園ではなくても，仲間と一緒に実習にでかけていき，それについて語りあう時間があると，実習を通して変化していく自分をみつめることができる。一緒に実習する仲間が悩んでいればその姿から，あるいは生き生きと輝いているようにみえればまたその姿から，実習を通して変わる自分を鏡のように映し出し，違う自分がみえてくる。

　学生時代の実習は，仲間との育てあう関係を大切にしたい。「現場に入ってからも保育者としての養成は一生続く」と最初に書いたが，学生時代の養成期でとくに大切なのは，実習や子どもとの出会いを通して変化する自分自身を見つめることであろう。それを助けるのが，仲間との経験の共有や話しあいなのである。

　しかし，そこには落し穴もある。まず，第一に，保育者志向の学生には自己陶酔型になりやすいという面がある。戦後，中学・高校の国語の教師として長いキャリアを生きてきた女性のことばを以下に紹介したい。そこには，教師と保育者共通の「酔い」について言及されている。

教師になると何か幸せになったような気持ち，子どもを愛しながらものを教えて
いく，何かとても幸福な世界へはいったような気がしてくるのです。（略）それはそ
れでよいとして，世の中全体として考えてみた時，そんな幸せばかりがあるはずが
ないではないか，よほどぼんやりしているのでなければ，この世の中にはそういう
幸せなことばかりがあるのではなくて，そんなうれしさにじっと浸っている時に，何
か見落としているんではないかということに気づくべきです。そんな幸せが，毎日
毎日幸福感だけがあっていいはずがないではないかと気づかなければならないもの
を，あまり子どもが純真でかわいいために，それに気づかないことがあるのです。（略）
　自分の幸福感に酔ってしまって，かわいさということに酔ってしまって，それを
見つめる目がないと，ここに教育者という仕事は滅びてしまうのではないか。その
人は一個の「いい人」ではあっても，教師という職業人ではないということになる
と思います。もしその人が職業人だというのだったら，そこで失格するということ
になるのではないかと思います。

出典：大村はま『教えるということ』共文社, pp.77-78, 1973

　もう1点，仲間とともに保育者をめざすなかで，自分らしさをどう大切にする
のかという問題である。下に紹介するのは，アメリカの養成校の学生の記録だ。
自分らしさを発揮すると，逆に居心地の悪さにつながっているという事実に気づ
く，という葛藤がみられる。

　他の実習生との違いは，自分とは共通性がほとんどない他の女性たちとの関係を
通して，日ごとにますますはっきりしてきた。（略）子どもや子どもの発達につい
てみんなが当たり前に思っていることを議論の俎上（そじょう）にのせようとする唯一の学生で
あり，教授連からは「ズケズケものを言う」，「理屈っぽい」，「横柄な」，「ケンカ腰の」，
「生意気な」受講者とされた。声は低すぎるし，身振りは大きすぎる，不満をすぐ
に顔に出す。教室で冒涜的（ぼうとく）な言葉を連発して，同僚たちを赤面させた。（略）数週
間のうちに，私は自分の風変わりな点を「隠している」自分に気付き，「女の子ら
しさ」と女性の異性愛が幼児教育のための非公式な必要条件であるという恐ろしい
事実を発見した。

出典：Hodges, D.C. 1998 Participation as dis-iden-tification within a com-munity of practice.
　　　Mind, Culture, and Activity, 5（4）, pp.272-290（佐伯胖「学び合う保育者―ティーム保育
　　　9における保育者の成長と学び―」『発達』83, ミネルヴァ書房, pp.41-47, 2000 から引用）

　日本では周囲から突出して目立つことを避けて，「空気を読む」ことを尊重す
る傾向があるといわれる。しかしこの記録を読むと，アメリカ社会でも，自分が

目立ち過ぎることを気にして目立たないようにしたり，まわりの人がもっている価値観と大きく異なることに気づいてショックを受けたりする学生がいることがわかる。外国籍の子どもや保護者とかかわる機会は，日本でもますます多くなるだろう。たとえ日本人であっても感じ方や考え方はさまざまなのだ。同じ国籍であっても，私たちは本来，異文化を生きる者同志なのである。そのような姿勢で人と出会い，人に関心をもつことが多様な人たちと共生する手がかりになるに違いない。

4. 保育から教育・福祉分野を見通す

　実習生の時代は「自分の実経験から，先輩の助言に抵抗しようとすることもあり，経験を重視し，子どもとかかわるのに本で学ぶ必要などないと考えたり，また本を読んでもそれを実際に保育に応用することが困難である」といわれる[*]。たしかにこの時期は，授業で学んだり本で読んだりしたことと，実習体験とを関連づけにくいだろう。「3歳児は……と授業で聞いたけど，本当だった」というような結びつけ方はできても，保育という営みや子どもの成長について，本や授業で得た知識を活用しながら，自分なりの全体的なイメージを描くというようなことは，なかなかむずかしいだろう。

　しかし，保育者になるには，授業科目で教わる範囲を越えていろいろな知識が必要らしいこと，子どもを保育するということが，「保育者―子ども―保護者」という3者関係を取り囲む社会全体と深くかかわっていることに，しだいに気づいていくのではないか。

　保育者になる人は，子どもが育つということ，子どもが保育されるということについて，広い視野から考え，自分の意見をもつことが必要である。たとえば，時代とともに変わる「家庭」という存在をどうとらえるべきなのか，家庭的な保育とは，「施設」と「家庭」とはどう違いどう共通なのか，父親と母親の役割の違いはあるのか，あるとすればどのようなものなのか，学校と保育の関係はいかなるものなのか，障がいのある子ども（人）が生き生きと生活していける社会を築くためにどうしたらよいのか，増加する外国人の子どもたちの保育をどのように進めるのか，老人や地域の人と共存する新しい園生活をどのように実現できるかなど，「保育」を軸に，従来，別々にとらえられがちだった，教育的領域，福祉的領域の問題を総合的に考えていく必要がある。そして，そのもとには，いつも「保育の目的は何か」「子どもの幸せとは何か」という問いがあり続けなければならない。学生のうちにぜひ，このような大きな構想をもって保育について

＊秋田喜代美「保育者のライフステージと危機」『発達』83，ミネルヴァ書房，pp.48-52（p.50 の 表 1「保育者の発達段階モデル」より），2000

考えておいてほしい。理想論だとしり込みする必要などない。むしろ，そのような壮大なことを，現場で責任を負う前に自由にいろいろと考え抜いた方がよいのだ。そのためには，授業だけでなく，仲間と話しあったり，いろいろな人と出会う経験をしたり，多様な方面の書物を読んだり，講演会やボランティアに参加してみたり，貪欲に視野をひろげる努力をしてほしい。

 ＜学生のみなさんへ　～本当の「子ども好き」をめざして～＞

「子ども好き」とはどういうことでしょうか。それは，自分が楽につき合える子ども，好みに合う子どもだけを「好き」なのとは違うはずです。ブルーノ・ムナーリ（イタリアの詩人・アーティスト，絵本作家）は「人間を理解するのは，猫を理解するのと同じで，まず好きでないと…」と言っています。猫好きの人はどんなネコでも好きで，つまりネコの本質みたいなものが好きで仕方がないのだと思います。子どもの本質とは何でしょう？　私は，小さい「くせに」一生懸命で，まじめで，けなげな感じがいいなと思います。そんな私も若いころ「子どもは苦手」でした。いまも決して「得意」だとは思いませんが，「子どもは得意」だといって自分を疑わない人よりは，子どものことを好きだと思います。

　子どもはいろいろです。ひとりとして平均的な子どもというのはいません。それを面白いと感じること，好きだと思えることは，多様性を愛することです。それは，いろいろな人間，外国で育った人，障がいのある人，自分とは違う経験と考え方を人生で育んできた人たちとの違いに興味をもち共生しようとする態度と，太くつながっているに違いありません。

【参考文献】
竹内敏晴『教師のためのからだとことば考（ちくま学芸文庫）』筑摩書房，1999
江波諄子『キーウェイディンの回想～子ども時代の真実が今，語られる～』文芸社，2009
倉橋惣三『育ての心』フレーベル館，2008
西平直『教育人間学のために』東京大学出版会，2005
ルース・クラウス（文），モーリス・センダック（絵），渡辺茂男（訳）『　あなはほるもの　おっこちるとこ—ちいちゃいこどもたちのせつめい（岩波の子どもの本）』岩波書店，1979

第2章

保育するとは

〈学習のポイント〉
① 保育者という仕事の特徴を理解する。
② 保育における保育者と子どもの関係について考える。
③ 保育者としての自己成長感をもつことが，なぜ重要なのか考える。

ようちえん

　　　　　　　島田　明日望（6歳）

ああ　はやくおとなになりたい

おとなになったら

ようちえんのせんせいになって

また

まつえようちえんに

かようの

出典：川崎洋編『おひさまのかけら』中央公論新社，p.130，2003

　この詩を書いた明日望ちゃんにとって，毎日の幼稚園での生活は，楽しさに満ち満ちているものなのだろう。ここまで子どもを引きつける幼稚園（保育所，認定こども園）とは，先生（保育者）とは，一体どのようなものなのだろう。

　ここでは，保育者という仕事のもつ魅力と特徴を探ってみよう。

1. 保育者からみた「保育する」ということ

　表2-1（p.16）は，保育者となって5年目，10年目の各2人の先生が，現在と赴任1年目のときの自分をふり返って，各時点での保育者の役割*イメージをキーワードで表し，その理由を記したものである。

　1年目と現在とで，保育者について抱いているイメージの間にはかなり違いがあることがみてとれる。この違いは，保育実践を通してそれぞれが自分なりに気づき，獲得した「保育する」ことの特徴であると考えてもいいだろう。何がどう変わったのか，その変化をみることで，保育者からみた「保育する」ことの特徴をとらえてみよう。

＊保育者の役割について，「幼稚園教育要領解説第1章第1節の5教師の役割」では，「教材を工夫し，物的・空間的環境を構成する役割と，その環境の下で幼児と適切な関わりをする役割とがある。」（文部科学省「幼稚園教育要領解説」p.40）と示されている。さらに「第1章第4節の3指導計画の作成上の留意事項（7）教師の役割」の中では，教師の主な役割として，「幼児が行っている活動の理解者」「幼児との共同作業者，幼児と共鳴する者」「憧れを形成するモデル」「善悪の判断，いたわりや思いやりなど道徳性を培うモデル」「遊びの援助者」としての役割が大切であると述べ，「このような役割を果たすためには，教師は幼児が精神的に安定するためのよりどころとなることが重要である。」と指摘している（同解説，p.109-p.111）。

表2－1　4人の保育者がとらえた1年目と現在（5年目・10年目）の保育者の役割イメージの変化

		1年目	現　在
A先生／幼稚園教諭　5年目	キーワードで表すと	・手本 ・まとめる ・世話をする	・刺激 ・安心感 ・ガキ大将？
	その理由は	保育に対してまだまだ堅い概念をもっていた。 　先生は，一つ高いところで子どもをいかにまとめ，子どもに話を聞いてもらえるかばかりを考えていた。 　形になることばかり，望んでいた。	私自身が子どもと一緒になって真剣に遊ぶことが第一。そして子ども自身も十分に遊び満足しなければ「話を聞くこと」や「クラスのまとまり」を望んでもうまくいかないと思う。 　子どもと対等な立場で生活する。そのなかで，時には毅然として，してはいけないこと，わかって欲しいことを伝える。遊びも子ども任せでなく，発達に沿って遊びの素材を準備したり，きっかけ作りの役割も果たす。
B先生／幼稚園教諭　5年目	キーワードで表すと	・見守る ・援助する ・笑顔	・待つ ・共感する ・協力
	その理由は	日誌を見ると，「見守る」「援助する」「笑顔で～する」ということばがたくさん書かれていた。それが先生だと思っていた。頭の中に描いた「先生」を精いっぱい演じていたような気がする。	普段の保育でも行事でも，保育者が子どもと一緒になって物事をすすめていったり，一緒に感動したり喜んだり怒ったり共感することが，子どもとの距離を縮めることとなる。 　気持ちをせかさず待つことの大切さを，自分の子育てでも感じている。
C先生／幼稚園教諭　10年目	キーワードで表すと	・遊びの共有 ・共感する ・援助する	・手本となる ・援助する ・個性を重視し高める
	その理由は	楽しい園生活を送ってほしい，いろいろなことが出来るようになってほしい，友だちと仲よく遊んでほしいなど，子どもの姿よりも私が○○してあげたい，○○してほしいと，自分自身の考えの方が全面に出ていた。	何かを教えるというのではなく，自分の姿を見て学んでもらえるよう，自分自身を高め磨いていきたい。 　1人ひとりのすばらしいところを援助し，理解していくことで，子どもは自分の力で伸びていくと考えている。
D先生／保育所保育士　10年目	キーワードで表すと	・見守る	・子どもと同じ目線 ・援助（子ども同士の仲立ちとなる，など） ・保護者への援助
	その理由は	自分で考えて行動できる子どもに育つためには，見守って，最小限の援助が出来るといいと考えていた。	子どもと同じように共感したり，遊びに入り込むことも大事だが，それと同時に保育者としての目で見て行動しなければいけないときや，子ども同士の関係を作り，仲立ちになったりする役割も大きい。 　保護者に対しても，子どもの気持ちの代弁者になったり，子育てのアドバイスをし，親としての育ちの手助けをする役割が大きい。

◾️ 保育者と対等な存在として子どもをとらえる

（1）　1年目

　A～Dの4人の先生とも，子どもと保育者である自分との関係が，年数を経るにつれて変化している。

　A先生は，1年目には「（子どもより）ひとつ高いところで子どもをいかにまとめ，子どもに話を聞いてもらえるか，そこばかりを考えていた」とふり返っている。保育者と子どもの関係を，育てる立場の保育者が育つ存在である子どもの上位に位置し，指導するという，垂直な上下関係としてとらえている。そのために，キーワードとしても「手本」や「まとめる」ということばがあげられている。新米保育者としてのやる気が，子どもとの関係をいっそう一方的なものにしているようである。このような姿勢はA先生に限らず，実習生や経験の浅い保育者に比較的多くみられる。

　保育士養成課程では，乳児期からのコンピテンス（有能性）について学習するが，それでもなお，「子どもは非力・無知・無垢な存在であり，それゆえ，おとなからの十分な世話を受ける必要がある」といった素朴信念が，学生や保育者の頭のなかに根強く残っていることが多い。「世話される－世話する」という保育者と子どもの固定的な力関係のイメージは，なかなか変えることがむずかしいのである。

　二つ目として，保育者を目指す集団の心理特性がある。具体的にいえば，保育者を目指す人の多くが，愛情をもって子どもの世話をすることに喜びと自分のアイデンティティを見出す傾向が強いことがあげられる。そのために，優れた保育者となりうると同時に，支配的で一方的なかかわりをしがちであるという危うさをはらんでいる。

　C先生の「子どもの姿よりも私が○○してあげたい，○○して欲しいと，自分自身の考えの方が前面に出ていた」という記述も，愛情の陰に，A先生と同様に無意識の垂直な関係が表れているように思える。

（2）　5年目・10年目

　しかしながら，そうして保育者自身の思いを前面に出して懸命に保育していくなかで，保育者はたくさんのことに気づいていく。A先生は，5年目では「子どもと共に対等な立場で生活するなかで，ときには毅然として，してはいけないこと，わかって欲しいことを伝え…」と記している。人間としての対等さがあってこそ，保育者としての役割を十分に発揮でき，それが子どもにも伝わるということであろう。

　「手本となる」というキーワードが，A先生では1年目に，C先生では現在（10年目）の時点であげられているが，C先生の場合は，保育者として手本になると

▲保育を重ねるなかで子どもとの関係のとらえ方は変わっていく

いうよりも，人間として生き方の手本になりたいという思いが伝わってくる。C先生は，子どもたちにとって，まさに「あこがれを形成するモデル」であろう。

　以上のように，保育することを通して，A先生とC先生のなかでは，「おとな（先生）－子ども」「教える－教えられる」「育てる－育つ」という固定的で垂直な関係から，立場は異なっていても，みずから育とうとする人間であることにおいて，子どもと保育者は対等な関係であるとの認識へと変化してきている。そして，「そのためには，自分自身が自己の成長に努めることが必要だ」と気づいている。

　このように保育とは，人間と人間が出会い，日々かかわることを通して，「お互いの生を尊重するものであること」「保育の場にいるだれもが育つことにおいて対等な存在であること」に気づくことからはじまるものであろう。

　津守真*は，こうした子どもと保育者の対等性と共通性を，次のようなことばで語っている。

人生の探求者であることにおいて，子どもは大人以上に真剣である。私どもは子どもと交わることによって，子どもが生きる世界は大人が生きる真実と底辺において共通であることを知る。

出典：津守真『保育者の地平』ミネルヴァ書房, p.13, 1997

＊津守　真（1926-2018）お茶の水女子大学教授を経て，私立の愛育養護学校で校長を務めた。倉橋惣三の保育論を継承発展させ，自ら障がい児保育を実践し，その体験から深い子ども理解，人間理解に基づく保育論を発表した。また，日本保育学会会長も務め，保育学の発展に寄与した。

２ みずからかかわることを通して理解が深まる

　子どもの主体性を尊重する保育では，「援助する」「見守る」ことが重要である。表２−１を見ると，B先生は，みずからの１年目の保育日誌のなかに，「見守る」「援助する」という言葉をたくさんみつけている。D先生も「見守って，最小限の援助が出来るといいのではと考えていました」とふり返っている。

　けれども，５年もしくは10年たって１年目の自分を振り返ったとき，「援助する」ということばの真の意味に気づいたのではないだろうか。

　B先生は「頭の中に描いた『先生』を精いっぱい演じていたような気がします」

▲保育者の目で関係をつかんで…

と語っている。けれども，B先生は，戸惑いながらも保育を続けるなかで，「待つこと」「共感すること」「協力すること」が保育者の役割ではないかと気づく。5年目の今では，「普段の保育でも行事でも，保育者が子どもと一緒になって物事をすすめていったり，一緒に感動したり喜んだり怒ったり共感することが，子どもとの距離を縮める」と考えている。

また10年目となるD先生は，「子どもと同じように共感したり，遊びに入り込むことも大事だが，それと同時に保育者としての目で見て行動しなければいけないときや，子ども同士の関係を作り仲立ちになったりする役割も大きい」と，保育者という役割のもつ多様性を認識するにいたっている。

ふたりとも，「援助する」「見守る」ということばのもつ意味を実際に保育することを通して理解し，それにより，保育者の役割を知り，自分なりの保育者像をつくりあげていったものと思われる。実践のなかで保育を理解し，成長していくのが保育者である。

（1）子ども理解

子どもを理解することも同様であり，共に生活し，子どもとかかわることを通して自分なりの理解がなされていく。次頁の表2-2は，上述の4人の先生の1年目と現在（5年目・10年目）の子どもイメージを表したものである。

A先生は，1年目には子どものイメージについて「元気」「笑顔」と表し，「子どもの内面を深く読み取る力がよく，表面的な部分しかみることができていなかった」とふり返っている。そして，子どもとのかかわりを通して1人ひとりの子どもがみせる複雑さや多面性に気づき，5年目となる現在では，「繊細」というキーワードで表すようになっている。

B先生は，1年目には「子どもは疲れを知らず元気いっぱい」と，目の前の子どもたちを一括して「子ども＝元気」というようにステレオタイプな理解の仕方をしていたのが，今ではそれぞれの個性を伸ばしていきたい」と思うにいたっている。

C先生も，10年目となる現在の子どものイメージとして，A先生と同じ「繊細」をあげ，「いろいろなことを敏感にキャッチするので，見逃してはならない」と，自分の保育の課題としている。また，「子どものエネルギーや想像力の豊かさ，ユーモア，優しさなど，どれをとってもかなうものはない」と，「偉大」というキーワー

表2-2　4人の保育者がとらえた1年目と5年目・10年目の子どもイメージの変化

		1年目	現在
A先生／幼稚園教諭　5年目	キーワードで表すと	・元気 ・笑顔 ・一生懸命	・繊細 ・可能性 ・純粋
	その理由は	子どもの内面を深く読み取る力がよわく，表面的な部分しか見ることができていなかった。 　子どもたちの興味や関心をしっかりとらえられず，自分だけ空回りしていた。	周囲の環境や家族や保育者の接し方，かかわり方で子どもの育ちは大きく変わってくる。叱られることが多い子どもが園で乱暴な行動をとったり，大人の顔色をうかがうあまり自分らしさを出せなくなるという姿を見てからは，子どもは繊細で影響を受けやすいものだと思うようになった。
B先生／幼稚園教諭　5年目	キーワードで表すと	・小さい ・かわいい ・元気	・個性 ・同等 ・かわいい
	その理由は	生まれたばかりの小さな子どもという印象。 　子どもは疲れを知らず元気いっぱい，毎日遊ぶことが子どもの仕事。	子どもを知れば知るほど，小さく感じていた子どもたちが自分と同じ立場に見え，大きくすら感じられる。 　集団生活のなかでも，それぞれの個性を伸ばしていきたい。
C先生／幼稚園教諭　10年目	キーワードで表すと	・かわいい ・純粋 ・優しい	・偉大 ・繊細 ・優しい
	その理由は	まだ保育者としてスタートしたばかりの私を受け入れて，信頼して，先生としてみてくれた。	子どものエネルギーや想像力の豊かさ，ユーモア，優しさなど，どれをとってもかなうものはない。 　でも逆に，細やかな部分ももっていて，いろいろなことを敏感にキャッチするので，見逃してはならない。
D先生／保育所保育士　10年目	キーワードで表すと	・無邪気 ・きかん坊 ・かわいい	・エネルギッシュ ・個性 ・鏡
	その理由は	一緒に遊んで一緒に楽しんで，みんなで同じ気持になれると思ってた。 　何にも左右されることはない存在。	みんな同じじゃないのが子ども。 　子どもはおとなをよく見ている。 　明るく，子どもの目線にあわせ，こちらがこころを開けば，必ずこころを開いてくれる。おとながイライラしているときは，子どもの表情も暗い。

ドをあげている。

　保育とは，自分の頭のなかの思考によって完結するものではなく，目の前の子どもと自分が実際にかかわること（語りあい，活動し，ときに共感し，世話をしたり，応援したり，教えたり，という具体的な行為）を通して理解していくものなのである。

③ 関係性のなかで子どもや出来事をとらえる

　「おとながイライラしているときは，子どもの表情も暗い」（D先生）というように，保育を重ねていくなかで，子どもの示す言動はその子ども固有のものではなく，置かれている状況やその子どもを取り巻く人間関係の影響を受けて変化するものだという見方が保育者のなかに生まれてくる。

　保育者からみて「気になる子ども」の問題も，その子どものもつ問題というよりも，その子どもと，保育者である自分，もしくはまわりの子どもとの関係において生じていたり，問題を起こさずにはいられない状況が生み出されていることを理解しておきたい。

　次の事例は，手が出ることが多く，友だちから怖がられていたあつし君が，登園をしぶるようになったことから，攻撃と思っていた乱暴が懸命な防御であったと保育者が気づき，あつし君と保育者の関係が変化した事例である。

事例1　友だちにすぐ手が出るあつし君

　3歳児の担任保育者は，あつし君を，すぐ友だちに手が出てしまう乱暴な子どもとみていた。友だちが，あつし君が遊んでいたブロックを使おうとするとたたいて取り返したり，友だちが近くに寄ってくるだけで蹴ることもしばしばあったからである。

　ところが，そのあつし君が登園を嫌がるようになった。理由を聞くと，「ふみき君が僕をいじめるから」ということである。

　いじめているのは，たたいたりけったりするあつし君の方だと考えていた保育者は驚いた。しかし，あつし君からみれば，自分の使っていたブロックにふみき君が手を出してきたことで取られまいと必死になったり，何も言わずに突然自分に近づいてくることで攻撃されるのではないかと不安になって手足が出てしまうということだったのかもしれない。友だちの遊びに興味があるとすぐに近づいていくというふみき君の行動特徴によって，あつし君の乱暴な行動が生じていたのかもしれない。また，「乱暴なあつし君」「困ったあつし君」という保育者の否定的なまなざしが余計にあつし君を不安定にさせていたかもしれない。

　そこで，ふみき君に対しても友だちとのかかわり方を伝えたり，保育者も一緒に

遊んだりして，保育者自身のあつし君との心理的距離を縮めていくようにこころがけた。すると次第に，あつし君は笑顔で登園するようになり，落ち着いていった。

（筆者の観察記録より）

　このように，ひとりの子どもが目の前で見せる姿を，その子ども自身がもっている特徴としてとらえるのではなく，その子どもの置かれた状況や周囲の人（友だちなど）との関係によって生じる，いわば人間関係と状況に組み込まれたものととらえることにより，保育者の援助の質は変わってくる。「その子どものもつ問題をどう改善するか，解消するか」という視点からではなく，その子どもが安心して自己発揮し，充実した生活を送るためにどのような配慮やかかわりをするかという視点に立ち，その子どもに対する直接的なアプローチだけでなく，子どもを取り巻く環境を整備したり，人間関係を調整するといった間接的なアプローチによって，１人ひとりの子どもの生活の充実を実現する保育が成立していく。

　また，保育者自身の自己変革が子どもとの関係の質を変容させ，その結果，子どもにも何らかの影響を及ぼすことになったり，子どもの変化が保育者に変化をもたらしたりと，相互関係のなかでのこの相互性を，倉橋惣三[*]は，次のような文章で表している。

*倉橋惣三（1882-1955）
東京帝国大学で児童心理学を学び，東京女子高等師範学校教授，附属幼稚園園長を歴任。子どものさながらの生活と自発的な遊びによる自己充実を重要視し，フレーベルの教育論やデューイらの進歩主義教育の考えを参考に，『誘導保育』論を提唱。日本の幼児教育の基礎を築いた人物。

「教育される教育者」

　教育はお互いである。それも知識を持てるものが，知識を持たぬものを教えてゆく意味では，あるいは一方が与えるだけである。しかし，人が人に触れてゆく意味では，両方が，与えもし与えられもする。

　幼稚園では，与えることより触れあうことが多い。しかも，あの純真善良な幼児と触れるのである。こっちの与えられる方が多いともいわなければならぬ。

　与える力に於て優れているのみでなく，受くる力に於ても，先生の方が幼児より優れているべき筈である。その点に於て，幼児が受くるよりも，より多くを先生が受け得る筈でもある。

　幼稚園で，より多く教育されるものは，――より多くといわないまでも，幼稚園教育者はたえず幼児に教育される。

　教育はお互いである。

出典：倉橋惣三『倉橋惣三文庫3　育ての心（上）』フレーベル館，p.47, 2008

4 主体的に生きることを支える

　A先生（5年目）は，表2-1の現在の保育者役割イメージの説明のなかで，「子どもと一緒に保育者も真剣に遊び，子ども自身も十分に遊んで満足できなければ，気持ちよく『帰りの会』をすすめることを望んでもうまくいかない」と記述している。つまり，○○させることよりも，1人ひとりの子どもがいかに主

▲子どもが自分自身の力で「育つ」ことを支える

体的に自分のやりたいことをみつけ，自分で考え，自分らしさを発揮して遊ぶか，そのことを援助していくことこそが重要で，そうすれば，たとえば帰りの会で話をきちんと聞くというような姿も，結果としてもたらされるようになるというのである。

　C先生も，「○○してあげたい」「○○してほしい」と必死になっていた1年目に対し，10年目となる現在では，「1人ひとりのすばらしいところを援助し，理解していくことで，子どもは自分の力で伸びていく」と考えている。

　このふたりの先生は，「育てる」側のおとな（保育者）がしっかりと「育てる」から子どもが「育つ」のではなく，子ども自身が自分の力で「育つ」ことを支えるのが「育てる」ということなのだと考えるようになったのだろう。つまり，保育を重ねることで，子どもの主体性を尊重することの重要性に気づいたのである。

　子どもが自分の力でやり遂げようとする姿は，次に示す事例2，3のように，保育のあらゆる場面でみられる。

事例2 「ジブンでやりたい！」

　保育所での午睡前にパジャマに着替える場面では，2歳前後の子どもたちが懸命に自分でボタンをとめようと頑張っている。子どもだけではなかなかうまくいかないので保育者が手伝うと，「イヤ！」とものすごい剣幕でにらまれ，仕方なく，もう1度はずすはめになったりもする。自分でやりたいのに手伝われたら大変とばかりに，くるりと背を向けて，懸命にボタンと格闘する子どももいる。

事例3 「ここから先は教えないで！」

　よく飛ぶ紙飛行機をつくりたいと苦心している年長の男の子たちにせがまれ，紙飛行機を折りはじめると，途中で「わかった，もういい。ここから先は教えないで！」と断られた。ヒントはもらったから，ここからは苦労しても自分でつくりたいということであろう。

　このように，保育のさまざまな場面で，子どもは「自分でやり遂げたい」「自分で考えたい」「失敗することも含めて自分自身で経験したい」というサインを出してくる。そのようなとき，子ども自身の「育ちたい」という意欲や発達願望を受け止め，尊重していくことが，保育者には求められている。

　倉橋惣三は，子どもの主体性を尊重した保育のあり方の重要性とその楽しさを，『育ての心』の序文に次のように記している。

　自ら育つものを育たせようとする心。それが育ての心である。世の中にこんな楽しい心があろうか。それは明るい世界である。温かい世界である。育つものと育てるものとが，互いの結びつきに於て相楽しんでいる心である。

出典：倉橋惣三『育ての心（上）』倉橋惣三文庫3，フレーベル館，2008

---

5 心のよりどころになる－子どもからみた「保育する」とは－

　保育の対象である子どもの目に，保育者はどう映っているのだろうか。子どもが求めるもっとも大切な保育者の役割とは何であろうか。ここでは，事例4で紹介する，入園当初の子どものようすを通し，その時期の子どもの目に保育者はどのように映り，どのようにかかわろうとしているのかを糸口にして考えてみよう。

事例4　かずき君の入園第1日目

　入園式の翌日，1番バスのえいじ君，徒歩通園のようた君，2番バスのみきちゃんと，登園するなり大泣きをはじめる子どもが続き，先生は次々対応に追われている。ひとりイスに座ると悠々と粘土で遊びはじめるりょう君。同じマンションのたかひろ君とあきら君はふたりで遊びはじめる。かずき君はそんな友だちの遊ぶようすを見ながらも，落ち着かずに不安げな表情をしていたが，画用紙に絵を描いて，先生に渡しに行った。先生はほかの子どもに対応しており，かずき君は先生に絵をなかなか渡すことができない。困った顔で先生のまわりにいる子どもたちの後ろから，そーっと差し出している。しばらくして，やっと気づいた先生が受け取り，「かずき君の好きなカブトムシの絵ね」と声をかけると，パーッと笑顔になり，ピョン

ピョン飛びはねている。それから，ブロックで遊んでいる友だちのそばに行き，同じものをつくりはじめた。

（筆者の観察記録より）

　入園式の翌日の朝，登園してきた年少3歳児クラスのかずき君にとって，先生はどのような存在であったのだろうか。

　はじめての場所と友だちに囲まれ，遊び出すことがなかなかできなかったかずき君だが，自分の描いた絵を先生に受け取ってもらうと，とたんに表情も動きも変わり，笑顔になってピョンピョンと飛び跳ねていた。そして，はじめてまわりの友だちに気がついたかのように近づいていくと，ほかの子どものまねをしながらブロックで遊びはじめた。つまりかずき君は，担任の先生をこころのよりどころにし，受け止めてもらうことによって安心感を得ることができた。それにより，まわりの友だちにも興味がわき，自分のやりたい遊びをみつけて遊びはじめたのだと考えられる。

　家庭から離れて過ごす子どもにとって，保育者は親（保護者）にとって代わる愛着対象であり，愛着関係が形成されることによって，はじめて安心感をもって動き出すことができる。子どもを送り出す親（保護者）からみると，保育所・幼稚園・認定こども園等の乳幼児期の集団は，子どもにとって，自分と同じようなたくさんの仲間に囲まれ共に過ごす場であり，家庭では得られない経験ができる場であるという側面に目が向きがちである。しかし，子どもが安定した気持ちで友だちとの生活を楽しむためには，子どもの気持ちを理解し，安定感を保障し，精神的なよりどころになるおとな（保育者）の存在は欠かせない。なぜなら，「僕，わたしのことを見守ってくれる，わかってくれる，受け止めてくれる先生がいる」「困ったときに助けてくれる先生がいる」と子どもが思えるようになってはじめて，充実した園生活が展開されていくからなのである。

　『幼稚園教育要領解説』と『幼保連携型認定こども園教育・保育要領解説』には，幼稚園教育と幼保連携型認定こども園における教育および保育の基本に関連して重視する事項として，次のように書かれている[*]。

　（乳）幼児期は，自分の存在が周囲の大人に認められ，守られているという安心感から生じる安定した情緒が支えとなって，次第に自分の世界を拡大し，自立した生活へと向かっていく。同時に，幼児（園児）は自分を守り，受け入れてくれる大人を信頼する。すなわち大人を信頼するという確かな気持ちが幼児（園児）の発達を支えているのである。

＊『保育所保育指針解説』では，第1章総則2養護に関する基本的事項（1）養護の理念のなかで，「保育士等が，子どもの欲求，思いや願いを敏感に察知し，その時々の状況や経緯を捉えながら，時にはあるがままを温かく受け止め，共感し，また時には励ますなど，子どもと受容的・応答的に関わることで，子どもは安心感や信頼感を得ていく。そして，保育士等との信頼関係を拠りどころにしながら，周囲の環境に対する興味や関心を高め，その活動を広げていく。」と，養護を基盤としながら，それと一体的に教育が展開されていくことを記している。

出典：「幼稚園教育要領解説　第１章第１節　３幼稚園教育の基本に関連して重視する事項（１）幼児期にふさわしい生活の展開」（2018）（p.29）
「幼保連携型認定こども園教育・保育要領解説　第１章第１節１（４）幼保連携型認定こども園における教育及び保育の基本に関連して重視する事項」（2018）（p.31）

子どもからみる保育者とは，安心感の源泉であり，主体的に活動していく起点となる存在だといえる。

演習問題

Q1 経験を積むにしたがって，保育者の視点はどんなふうに変わっただろうか。また，それは，どんなところから感じられただろうか。具体的に書きだしてみよう。

Q2 保育者の視点が変わったことで，子どものとらえ方はどのように変化しただろうか。自分のことばでまとめてみよう。

Q3 「保育する」とは，どのようなことだろうか。自分なりの「保育」のキーワードをあげ，どのような保育，もしくは保育者を目指したいかを考えてみよう。

2. 保育者としての自己成長感

■ 学び続け育ちあう保育者

（1）保育とは育ち続ける仕事

　第１章では，実習を重ねることによる学生の成長を，本章第１節では，保育経験を積んでいくなかでの保育のとらえ方の変化から，保育者としての成長を取りあげてきた。それは，保育者という仕事は，保育専門職としての自己成長感をもつことが，非常に重要な要件となるからであり，「保育」という仕事自体が，その対象となる子どもの成長をどのように感じとり，理解し，その成長を支え援助していくかという，いわば「育つ」「成長する」という概念を中心におく仕事だからである。

　そのため保育者は，子どもばかりではなく，保育する自分自身をも成長する存在としてとらえ，自己の成長を感じ取り，かつそれを自分の喜びとできるようになることが求められる。そして，そのことが子どもの成長にかかわる保育者とし

ての一層の成長となっていくような，成長の相互性，成長の循環性を生じさせるものとなることが大切なのである。

　保育者になるための学習を重ねていく保育者養成のプロセスにおいても，自己の成長を認識できることが，学び続けることへの大きな動機づけとなる。同様に，実際に仕事に就いてからも，保育実践を通しての自己洞察や，自己の成長を自覚化することが，キャリアの継続と専門性の追求につながっていくのである。

❷ 保育者としてのみずからの成長をふり返る

　保育者としての成長のプロセスを，Ｎ幼稚園に勤務するともみ先生を例にとりあげて考えてみよう。

　表２－３，２－４は，ともみ先生の１年目と５年目の指導計画（日案）である。このふたつの日案を比較しながら，「保育を続けるなかで，どのように保育のとらえ方が変化してきたのか」「何が大切なことであると考えるようになったのか」について，主任と話しあう機会をもった。以下に示す１年目と５年目の日案と話しあいの記録をもとに，ひとりの保育者の成長をみてみよう。

　表２－３，表２－４の下部に示した話しあいでまず指摘されたのは，第１節で取りあげたＡ～Ｄ先生の１年目の記述とも共通することであるが，５年間の経験を通じて，ともみ先生のなかで，子どもとの関係が限りなく垂直に近い状態から対等なものへと変化したことである。「○○してあげる」「○○させる」から，子ども自身の活動を尊重し，その活動が充実していくように力を貸すという，子どもの主体性を大切にする援助に変わっていったことが見て取れる。そして，何より大きな変化は，１人ひとりの子どもに意識が注がれるようになったことであろう。１人ひとりの興味・関心や発達の特性を的確に把握理解し，そのこころの動きに応じてかかわろうとしており，目に見える部分への援助から目に見えない部分への援助へと，援助の質が変化し，保育そのものも変化していることがうかがえる。

　このように，自分の保育を振り返って記録したり，省察したりすることや，話し合いや研修会への参加を通して学び続けること，常に保育者としての成長を図ろうとすることも，「保育すること」の本質ではないだろうか。このともみ先生と主任の先生の話し合いは，小規模ながら園内研修といえるだろう。

　2015（平成27）年から本格実施が始まった「子ども・子育て支援新制度」では，保育の量的充足と質的向上の双方が目指されている。保育者の資質向上を目的として，現職保育者がキャリアに応じた研修を受けて専門性を高め，それによって社会的地位および給与の向上をはかる「保育士等キャリアアップ研修」が2017（平成29）年から実施されている。自治体や職能団体でも積極的な研修の取り組

N　幼稚園		たんぽぽ組（４歳児）		在籍数　男児11名　女児11名　計22名

期日	5月21日（火）	天気　晴れ	主なねらい	自分の好きな遊びを見つけて楽しむ。

時間の流れ	幼児の主な活動（予想される活動）	指導上の留意点（環境・かかわり）
9:00〜	順次登園 ・挨拶をする ・持ち物の始末をする 　（カバン，帽子， 　園服，タオル）	健康かどうか，何か変わりはないかなどをみながら笑顔で明るく声をかけ，気持ちの良い１日のはじまりになるようにする。 朝の身支度では，その子にあわせて言葉かけをしたり，一緒にやってみる。 用意が遅い子どもには，がんばるよう励ます。
	好きな遊びをする ・井型ブロックで鉄砲を作ってごっこ遊び ・粘土，お絵かき ・ままごと ・砂場 ・色水づくり ・泥だんごづくり ・鉄棒，うんてい	保育室や戸外では，全体が見える位置にいるよう心がけ，何かあったときにはすぐかかわれるようにする。 戸外では，固定遊具の遊び方に危険性はないか，気をつける。危険な遊び方をしているときは，その場で話していく。 水を使うことが多くなってきているので，袖をまくるように伝えたり，「お水を大切に使ってね」と言葉かけをしていく。 近くで見ている子には「一緒にやってみる？」と言葉かけをしていく。 むずかしいところは手伝ったり自分でできたところや頑張ったところをほめて，満足感を味わえるようにする。
11:30	片づけをする ・片づけ ・手洗い，うがい ・トイレ	お弁当の時間がきたことを知らせ，活動を切りあげ，遊びに使用したものを片付けさせる。 片付けている姿をほめる。 手を洗い必ずトイレに行くように伝え，昼食の準備をするよう声をかける。
12:00	昼食	全員にお弁当が行き渡ったかを確認する。 食べることが遅い子，こぼす子，遊び食いをする子には，ほめたり認めたりしながら食べることを促す。 食べおわった後には，静かに活動し友だちが食べおわるのを待つように促す。
13:30	帰りの会 ・帰りの身支度をする ・カバンを持ちイスに座る ・歌と手遊び ・絵本	片づけをした後，口をゆすぎトイレをすませ，帰りの用意をするように伝える。 帰りの準備が遅れている子どもにはがんばるように励ます。
14:00	順次降園	元気にさようならのあいさつをする。

評価・反省　（出席　22名　欠席　0名）
・その子その子にあった言葉かけがむずかしく，もっと積極的にかかわってその子にあった言葉かけや援助をしていきたいと思う。
・ひとつの遊びにかかわり過ぎてしまい，ほかの遊びがみえなくなっていたので，危険な場所に保育者がいないときには気をつけて見ていきたいと思う。
・帰りの身支度では時間がかかってしまいあわててしまうことがあるので，自分も時間にゆとりをもちゆっくりとかかわっていきたい。

ともみ先生と主任との話し合いの記録
ともみ先生：今とはずいぶん違うのに自分でもびっくり。きちんと何かをさせることばかりに目が向いていたような…。
主任　　　：先生になったという張り切った気持ちが感じられるわね。ちょっと目線が高いかな？
ともみ先生：励ます，ほめる，促すなど，精一杯先生らしく頑張っているけど，ちょっと堅苦しい。遊んでいる子どもに対してどうかかわるかが出てこない。楽しんで保育する余裕などなくて，やらなくてはいけないことをやらせることに懸命になっていた。

表2-4　ともみ先生の5年目の日案

N　幼稚園	すみれ組（4歳児）	在籍数　男児15名　女児12名　計27名
期 日　5月17日（水）	天気 晴れ	主な ねらい　友だちの遊びを見たり一緒に遊ぶことで、友だちとの遊びの楽しさを味わう。

時間の 流れ	幼児の主な活動 （予想される活動）	指導上の留意点（環境・かかわり）
9:00～	登園	昨日欠席だったあいきくんととくにあきくんが登園したら、体の具合いを保護者に尋ねようすをみていく。
	自由遊び ・ラーメン屋、ジュース屋など、お店屋さんごっこ ・料理ごっこ ・ヒーローごっこ ・色水作り ・砂場　ダム作り ・昆虫ごっこ ・虫探し	ゆきちゃんは発想がユニークで楽しく、お店屋さんの食べ物作りなども地味ながらじっくりと取り組んでいる。そんなよさを他の子にさりげなく伝えていきたい。大げさにすると逆効果かも。 あき子ちゃんととし子ちゃんは少しずつ周りの子との交流も出てきている。せっかく2人で始めたことなので大切にしたい気持ちと、自然にほかの子ともつながってくれたらという願いがある。かかわりのタイミングがむずかしい。 だいすけくん、みきおくんは、自分のアイデアがあるために、主張するあまり手が出てしまうことがある。いいところは認め、戦いでやりすぎたり、お皿をグチャグチャにすることで楽しんでいるような場面では違う楽しみも味わえるように。 それぞれの発想を大切にしよう。先を急がずそれぞれの思いが活かせるように。子どもたちと相談しながらテラスにテーブルを広げていこう。 汚れないような身支度の配慮をする。 保育者もなりきって遊びたい。 保育室のてんとう虫のさなぎが成虫になりそうなので、そのことでじんくんと話せたらと思う。
11:40	片づけ	自分たちが使ったカップ、砂場道具やボールなど、洗って拭いて棚にしまうところまでやれるように、一緒に確認しながら片づけよう。
12:15	昼食	食事は楽しい雰囲気の中でできるよう心掛けていく。
13:30	帰りの会	オタマジャクシがカエルに変身しつつあること、テントウムシの羽化など、生き物の変化成長について投げかけてみたい。
14:00	降園	

評価のポイント
・それぞれの子どもが遊びのなかで発揮しているその子らしさを周りの友だちに伝えることができたか。
・トラブルに対しては、お互いの主張を十分に引き出す対応や、周りの子どもたちのようすや思いに気づくような援助を行っていたか。

ともみ先生と主任との話し合いの記録
ともみ先生：幼稚園で気持ちよく1日を過ごすために毎日やることに関して心を砕くことは当たり前のことなので、そういった毎日の援助のことよりも今日このことを大事にかかわろうということを意識している。ところが1年目の日案には子どもの名前が出てこないことは驚き。今は、〇ちゃんが、△ちゃんがと、1人ひとりの今日の生活を思い浮かべながら明日の保育を考えるのが楽しくて仕方がない。
主任　　　：日案からもあなたの温かさや楽しさが伝わってくるけれど、実際の保育もクラスの子どもたちも楽しんでいるなと感じられるわよ。

みによって保育の質向上が目指されている。

「保育所保育指針」には，保育者の資質の向上のための研修の機会を確保しなければならないと記され[*]，組織的研修の重要性が示されている。

現代は，これまでの歴史のなかでも社会全体の育児力，人を育てる力が低下し，子どもたちの健全な成長が保証されにくい状況になってきている。そのような質の高い保育力が求められる現代だからこそ，保育者として学び続け人間として成長していくことが，これから保育者を目指す者にも求められている。

 　Q　保育者として自己成長感をもつことが，なぜ重要なのだろうか。考えてみよう。

＊「保育所保育指針　第5章職員の資質向上4研修の実施体制等（1）体系的な研修計画の作成」（厚生労働省，2017）に，「保育所においては，当該保育所における保育の課題や各職員のキャリアパス等も見据えて，初任者から管理職員までの職位や職務内容等を踏まえた体系的な研修計画を作成しなければならない。」と明記されている。

つぶやき　＜保育者の感性＞

就職して1年が経とうとしている卒業生に先日会いました。

「先生になって自分のなかで変わったことは？」ときくと，「四季を感じるようになったことかしら」という答えが返ってきました。「風や日光や気温の変化が子どもたちの生活と遊びを変えていくし，季節の変化が保育をつくっているなって感じます。七夕やお月見やお正月など，子どもたちと過ごしながら，ああ，私も子どものころやっていたなぁと思い出して懐かしくなったり，1年間のなかにこんなにもその季節ならではの行事があったのだと改めて思ったりしました。季節の変化に敏感になったことが，なんだか嬉しいですね。幼稚園の先生っていい仕事だなって思っています」。

新人保育者の初々しい感性が切り取った，「保育することの魅力」を皆さんにもおすそ分けしますね。

3. 保育と保育者に関する定義，関連法令

◪ 定義や関連の法令

本書においても，保育に携わる者の総称として「保育者」という表現を用いており，この呼称が一般的にも用いられているが，法的には，「幼稚園教諭」「保育士」「保育教諭」という名称が用いられる。

（1）幼稚園教諭

　幼稚園は学校教育法（第1条）に定められた学校*であり，そこでの満3歳から就学前までの幼児の保育をつかさどる保育者は「幼稚園教諭」と呼ばれる。

　幼稚園教諭は教育職員免許法に定められた「教育職員」であり，幼稚園教諭免許状をもたなければならない。幼稚園教育要領では，「教師」と記されている。

　以下に，その根拠となる学校教育法の条文を抜粋して紹介する。

学校教育法（昭22，平23改）

第3章　幼稚園

第27条　幼稚園には，園長，教頭及び教諭を置かなければならない

2　幼稚園には，前項に規定するもののほか，副園長，主幹教諭，指導教諭，養護教諭，栄養教諭，事務職員，養護助教諭その他必要な職員を置くことができる。

3　第一項の規定にかかわらず，副園長を置くときその他特別の事情のあるときは，教頭を置かないことができる。

4　園長は，園務をつかさどり，所属職員を監督する。

5　副園長は，園長を助け，命を受けて園務をつかさどる。

6　教頭は，園長（副園長を置く幼稚園にあつては，園長及び副園長）を助け，園務を整理し，及び必要に応じ幼児の保育をつかさどる。

7　主幹教諭は，園長（副園長を置く幼稚園にあつては，園長及び副園長）及び教頭を助け，命を受けて園務の一部を整理し，並びに幼児の保育をつかさどる。

8　指導教諭は，幼児の保育をつかさどり，並びに教諭その他の職員に対して，保育の改善及び充実のために必要な指導及び助言を行う。

9　教諭は，幼児の保育をつかさどる。

（2）保育士

　児童福祉法に定められた児童福祉施設等において，保育に従事する保育者を「保育士」と呼ぶ。

　児童福祉施設とは，助産施設，乳児院，母子生活支援施設，保育所**，幼保連携型認定こども園，児童厚生施設，児童養護施設，障害児入所施設，児童発達支援センター，児童心理治療施設，児童自立支援施設および児童家庭支援センターをさす（児童福祉法第1章第1節第7条1）。

児童福祉法（昭22，平30改）

第1章　第7節保育士

第18条の4　この法律で，保育士とは，第18条の18第1項の登録を受け，保育

＊学校教育法第3章幼稚園，第22条（目的）幼稚園は，義務教育及びその後の教育の基礎を培うものとして，幼児を保育し，幼児の健やかな成長のために適当な環境を与えて，その心身の発達を助長することを目的とする。

第24条（家庭及び地域への支援）幼稚園においては，第22条に規定する目的を実現するための教育を行うほか，幼児期の教育に関する各般の問題につき，保護者及び地域住民その他の関係者からの相談に応じ，必要な情報の提供及び助言を行うなど，家庭及び地域における幼児期の教育の支援に努めるものとする。

第26条（入園資格）幼稚園に入園することのできる者は，満三歳から，小学校就学の始期に達するまでの幼児とする。

＊＊児童福祉法第39条保育所は，保育を必要とする乳児・幼児を日々保護者の下から通わせて保育を行うことを目的とする施設（利用定員が二十人以上であるものに限り，幼保連携型認定こども園を除く。）とする。

2　保育所は，前項の規定にかかわらず，特に必要があるときは，保育を必要とするその他の児童を日々保護者の下から通わせて保育することができる。

第48条4　保育所は，当該保育所が主として利用される地域の住民に対してその行う保育に関し情

士の名称を用いて，専門的知識及び技術をもって，児童の保育及び児童の保護者に対する保育に関する指導を行うことを業とする者をいう。

子ども・子育て支援新制度により，すべての子育て家庭を対象に，地域のニーズに応じてさまざまな子育て支援の充実が図られるようになったことから，児童の保育と保護者に対する保育指導を行う保育士の活躍の場は，児童福祉施設に留まらず，地域子育て支援拠点事業や家庭的保育事業，放課後児童健全育成事業など，社会のなかで一層広がりをみせている。

（3）保育教諭

0歳から就学までの子どもの教育・保育を一体的に行うことは，世界的な流れであり，日本においても検討が重ねられ，2006（平成18）年には「就学前の子どもに関する教育，保育等の総合的な提供の推進に関する法律」（いわゆる「認定こども園法」）が公布され，就学前の子どもの教育および保育ならびに保護者に対する子育て支援を総合的に提供する施設の名称が「認定こども園」として規定された。教育と保育を一体的に提供し，地域における子育て支援を実施する施設である。

2012（平成24）年には，2015（平成27）年からの子ども・子育て支援新制度の施行に向けて，子ども子育て支援法が公布され，「学校及び児童福祉施設としての法的位置づけをもつ単一の施設」として「幼保連携型認定こども園」*が新たに設立された。2015年4月からの「子ども・子育て支援新制度」の実施と共に，幼保連携型認定こども園もスタートした。この「幼保連携型認定こども園」の職員として，「保育教諭」という職分が新設された。幼保連携型認定こども園は学校教育と保育を一体的に提供する施設であるため，「保育教諭」については，「幼稚園教諭免許状」と「保育士資格」の両方の免許・資格を有していることを原則としている。

就学前の子どもに関する教育，保育等の総合的な提供の推進に関する法律＜新認定子ども園法＞（平18，平30改）

第1章　総則

第14条　幼保連携型認定こども園には，園長及び保育教諭を置かなければならない。

2　幼保連携型認定こども園には，前項に規定するもののほか，副園長，教頭，主幹保育教諭，指導保育教諭，主幹養護教諭，養護教諭，主幹栄養教諭，栄養教諭，事務職員，養護助教諭その他必要な職員を置くことができる。

3〜9　（略）

報の提供を行い，並びにその行う保育に支障がない限りにおいて，乳児，幼児等の保育に関する相談に応じ，及び助言を行うよう努めなければならない。

2　保育所に勤務する保育士は，乳児，幼児等の保育に関する相談に応じ，及び助言を行うために必要な知識及び技能の修得，維持及び向上に努めなければならない。

＊新認定こども園法（通称）
第1章第2条7（定義）
この法律において「幼保連携型認定こども園」とは，義務教育及びその後の教育の基礎を培うものとしての満三歳以上の子どもに対する教育並びに保育を必要とする子どもに対する保育を一体的に行い，これらの子どもの健やかな成長が図られるよう適当な環境を与えて，その心身の発達を助長するとともに，保護者に対する子育ての支援を行うことを目的として，この法律の定めるところにより設置される施設をいう。
第11条（入園資格）　幼保連携型認定こども園に入園することのできる者は，満3歳以上の子ども及び満3歳未満の保育を必要とする子どもとする。

10　保育教諭は，園児の教育及び保育をつかさどる。

11 〜 19（略）

第15条（職員の資格）

　主幹保育教諭，指導保育教諭，保育教諭及び講師は，幼稚園の教諭の普通免許状を有し，かつ，児童福祉法第18条の18第1項の登録を受けた者でなければならない。

演習問題

Q　「保育者」には，さまざまな名称があるが，名称ごとの特徴と根拠となっている法令を書きだしてみよう。

（4）保育者の守秘義務

　「守秘義務」とは，医師，弁護士，公務員など，その職務の特性上，秘密の保持が必要とされる職業に就いた者が，その職務上知りえた秘密を漏らしてはならないことをさすことばであり，このことは，それぞれにかかわる法律により定められている。正当な理由なく秘密を漏らした場合には，処罰の対象となり，それは職を退いたのちも一生続く義務なのである。

　これは，さまざまな家庭背景や発達特性をもった子どもを保育し，保護者に対して子育ての相談や支援を行う保育者も例外ではない。全国保育士会倫理綱領にも，「4．私たちは，一人ひとりのプライバシーを保護するため，保育を通して知り得た個人の情報や秘密を守ります。」と謳われている。

　保育士の守秘義務については，児童福祉法第18条の22に「保育士は，正当な理由がなく，その業務に関して知り得た人の秘密を漏らしてはならない。保育士でなくなった後においても，同様とする」と明記されている。また「保育所保育指針」にも，第1章の「保育所の社会的責任」のなかで個人情報を適切に取り扱うことが示されている。

　「幼保連携型認定こども園教育・保育要領」では，第4章「子育ての支援」第2節4に「子どもの利益に反しない限りにおいて，保護者と子どものプライバシーを保護し，知り得た事柄の秘密を保持すること」と記されている。

　幼稚園教諭については，関連の法律でとくにふれられてはいないが，公務員の場合は，「国家公務員法」第100条の1，「地方公務員法」第34条の1によって秘密保持義務が課せられている。学校法人の教諭の場合には，就業規則のなかに定められることが多い。

　いずれにせよ，保育者には高い倫理性が求められているのである。

守秘義務は，保育という仕事を行ううえでの大原則であり，実習生もその例外ではない。実習に際して秘密保持の誓約書の提出を求められることもあるし，そうでなくとも，実習中に知りえたことを不用意にもらすことがあってはならない。実習の行き帰りに実習生同士で話をしたり，友人や家族に伝えたり，SNSなどに記述したり，写真を掲載することなどは，個人情報保護の意識の薄い，守秘義務に違反した行為であり，してはいけないことだと肝に銘じておくべきである。そして実習中は，学生ではなく，保育者としてのふる舞いと社会的責任が要求されるということを自覚し，実習が終了した後も守秘義務は続くことを忘れてはならない。また，実習日誌の記載内容や記載方法についても，注意が必要である。

　ただし，児童虐待を受けたと思われる児童を発見した場合は，例外である。児童虐待防止法では，児童相談所等への通告が義務づけられており[*]，その際には守秘義務は排除される。

② 保育の質を高める

（1）0歳からの一貫した「学び」を支える

　乳幼児期の教育の重要性，特に0歳から就学までの一貫した教育・保育の重要性への認識が世界中で高まり，保育の質の向上を目指す施策が各国で投入されつつある。なかでも，人生の初期段階である乳児期からの遊びを中心とした質の高い教育は生涯を通じての恩恵をもたらすという研究成果[**]から，3歳未満児の保育の重要性に関心が寄せられている。

　2017（平成29）年に改定された現在の「保育所保育指針」では，そうした保育を巡る状況の変化を受けて，改定の方向性のひとつに，乳児，1歳以上3歳未満の保育に関する記載の充実をあげ，①乳児，1歳以上3歳未満児の保育の意義の明確化，②乳児期からの「学びの芽生え」とその「学び」に対する生活や遊び場面での適切な支援ということが示されている[***]。そして，1歳以上3歳未満児の保育内容についても3歳以上児と同様に，ねらいと内容を5領域に整理し，発達の諸側面が未分化な乳児期については，3つの視点からの整理を行った。

　乳児期からの学びの芽生えをとらえ，それに応じた適切な保育を行うためには，保育者1人ひとりが，子どもの遊びや生活のなかで何がどのように育っているのかを的確に理解し，発達の見通しをもって援助し，環境を構成していくことが欠かせない。乳児期からの「学び」を支えるという視点をもって，保育を行っていくことを追求していこう。

（2）今と未来を共に育てる〜持続可能な社会の構築に向けて

　2017年の「保育所保育指針」改定では，保育所保育の中に幼児教育を積極的に位置づけていくことも示されている。改定に先立って2016年に出された「保

＊児童虐待の防止等に関する法律　第5条　学校，児童福祉施設，病院その他児童の福祉に業務上関係のある団体及び学校の教職員，児童福祉施設の職員，医師，歯科医師，保健師，助産師，看護師，弁護士その他児童の福祉に職務上関係のある者は，児童虐待を発見しやすい立場にあることを自覚し，児童虐待の早期発見に努めなければならない。
第6条　児童虐待を受けたと思われる児童を発見した者は，速やかに，これを市町村，都道府県の設置する福祉事務所若しくは児童相談所又は児童委員を介して市町村，都道府県の設置する福祉事務所若しくは児童相談所に通告しなければならない。

＊＊OECD国際レポート（Skills for Social Progress：The Power of Social and Emotional Skills「社会情動的スキル－学びに向かう力」）（2015年），ペリー就学前計画の追跡調査（Perry Preschool Study）（ヘックマン「幼児教育の経済学」2015）等に報告されている。

＊＊＊保育所保育指針解説の序章として，改定の基本的な5点が示されている。（厚生労働省「保育所保育指針解説」p.4-p.9参照）

育所保育指針の改定に関する中間とりまとめ」（社会保障審議会児童部会保育専門委員会，2016）[*]は，乳幼児期からの非認知能力（社会情動的スキル）[**]の育成にも言及している。非認知能力とは，目標や意欲，対象への積極的な興味・関心をもち，粘り強く，仲間と協調して取り組む力や姿勢，いわば「学びに向かう力や姿勢」ともいうべき力であり，認知能力（獲得した知識，技能，経験をもとに思考，判断，行動する力）以上に，経済的・社会的成功に大きな影響を及ぼすことが指摘されている。乳幼児期はこの非認知能力が発達しやすい時期だと確認されてきたことにより，乳幼児期の教育・保育の重要性のみならず，その質に関心が寄せられている。

　こうした幼児教育の充実は，保育所，幼稚園，認定こども園に共通した課題であることから，改訂（定）では3つのカリキュラムの整合性が図られた。具体的には，幼児教育において育みたい子どもたちの資質・能力として，「知識及び技能の基礎」「思考力，判断力，表現力等の基礎」「学びに向かう力，人間性等」が示され，保育を通してどのように育まれていくのかを「幼児期の終わりまでに育ってほしい姿」として明確化されたのである。

　幼稚園教育要領の前文には，次のような文が掲げられている。

> これからの幼稚園には，学校教育の始まりとして，（中略），一人一人の幼児が，将来，自分のよさや可能性を認識するとともに，あらゆる他者を価値のある存在として尊重し，多様な人々と協働しながら様々な社会的変化を乗り越え，豊かな人生を切り拓き，持続可能な社会の創り手となることができるようにするための基礎を培うことが求められる。

　幼児教育において育みたい子どもたちの資質・能力として示された3点は，持続可能な社会の創り手に求められる資質・能力といえるだろう。

　この持続可能な社会の創り手を育てる教育は，「持続可能な開発のための教育 Education for Sustainable Development（ESD）」と呼ばれている[***]。「持続可能な開発」とは，将来の世代がそのニーズを満たせる能力を損なうことなしに，現在のニーズを満たす開発と定義されている。そして，今もこれからも誰もが幸福を享受して生きることができる「持続可能な社会」を作ることを目指して，2015年に国連で「持続可能な開発のための2030アジェンダ」が採択された。そこには，持続可能な世界を実現するための17の目標「持続可能な開発目標（SDGs：Sustainable Development Goals）」が記載されている[****]。

　2030年に向けて，そしてそれから先の未来に向けて，このような「持続可能な開発」を世界の仲間と協働して実現していくのが，今目の前にいる子どもたち

*「保育所保育指針の改定に関する中間とりまとめ」（社会保障審議会児童部会保育専門委員会，2016）

**社会情動的スキル（非認知能力）の発達の特徴として，「スキルがスキルを生み出す」といわれることから，乳幼児期に（このスキルを発達させるような）質の高い保育を受けることが将来的な発達にも影響を及ぼす。（OECD，2015）

***国連では2005年から2014年を「持続可能な開発のための教育の10年」と定め，幼稚園から大学，地域教育などあらゆる機会において，環境教育・福祉教育・平和教育・開発教育・人権教育・多文化共生教育・ジェンダー教育などに取り組み，持続可能な地球社会を作ることを目指した。

****SDGsは，先進国を含む国際社会全体の開発目標として，2030年を期限とする包括的な17の目標（ゴール）と169のターゲットを設定し，「誰一人取り残さない」社会の実現を目指して，経済・社会・環境をめぐる広範な課題に統合的に取り組もうとするものである。そこには，貧困や不平等の解消，すべての人の健康と福祉，質の高い教育の享受，気候変動や環境破壊，エネルギー問題への具体的対策，平和の構築など，21世紀の世界が抱える課題が包括的にあげられている。

であり，この創り手を育てていくのが，今日の幼児教育の課題なのである。

　ふだんの保育のなかでは，見えない世界への思いやりや，今に続く未来のことを想像する感性を育てることが課題となるだろう。たとえば，目の前にいる友だちのことだけでなく，ここにはいない友だちのことを考えてみたり，遠くの世界に住んでいる友だちや未来の友だちのことを想像したりする機会を大切にするかかわりなどがあげられる。誰かのことを思いやりながら自分の行動を決めていくことや，自分の生活が誰かの生活とつながっていたり，誰かに支えられていたりすることに気づくことも大切に育てていきたい。このような保育実践のためには，保育者自身がSDGsに掲げられたこれからの社会の課題を理解し，未来を見すえて広い視野をもって保育することが求められているのである。

メッセージ ＜学生のみなさんへ　～目指す保育者像を描いていこう～＞

　保育者になるために必要な事項を，三つのレベルでとらえておきましょう。

　一つ目は国の定める法的な基準を満たしていることです。幼稚園教諭免許状は「教育職員免許法」に，保育士資格は「児童福祉法」に，免許・資格取得に必要な科目や条件が定められています。この基準を満たすことが最低条件です。

　二つ目はあなたがいま学んでいる養成校のカリキュラムが求める条件を満たしていることです。それぞれの養成校は独自の教育理念や保育観をもってカリキュラムをつくっています。その理念を踏まえて学ぶことで，各養成校のカラーが醸し出されていくことでしょう。

　三つ目は自分がどのような特質をもった保育者になろうとするのかを考え，目指す保育者像を描きながら発展的に学んでいこうとすることであり，それは，「あなたらしさ」の追求ともいえます。

　この三つ目のレベルが何よりも重要であり，本書は，その手掛かりになることを希望してつくられています。

　子どもに対する深い愛情をもち，1人ひとりの子どもの自己実現に力を貸し，子どものこころと世界に共感し，毎日を気持ちよくすごすための援助を考え，行っていく保育という営みは，子どもの成長を支えることで保育者自身の成長も図られていく，相互性をもった成長体験をもたらすものでもあります。これからの実習を通して，みなさんが，保育のおもしろさに出会い，みずからの成長のよろこびをも得ていくことを願っています。

演習問題

Q これからの保育者に求められる専門性とはどのようなものだろうか。乳幼児を対象とする保育実践から，さらに視野を広げて考えてみよう。

【引用・参考文献】

川崎洋編『おひさまのかけら』中央公論新社，2003

津守真『保育者の地平』ミネルヴァ書房，1997

倉橋惣三『育ての心（上）』倉橋惣三文庫3，フレーベル館，2008

文部科学省「幼稚園教育要領解説」2018

厚生労働省「保育所保育指針解説」2018

内閣府，文部科学省，厚生労働省「幼保連携型認定こども園教育・保育要領」2018

冨田久枝他『持続可能な社会を作る日本の保育－乳幼児期のESD』かもがわ出版，2018

OECD 国際レポート「Skills for Social Progress: The Power of Social and Emotional Skills」（2015年）〔邦訳：『社会情動的スキル－学びに向かう力』明石書店，2018年〕

UNICEF 報告書「Early Moments Matter for Every Child（すべての子どもにとって"はじめ"が肝心）」（2017年）

ヘックマン『幼児教育の経済学』東洋経済新報社，（2015年）

Think the Earth『未来を変える目標 SDGs アイデアブック』紀伊國屋書店，（2018年）

第**3**章
子どもと生きる保育者の生活

〈学習のポイント〉　①保育という仕事および保育者の生活の中身がどのようなものであるかを理解する。
②保育者は環境構成においてどのようなことに留意すべきであるかを把握する。
③保育者が1人ひとりの子どもとかかわり，子ども理解を深めていく過程について知る。
④保育という営みに欠かせない省察や記録，保育の評価について理解する。
⑤子どもの育ちを伝えあうという保育者の役割について考える。

1. 子どもとともに

■ 1日のはじまりに

　朝。子どもたちの元気な声が耳に響いてくるその瞬間まで，保育者は待ち遠しいような，背筋が伸びるような，期待と緊張の時間を過ごす。出勤後のひととき，更衣室で着替え，教務手帳等で園の予定を再確認したり，天気予報を見直したり，その日の指導計画を読み直したりなど，気持ちは徐々に子どもたちへと向かっていく。このときから，もうすでに1日の保育がはじまっているといえる。

　保育室へ入り，教卓に荷物を置き，テラスを掃いたり，机を拭いたり，遊具を整えたり，製作活動の材料を並べたりして，子どもたちを迎えるための時間が流れていく。こうして新しい1日がはじまっていく。子どもたちとの出会いを思うと，こころと身体が生き生きと呼吸しはじめるのがわかる。さあ，いよいよ朝の出会いのときである。

1 ＜笑顔をつくる練習＞

　私がまだ新人保育者だったころ，職場に慣れない緊張から気持ちも疲れ，1日中動いている保育者の生活リズムに身体が適応するまでは，のどを痛めたり，風邪をひきやすかったりしました。最初の1,2年の間，子どもたちに疲れた顔を見せないために，朝，鏡の前で笑顔や表情をつくる練習をしてから出勤していたことを懐かしく思い出します。

■ 「共に在る」というよろこびのこころで出会う

　朝。母親が漕ぐ自転車に揺られて来る子,出勤前の父親に手を引かれて来る子,

39

園バスから降りてくる子など，その登園風景はさまざまである。

　そして，1日のはじまりには，明と暗，動と静，子どもによっていろいろな姿がみられる。大事そうにねこじゃらし*を手につかみ，嬉々としてやってくる日があれば，出掛けに母親に叱られたのかご機嫌ななめの日もある。また，保育室入り口の手前でころんでしまい，泣きながら来ることもある。

　もちろん，保育者を一直線に目指し，友だちと争うように走りこんで来てくれるときの輝くような笑顔と出会えた瞬間の嬉しさは格別であるが，どのような出会いであれ，子どもも保育者も大切な，かけがえのない今日という日をともに過ごせることを互いに確かめ合い，実感しあうのが登園のひととき，すなわち朝の出会いである。「共に在る」というよろこびのこころで子どもたちと出会いたいものである。そして，始まる子どもたちとの1日の生活の流れは，たとえば図3－1のような具合である。

*ねこじゃらし
エノコログサ。イネ科の植物。ブラシのような長い穂の形をもつ。

9：00	登園する	12：45	片づけをする
	朝の身支度をする		降園準備をする
	好きな遊びをする		集まる
10：50	片づけをする		紙芝居をみる
11：30	お弁当を食べる	13：30	降園する
	好きな遊びをする		

図3－1　幼稚園3歳児の1日の流れ（例）

❸ 子どもも保育者も主体的に生きる—循環する保育の営み—

　保育者は，子どもが精一杯自分自身を表現している姿に接すると，それがどのような表現であれ，いつの間にか感情や感覚が生き生きと動き出すのを感じずにはいられない。子どもはその存在自体が生命力を発するものであり，おとなである保育者は，その子どもの生命力に巻き込まれていく。

　そして今を精一杯生きるという意味においては，子どももおとなも対等である。子どもと共に保育者もまた，存在感をもち，ありのままの自分を表現し，子どもや保護者，そして先輩や後輩など職場の同僚等，多様な他者と交わることによって，自分の世界を拡げていく。このように，生命的で創造的な営み，それが保育の仕事だといえる。

　図3－2**に，保育という営みが，循環しながら積み重ねられていく様子を示した。次節からは，この循環するプロセスのそれぞれについて，子どもとともに保育者がどのように保育という営みを積み重ねていくのか，詳しくみていく。

＊＊ 2017（平成29）年3月に告示された『幼稚園教育要領』『保育所保育指針』『幼保連携型認定こども園教育・保育要領』では，こうした保育の営みを通じて育みたい資質・能力の3つの柱が以下の通り示された。
・豊かな体験を通じて，感じたり，気づいたり，分かったり，できるようになったりする「知識及び技能の基礎」
・気づいたことや，できるようになったことなどを使い，考えたり，試したり，工夫したり，表現したりする「思考力，判断力，表現力等の基礎」
・心情，意欲，態度が育つ中で，よりよい生活を営もうとする「学びに向かう力，人間性等」
　また，以上の具体的な姿が「幼児期の終わりまでに育ってほしい姿」として10の姿に挙げられている。（健康な心と体，自立心，協同性，道徳性・規範意識の芽生え，社会生活との関わり，思考力の芽生え，自然との関わり・生命尊重，数量や図形，標識や文字などへの関心・感覚，言葉による伝え合い，豊かな感性と表現）
　ただし，その基本となるのは，環境を通しての教育であるという考え方は変わっていない。

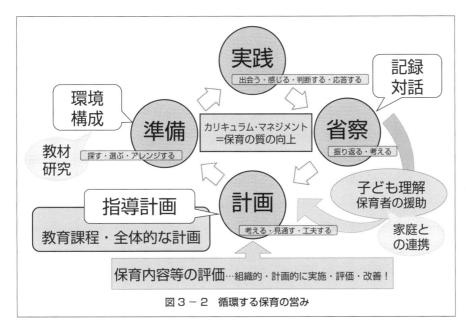

図3－2　循環する保育の営み

2. 生活の場をつくる ― 環境構成 ―

◆1 迎え入れる意識と気遣い

　子どもたちとの朝の出会いの前に必要となる保育の環境構成*について考えるには，わが家に来客がある場合を考えてみるとよい。まず，室内を清潔にし，玄関に花を飾ったり，人数分のスリッパをそろえたりする。道中の暑さ・寒さを考えておしぼりや飲み物を用意し，洗面所のタオルは洗濯したものに掛け替えておく。話題になりそうな写真や音楽を用意しておくこともあるだろう。もちろん，食事のメニューにも気を配る。

　保育の現場でも，これと似たことをしている。とくに，子どもたちがまだ園生活に慣れないはじめのころは，なおさらである。保育者は，子どもたちが安心して自分の居場所をみつけられるように，少しでも早く不安をなくして，その子らしく能動的に活動できるように，今日も園に来られて嬉しいと感じられるように，細かな部分にまで配慮して保育の環境を考える。そこがすなわち，子どもと保育者にとってかけがえのない生活の場となるからである。

　園の各保育室やそれ以外の共有スペース・園庭・遊具・教材**などには，保育者たちの，子どもたちと一緒にどのような生活を送りたいかという願いや，子どもたちにどんな経験をくり広げてほしいかという思いや意図が表れているのである。環境構成は，毎日の保育内容に対して重要な位置を占めているといえる。

＊環境構成
保育者が子どもたちのために，ものや空間や自然や人といった環境をどのようにつくりあげていくかということ。

＊＊教材
教材については，これまで，小学校学習指導要領には記載が見られていたが，2017年告示の幼稚園教育要領において，幼児教育における教師の役割の一つとして，幼児の主体的な活動を支える教師の意図ならびに計画的な環境の構成の観点から，初めて以下のように幼稚園教育の基本として明記された。「教師は，幼児の主体的な活動が確保されるよう幼児一人一人の行動の理解と予想に基づき，計画的に環境を構成しなければならない。この場合において，教師は，幼児と人やものとの関わりが重要であることを踏まえ，教材を工夫し，物的・空間的環境を構成しなければならない。また，幼児一人一人の活動の場面に応じて，様々な役割を果たし，その活動を豊かにしなければならない。」(「幼稚園教育要領」(第1章総則第1幼稚園教育の基本))

---

2 「環境」をつくるために

　では，子どもにとって魅力ある保育環境をつくるために，保育者が気をつけているのはどのようなことだろうか。

（1）安心してくつろげる空間であること

　入園当初や低年齢児の場合には，できるだけ家庭的な雰囲気をつくるために，家庭にもよくあるおもちゃや絵本を用意したり，家庭ではどんなふうに遊び，過ごしているか，保護者にようすを聞いたりして，活動がはじめられやすい工夫を考える。のっぺりとした広すぎる空間では，自分の居場所をみつけにくい子どももいるので，適当に空間を区切ったり，小さなコーナーをつくってみる工夫もする。また，隠れられる場所，人から見られない場所で落ち着くことができる子どももいるので，完全な死角にならないよう安全性に配慮したうえで，他者の視線が気にならない場所をつくってみる場合もある。

　そのほか，子どもが自分で身のまわりのことがしやすいように，個人の持ち物を置く場所を，生活する子どもの実際の動きを考慮して配置したり，設備を工夫したりすることも大切である。園のなかの自分だけの場所は，家庭での自分と園での自分とをつなぐうえでも大切な意味をもっている。

　子どもにとって，食事や排泄，休息など生活のことが無理なくスムーズにできることは，こころの安定のうえでも非常に重要であるので，たとえば，保育室からトイレへ移動する段差やスロープ，照明や採光などといった点にも配慮が必要となる。

　一方，保育者の構えや視線，雰囲気なども，人的環境の一部である。これらが干渉的であったり，管理的すぎると子どもはくつろぐことができなくなってしまう。保育者の真面目さ・熱心さのあまり，子どもたちの生活が堅苦しいものにならないよう注意することも忘れずにおきたい。

コラム 1 ＜園のなかで安心できる空間＞

　保育室のロッカーは，単に子どもが自分のかばんやコートを置いておくだけの場所に留まりません。泣いたり，物を投げたりして，激しくこころの安定を求める子どもや，黙りこくって無反応を装いながら必死に周囲の状況を見つめる子どもにとって，そこに入って小さな体をすっぽりと包み込んでもらい，こころを落ち着けて自分を取り戻したり，守られている安心感を得たりする，大切な空間になることがあるのです。

（2）自分から手を伸ばして働きかけたくなる保育環境が用意されていること

　子どもたちの遊びや動きをよく観察して，いま，子どもたちに必要なことは何

であるのかをしっかりと考えながら過ごすことも，保育環境をつくるためには大切なことである。

　それはたとえば，製作の材料であったり，製作のための場所や用具であったり，さらには，それら材料や素材，用具の出し方であったりする。子どもの気持ちになって，子どもの遊びをみつめていくと，おのずとそこに必要なものや，必要なことば，必要な状況などがみえてくる。そこを保育者としてどう手伝っていくかを考えるのである。そして，大切なことは，子どもたちが自分から主体的にものや人や状況に働きかけていくことであるので，保育者が一方的に押しつけて与えてしまわないように，十分注意を払う必要がある。

▲製作材料や用具の環境構成の一例（東京都世田谷区立松丘幼稚園）

（3）思い切り身体を動かせる場があること

　子どもたちを取り巻く場所や空間についてもこころを配りたい。たとえば，梅雨時の天候不順が続くとき，子どもたちに園庭で遊べないストレスや興奮がたまって，けんかやぶつかりあいが多くみられることがある。あるいは，遊びに秩序がなくなってものの扱いが乱暴になり，そのためにおもちゃが次々と壊れるようなことも出てくる。こういうときこそ，遊具の量を調節したり，遊具を出すタイミングを図ったり，あるいは，直接子どもたちに投げかけて話題にしたりなど，保育者の知恵と工夫が必要になってくる。また，園庭が狭かったり，起伏に乏しかったり，運動遊具が少なかったりなど，補うべき部分があれば，積極的に園の外へ出掛けていく保育内容を工夫することも考えられる。

（4）失敗したり，試したりする経験が認められている場であること

　子どもたちそれぞれが主体的に生活する場としては，子ども自身が自由に試行錯誤できる保育環境が用意されているかどうかが問われるが，これには，「危険」と背中合わせの問題がからんでくることも多い。

　たとえば，大型積み木をいろいろに組み合わせてタワーのような基地をつくり，

その上に何人もの子どもたち同士が乗る遊びが続いているようなときはどうだろうか。「もし，積み木が崩れたら」「上から落ちて怪我をしたら」といった心配から，保育者が子どもたちの意欲や行動を強く制限する方向に傾いたら，その分，子どもたちは協力したり，アイデアを出しあって組み合わせたりすることにチャレンジできなくなる。したがって，成功も失敗も経験することなくおわってしまうであろう。

　しかし，すべて何もかも子どもに任せるとなったらどうだろうか。保育者には，熟慮して判断することが求められると同時に，葛藤をともなう判断を背負う責任がついてくることを覚悟していかなければならない。その場に保育者がどうかかわるかを絶えず考えながら，子どもと一緒に環境をつくっていくのである。

つぶやき2　＜子どもたちの挑戦したい思いと保育の安全性＞

　保育者には，つねに幼い子どもたちの大切な命を預かっているという緊張感があります。安全性については，職場の保育者同士が互いの認識や価値観を日ごろから十分に交換し，話しあい，保育において協力しあうことが必要です。

　私が，年長児たちの「挑戦したい」という思いを受けて，園庭の大きな木にロープをかけてよじ登れるようにしたとき，年中児たちが階段の手すりをすべりはじめたことを大目に見てしまったとき，保育後にそのことが職員室で話題となりました。自分の保育が，保育者間で取り沙汰されるのは怖いものですが，是か非かだけを述べあうのではなく，保育者同士が開かれた態度で保育について考えあう機会となり，ほかの保育者の考え方を知ることができたように思います。

（5）人や自然と十分にかかわれる時間がたっぷりとあること

　季節の移り変わりを肌で感じ，小さな生き物や樹木や草花と直接に触れあって生活することが，子どもたちの感性を豊かに育んでいくといわれる。とくに，都市部の園では，限りある園内の自然を最大限に味わい，保育者も子どもとともに四季を感じ，土や水や風と触れあうための知恵や工夫が必要となる。

　これは，人との触れあいについても同様である。友だち同士のものの取りあいや思いの食い違いによるぶつかりあいを通じて他者の気持ちに気づいたり，他者の存在を大切に感じたりすることができるように，じっくりと人とかかわることが大事なのである。保育者には，それらに積極的な関心を払いながらも，より広い見地から「見守る」ゆとりが要求される。

　さらに，人や自然に関しては，園内の閉じられた世界から視点を拡げて，園の外へ出掛けていき，より大きな環境をつくっていくことも考えられるであろう。

つぶやき 3 ＜トラブルへの対応について＞

　子ども同士のトラブルやぶつかりあいへの対応は，何年経験を重ねてもむずかしいものです。私も新人保育者のころは，その場の状況をじっくり見極め，双方の子どもの気持ちをしっかりと聞こうとするあまり，それぞれの子どもの気持に対して，応答するタイミングを逃してしまうことが多くありました。自分の対応への自信のなさから，見守るどころか見落とし，子どもの気持ちを受け止められないままにおわるという結果に陥ってしまい，はがゆい思いを何度も味わいました。「見守る」ことは，何もせず，ただそこにいることとは違うということを，身をもって理解するには何年もかかりました。

（6）保育のねらいや内容との関連性に裏づけられていること

　保育は，子どもたちがただ楽しければいいと臨むものではないし，環境に関しても，その場に及んで場当たり的に考えていけばそれでよいというものではない。保育者には，子どもの成長や発達に対する考え方，知識や理論もまた必要である。

　保育者は，子どもが自分から環境に働きかけてさまざまな経験をしていく生活の場に，個人にとって，あるいは集団にとって必要と思われる経験を，必要と思われる時機をとらえて，環境を通して用意していくのである。

　たとえば，子どもによっては濡れることや汚れることに抵抗があって，砂や水に触れることを嫌がる場合がある。保育者は，その子がよろこんで取り組む活動を重視し，砂や水の遊びを強要することは控えるが，砂や水で楽しんでいる友だちの存在を知らせたり，ふとしたチャンスに誘ってみたりすることは考えている。また，砂や水に代わるもので，砂や水ほど抵抗がなくて済むような手肌の感触を味わえる素材を準備したり，不安感なく手を出せるような場所の設定を工夫したりすることもあるだろう。

　また，クラスの例をあげれば，3歳児のクラスに必死になって集団遊び[*]（仮に，走る活動であれば，リレーやドロケイ[**]など）を一方的に取り入れようと頑張ってみてもなかなかうまくいくものではない。友だち同士の関係が成熟し，理解力や運動機能が発達してくる時機を見定める必要があるからである。しかし，3歳児でも年長クラスの活動に魅せられて，自分もやってみたくなることはよくあることだ。そんな場合には，個人の活動として，年長クラスの子どもたちに入れてもらったり，走る距離を考慮したり，ルールを3歳児にも無理のない形に変えたりして工夫する。

　つまり，保育のねらいや内容に即した環境をこのようにして柔軟に構成することも保育者の役割であるといえる。その子ども，その集団にもっともふさわしい

*集団遊び
複数の子どもたちが互いに役割を分担し，一定のルールを共有して楽しむ遊びのことをいう。

**ドロケイ
ケイドロのこと。p.8脚注
***参照。

やり方で，必要と思われる経験をどのように見極めていくか，それにしたがってどのようなねらいを定め，どのような保育内容を展開していくか，ということである。また，保育者は，遊びについて，用具・材料について，友だち関係について，生き物について，歌やお話についてなど，用意したい環境に対する具体的な知識や技術を磨いていくことも要求される。しかし，それには同時に「待つ」というこころを保育者自身のなかに準備することが必要である。

つぶやき4 ＜「待つ」ことの醍醐味＞

　担任している子どもがはじめて裸足になって遊んだ日，はじめて自分で座る席をみつけた日，はじめて鬼ごっこに自分から入ってきた日，はじめて友だちと手をつないで列に加わった日，はじめてクラスみんなの前で自分の考えを述べた日…など，保育する日々のなかには，保育者にとって何ともこころはずむ嬉しい日があります。なかには，半年，1年という長い間待ち続けたうえでの出来事である場合も珍しくありません。成長する子どもの姿を目の当たりに実感できる醍醐味が，保育者の生活にはあるのです。

（7）子どもと一緒に絶えず新しくつくり直していくこと

　子どもたちの育ちを支えていくためには，子どもにとって魅力ある環境づくりを考えていくことが不可欠であることをここまで述べてきた。

　しかし，忘れてはならないことは，これらの環境は，保育者から一方的に与えるものではなく，子どもたちと一緒につくっていくものであるという点である。

　また，同時に，生活のなかで子どもたちの姿をつねに新しくとらえ直しながら，考え直され続けていくものでもある。子どもや保育者が生きて動いているのと同じように，環境構成も生きて働いていくものでなければならない。したがって，あらかじめ前もって用意できる環境もあれば，保育のさながらに，その場に応じて変化させたり，急ごしらえのように用意されたりする環境もある（これを環境の再構成という）。そのとき，その瞬間に応じてこそ，生き生きとした生活の場が実現されていくのである。

　さらに，保育者自身が「環境としての人」であることは，しばしば強調されるところである。具体的にいえば，さり気ない動作や身のこなし，ちょっとした表情や，ことば遣い，さらにいえば，人や人生への向きあい方にいたるまで，子どもたちは細かな部分をこそ，敏感に感じ取っていくものである。子どもたちと信頼の絆を育て，ともに生活していく者として慕われ，互いにこころ豊かに生きることを願いながら，生活の場をつくっていきたいものである。

演習問題

Q1
実習先のある日の遊びの環境構成について，①保育室内（製作コーナー，ままごとコーナー，遊具・玩具，絵本など），②園庭（砂場，固定遊具，乗りものや古タイヤなどの遊具類など）に分けて，環境構成図を細かく描き出し，それぞれに込められた保育者の意図について考えてみよう。

Q2
4歳児の保育室。女児たちが準備していたレストランごっこのすぐ近くに，男児たちが積み木を並べてつくっていたビー玉ころがしのコースが伸びてきて，何やらもめている。行ってみると，女児たちは「そんなところにきたら，お客さんが入れないじゃない！」と文句を言い，男児たちは「入れるじゃん。ここ空いてるじゃないか」とどちらも譲らない。この場面の環境構成に関して，考えられる保育者の援助について話しあってみよう。

3. 子どもとかかわる

◼ 子どものこころの動きをよくみる

　さて，ここで，ある保育室の朝のようすを覗いてみよう。ある子どもが登園するなり自分のかばんをテラスの床に放り投げ，帽子や手提げ袋を保育者にぶつけてくる。もしも，あなたがこの子どもの担任であるとしたら，どのようにこの子にかかわるだろうか。「かばんや帽子を投げたらだめでしょう」とストレートに注意するだろうか。あるいは，「当たったら痛いのよ」と，ぶつけられた側の気持ちを知らせるか，それとも……。

　保育者は，自分の予想や価値観の枠を超えて，子どもが自分自身を表現してきたときでも動揺せずに，その子どものどんなささいな行為や表情をも敏感に感じ取っていこうとする。これは，「相手のこころを知りたい」「分かりたい」と思う保育者としての自然な欲求に根ざした態度である。そして，そうした態度を背後から支えている姿勢は，いろいろな意味で「よくみる」ということである。「みる」といっても，単純に視覚的にのみ「みる」訳ではない。子どもの表情に潜む不安であったり，ことばの調子に表れる苛立ちであったり，視線の奥の甘えたいこころのサインであったり，そういった子どもの気持ちやねがいを，保育者は自分の

47

感覚や感性を確かな拠りどころとして「みる」のである。

　さて，先ほどの子どもであるが，もしかすると，保育者に駆け寄ったそのとき，ほかの子どもの身体とぶつかっていたのかもしれない。あるいは，母親が持たせてくれたはずのお気に入りのハンカチがポケットのなかにみつからなかったのかもしれないし，友だちが自分より先に保育者のエプロンにしがみついて行ったのが見えたからなのかもしれない。また，前に同じようにしたときに，「せんせいもドカーン！ってぶつかっちゃう」と言いながら，保育者が抱きしめてくれたことを思い出したのかもしれない。保育者が，よくみようとするこころの姿勢を保つ努力をしなければ，子どもの行為から伝わってくるものや，そこから感じ取れることは希薄になってしまう。あたたかく，かつ，繊細な「こころの目」でみていくことを大切にしていくことによって，子どもたちも安心して自分を表現してきてくれるはずであり，その思いはきっと保育者に伝わってくるはずである。

つぶやき5　＜自分を精一杯ぶつけてくる子どもたち＞

　保育者1年目，2年目，3年目…。なぜ，自分のクラスには激しく自己表現し，保育者である私自身を強く揺さぶってくる子どもがいるのだろうかと，悩み，落ち込んでいた時期がありました。そんなとき，複数の先輩保育者から，「それは，あなたならばわかって受け止めてくれると子どもが信じているから」「ありのままに自分を表現してもよいのだというメッセージがしっかりと伝わっているから」などと言ってもらえたことがありました。これらのことばに，どれほど励まされながら，翌日の保育に向かっていったことでしょう。私は，どのような仕方であっても，自分をありのままに表現してきてくれる子どもの思いをしっかりと受け止める姿勢でいようと思い直すことができたのです。

② 即応性を発揮する

　次に，大勢の子どもたちと担任としてかかわる保育者が，どのような目線で子どもたちの姿をとらえ，どのようにしてかかわっているのか，子どもたちが自由に遊んでいる具体的な場面を例にとって考えてみよう。

事例1　＜6月某日，午前10時，ある4歳児の保育室＞

　製作の机では，女児3人がせっせと折り紙をしている。そのかたわらの床で両足を投げ出して座り，新聞紙を一生懸命まるめている男児。もう1人が，「けんつくる！」と保育者に向かって叫んでいる。

　畳のあるままごとコーナーにあがりこんで，黙々とお皿にご馳走を並べている男

児が2人。その横では3人の女児が犬になり，身体につけたひもを飼い主の別の女児に引っ張られながら，ピクニックシートをずるずると引っ張って出掛けようとしている。おもちゃの棚の前では，ミニカーが大好きな男児が，1人でパーキングのおもちゃに車を並べてはスロープを走らせている。

　おや，さっき朝の身支度をうながしたはずの女児が，ロッカーの前に座り込んで，まだ身支度を済ませないまま，にこにこして新聞紙の剣をつくりたがっていた男児を見ている。その脇を，ものすごいスピードで走り抜けていく男児の集団。手にブロックでつくった武器を持っている。

　廊下の方から歓声が上がったので，保育者が行ってみると，大きな積み木を迷路のようにして，5歳児たちがコースをつくっている。片隅に並び，座りこんで絵本を読んでいた女児2人がその迷路のことで何か話をしている。その手前でブロックの車を組み立てていた男児3人が，必要なタイヤの部品をめぐって取りあいになってしまった。無理やり引っ張られた1人が大声で泣く。残りの1人が無理やり取った方を叩く。

　園庭の方から，「せんせー！！」と，くり返し保育者を呼んでいる女児がいる。友だちがころんだことを知らせにきたらしい。見ると，流しと砂場をバケツを持って往復していた男児たちは，もう顔もズボンも泥んこになっている。砂場には，山や川やトンネルができている。

　地面にしゃがみこんで，器に入れた土と水をかき混ぜて料理をしている女児たちの周りには，テーブルに乗りきれないお皿やおなべにはいったご馳走がいっぱい並んでいる。

　別の保育者に大縄跳びの縄を回してもらっている子どもたちがいる一方，固定遊具のぶらんこや雲梯で遊んでいる子どもたちもいる。

　たとえば，このようななかに担任の保育者はいる。しかし，身体はひとつである。そして，これが子どもたちと保育者が共にしている遊びと生活の場である。事例1のように自由な遊びの場面もあれば，集まって紙芝居を読み演じている場面もあり，一緒に保育室を片づけている場面もある。いずれの場面においても，1人の子どもとだけ1対1でじっくりとかかわっていると，ほかの子どもたちのことがみえなくなってしまう。しかし，1人の子どもとのかかわりを十分にもつことができなかったなら，クラス全体を成り立たせていくこともむずかしい。保育者は，絶えず個と集団へのかかわりの葛藤を抱えながら，どのように子どもたちと向きあっているのだろうか。

（1）瞬時の判断

　子どもとの関係における保育者の実際の動きの要因は，子どもからの要求や必

要性に応じて動く，保育者自身の判断や必要性で動く，の2点に大きく分かれる。子どもたちは，園バスの到着時間別に次々と登園したり，保護者に送られて来たりした後，それぞれ身支度を済ませて遊びはじめる。このとき，園での活動を自分なりに見つけ，その活動に安定して取り組むようになるまでには，大切な模索の時間*を過ごす。そして，この時間が長い子どももいれば，短い子どももいる。この間，保育者はとくに神経を使い，とくに忙しく動く。先ほどの4歳児クラスで，クラスの子どもたち全体が，それぞれの遊びに落ち着いて向かっていくまでの模索の時間を例にとって考えてみよう。

　子どもからの要求や必要性に応じて動く例としては，次々と話しかけてくる子どもたちへ応じる，「けんつくって」と新聞紙を持ってくる子どもと一緒に剣を作る，泣きながら言いつけに来た男児に応じてけんかの仲裁をする，ころんだ友だちのことを知らせてくれた女児にお礼を言い，その子どもの怪我の手当てをする，などがある。

　また，保育者自身の判断や必要性で動く例としては，剣を作る新聞紙を十分に広げられるよう周りのものを動かしてスペースを作る，ペットごっこを始めた女児たちに，ひもが絡むと危ないことを知らせる，手にブロックでつくった武器を持って走っていった男児の一団が気になり，ついていって遊びの様子をみる，5歳児の迷路に入りたそうにしている男児の気持ちを聞いて一緒に入れてもらう，泥んこになった男児の顔を拭き，袖やズボンのすそをまくり，少しの間一緒に穴を掘る，などがある。

　このように，保育者の心身は実にめまぐるしく動いている。また，子どもから直接の要求がなくても保育者が感覚的にそれと感じて，子どもの気持ちに応じて動いていることも多いので，子どもからの要求や必要性と保育者の判断や必要性は厳密には区別しがたい面もある。しかし，いずれにしても，保育者はこれらの行動をマニュアルに従って行っているのではなく，自分の目とあたまとこころで，そのとき，その場の情況を瞬時に判断して動いているのである。そして，子どもからの要求や必要性は，複数のことが同時多発的に発生するため，次から次へと判断の瞬間はやってくる。

▲大勢の子どものさまざまな訴えや気持ちに同時に応える保育者

＊津守真は，この時間を「模索の段階」と呼んで，幼児が登園したあと，本格的に自分の活動に取り組むまでには時間的経過が必要であり，保育者の側もそれに応じることが求められていることについて説明している。つまり，子どもは，保育者に依存的であったり，あれこれさまざまに試みたり，保育者をためしたりしながら，模索の時間を過ごす。その過程をみると，朝，登園して間もないころの遊びと，自分の活動に没入しているときの遊びには，質的な違いがあり，本格的な遊びは，感動や満足感，意欲をともない，子どもは人やものに対する理解を深め，そこに子ども自身の成長があるという。(津守真『子ども学のはじまり』フレーベル館，p.43，1979)

（2）機敏な身体

　瞬時の判断を支えているのは，保育者のよく動く身体である。外側からはのんびりしているように見える場合でも，自分の判断にみあった動きを保育者は選択している。そして，その動き方の1つひとつを子どもたちは見ていて，感じているということを忘れてはならない。

（3）同時進行する心身

　保育者の動きは，それが複数の要求や必要性への応答を含んだ行動であることが特徴である。たとえば，新聞紙を丸めることを手伝いながら，ペットごっこの女児たちに，「ひもが絡まっていないかしら」と注意したり，身支度の進まない子どもに，「○○ちゃん，そろそろかばんを置こうか？」と声をかけたりする。そうするうちにも，手はもう次のことに移っていて，「せんせい，こいピンクいろない？」と聞いてきた女児に，ピンクの色紙を差し出したりするのである。その間，こころのなかや感覚はたえず働いており，その1つひとつの動きは保育者自身の意識にのぼる前になされていることも多い。

（4）拡がる視界

　ぼんやりせずに全方位に注意を払ってしっかり見ることを，「うしろにも目があるように」と表現することがあるが，子どもたちとのかかわりや応答を一生懸命くり返していると，保育者の視界は，驚くほどに拡がっていく。視覚的に見ることの領域が，こころと身体の働きによって，その先へ先へと拡がっていくのである。平穏に遊んでいるように見える数人の子どもたちの間に，それまでとは違った空気が流れていることを感覚的に感じ取ったり，死角になっている場所から聴こえた気になる物音や声に敏感に反応してようすを見に行ったり，遠くで自分を呼んでいる子どもの声が聞こえたりする。直感的にただならぬ気配を感じて園庭に飛び出していくと，怪我が起きていることもある。

　しかし，どんなに鋭い感覚や感性をもっているように見える保育者でも，はじめからそのようにできる訳ではない。はじめは，いま，かかわっている子どもが目の前にいると，周囲のことは見えなくなってしまうものである。「いま」「ここで」の子どもとの応答をおろそかにしないように注意しながら，ちょっと顔を上げてまわりのようすを確かめる，一歩自分の身体の向きを変えてみる，立ち上がって視線を園庭の端まで届かせてみる，自分の居場所を移動してみる，といったことを意識しながら現場に立つ努力を積み重ねることが必要となる。そうしているうちに，落ち着きのない動きや，子どもたちに緊張感を与える動きは，削ぎ落とされていき，保育者の動きには子どもたちとの調和が生まれてくる。

（5）自分へ問いかけながら，くり返される瞬時の判断

　瞬時の判断が，いつでも迷いなくできるとは限らない。また，迷いがまったくないとしたら，それもまた考えものである。保育者は，情況に応じて自分なりの判断で動いていかなくてはならないが，どんな判断が考えられるかの選択肢は，一つではない。たとえば，これといって自分の遊びがみつからない子どもに対して，それとなくその子の好きな話題で話しかけてみようか，その子が興味をもって見ている友だちの遊びに誘いかけてみようか，さりげなく製作の材料が目に入るように置いてみようか，ほかの子どもが困っているから手伝ってあげてと頼んでみようか，天気がいいから一緒にかけっこしようと園庭に連れ出してみようか，もうしばらく我慢してようすを見続けてみようかなど，保育者は子どもたちとの無数の応答をくり返しながら自分自身に問いかけ，実際にどうかかわるかの判断も無数にくり返し行っているのである。

　保育の状況は生きて動いているので，なかにはためらいを感じながらも，ある判断を選ぶ場合があり，選んだ結果，違っていたと感じることもある。では，どうしたらいいか。それは，また考えて，判断して，子どもとの応答をくり返していくことである。保育者は，瞬時に行った判断のその次の状況を自分自身で引き受け，瞬時の判断をさらに，くり返し続けていかなければならないのである。

③ 知る・わかる・理解する

（1）子どもの気持ちを知ろうと自分なりに考える

　保育においては，「子どもの気持ちに共感し，子どもの気持ちを受け入れることによって子どもとの信頼関係をつくる」ことが大切だとよくいわれるが，そのための一般的な方法というものは，ないといってもよいだろう。1点あるとすれば，それは，何をおいても，まず相手の気持ちを知り，考えようとするこころの姿勢だろうか。

　保育者を志す実習生に，「そのとき，○○ちゃんはどんな気持ちだったと思いますか」という質問をすると，黙ってしまう人が意外に多い。本人なりに感じていることはあるらしいのだが，いわゆる「正解」を求められているように思い込

んでしまって，何も言えなくなるようだ。あるいは，いま，感じている思いをどんなことばにして述べればよいのか，ためらっているようでもある。同じようなことは，子どもとのかかわりにもある。

以下は，ある実習生の日誌に書かれていた文章である。

> 　Rくんが，今日のお帰りの時間にロッカーの棚の上のお友だちの作品を壊していたので，「お友だちがせっかくつくったのだからやめようね」と言ったのですが，止めてくれずドンドンとこぶしで作品を叩き続けていて困りました。何かを叩くことが楽しいのかなと思い「Rくん，今後は先生とパンチの練習をしようか」と言うと，笑ってはくれるのですが，まだドンドン叩いていました。いけないことはいけないと，もっと強く注意すればよかったのかもしれないと思いました。

このように考えた実習生は，翌日，男児Rが「お花見」といって女児Kが並べていたままごとのごちそうをひっくり返してしまう場面に遭遇する。泣いてしまったKを見て，今度は，決然と注意するが，Rはその場を蹴散らしてどこかへ行ってしまった。この日の反省会で保育者は，実習生とRのこの日の出来事や，これまでの行動を基に，Rの気持ちについて自分の知っていることや，分からないでいることも含めて話しあった。

（2）わかることもあればわからないこともある

毎日の保育においては，（1）のRのように理解しがたいと思える子どもの行動に出会うことがある。たとえば，「泣く」という行為について，以下の事例をもとに考えてみよう。

事例2　＜泣く子ども（その1）＞

登園早々，ある子どもがいきなり泣き出した。保育者はいったい何があったのか，どこか痛いのか，だれかに叩かれたのか，悲しいのか，悔しいのか，あれこれ考えて，訳を聞いたり，なだめたり，抱いたり，いろいろと試みた。子どもは泣くばかりで，うまくことばにはできない。そこで，保育者は，脈絡がないように見えた時間の流れを注意深くみつめ直してみた。すると，元気に登園してきたその子どもが，かばんが置いてある自分のロッカーの前で突然泣き出したことを思い出し，「あっ」と思い当たった。その日はお弁当がない水曜日（午前保育の曜日）だった。保育者は，この子どもが，朝の身支度をしようとしたときお弁当が入っていない自分のかばんを見て，急に不安になったのではないかと考え，「きょうは，お弁当がない日だったのね」とゆっくりとくり返し伝えると，その子どもは落ち着くことができた。

事例3　＜泣く子ども（その2）＞

　昨日までまったく何事もなく，保護者と離れて遊びはじめていたある子どもが，ある朝，保護者が離れて行こうとすると急に泣き出した。思い当たることはないかと，保護者に尋ねても，わが子に泣き出された保護者自身も動揺して答えが得られない。泣き止まない子どもを相手に訳を聞いたり，気分を変えようとしたりするが，一向に泣き止まない。時間がどんどん過ぎて行き，ほかの子どもたちが次々と登園してくる。なぜ泣き出したのか，いつまで泣いているのか，このまま泣かせておいていいのか，泣いていても抱き取ってしまった方がいいのか，保育者のこころのなかをグルグルと思いが巡る。

　事例2では，保育者が，子どもが「泣く」理由に思いあたり，子どもは泣きやんだが，事例3のような場合も当然ある。このようなとき，現場ではわからないことを無理にわかろうとしないこころのゆとりも必要である。泣き止ませなくてはとか，母親やほかの保育者がどう思うか，専門家なのだから何とかしなくてはなどと焦ると，ますますうまくいかない。保育者は，わからないなりに精一杯その子どもの思いを一緒に感じようとし，共に在ることを積極的に引き受け，泣かずにはいられない子どもの気持ちに寄り添い，少しでも楽しく，嬉しくなれるような工夫や知恵を働かせて時間をともに過ごそうとすることが大切である。そうするうちに，子どもは，いつの間にか泣きたい感情が和らぎ，一緒にいてくれる保護者以外のこの者に安らぎとよろこびを見出してくれるであろう。

　反対に，明確な根拠がないようにみえるにもかかわらず，はっきり「わかった」と思えるような瞬間もある。しかし，どんなときも保育者の独りよがりになってはならない。そのためには，一定の見方に縛られず，柔軟なこころをもって，つねに新たな目で子どもたちとかかわり続けていくこと，ほかの保育者と実際の場面の話や，それぞれの考え方や意見を親密に交換しあうこと，自分のなかでくり返しふり返って考えること，といった姿勢が必要である。

（3）子どもについての細かな情報や記憶を役立てる

　実際の保育に役立てるために，個々の子どもについての多様な情報を各家庭から教えてもらうことは，大切なことである。たとえば，きょうだいがいるかどうか，祖父母と一緒に暮らしているか，家が遠いか近いか，母親が仕事をもっているか，引越しなど，最近，大きく変わった家庭環境があるかどうか，かかりやすい病気があるか，持病やアレルギーがあるか，入園前にどんな生活を送っていたか，両親が園に対してどんな要望をもっているか，などがあげられる。

　本人の入園と下のきょうだいの出産の時期が重なっていたとか，遠くから転居してきたばかりで保護者自身もまだ新しい環境に慣れていないとか，食べ物の好

き嫌いが多く，食事に時間がかかる，といったようなことを知っておくことは，保育の具体的な場面で，より適切な理解や対応につながることが多い。

また，子どもは似たような状況で，くり返し同じように不安を表すことがある。たとえば，行事のために場所を移動することに抵抗を示した場面を記憶しておくことが，次に場所を移動する際の配慮に役立つということがある。

ただし，これらの客観的な情報や以前の記憶が，実際のかかわりにおいて先入観となってはいけない。保育者が子どもとかかわるとき，ほかならぬ保育者自身が感じ，考え，判断し，応答していくことが大事なのであり，外から与えられる情報ばかりに頼っていると，「いま」「このとき」の子どもの気持ちに寄り添うことの妨げになる危険性をはらんでいるからである。

> **事例4　＜保護者との連絡・連携＞**
>
> 　夏の保育でプールあそびをしたとき，それまではよろこんでプールに入っていたある年中児が急に水を怖がり，不安を示すようになった。気になった担任保育者が母親に聞いてみたところ，通っているスイミング教室で級が上がり，コーチが代わって厳しくなったために，このごろスイミングを嫌がっているという。やがて，プールだけではなく，ほかの場面でも不安定なようすがみられるようになったため，保育者はそのことを保護者に伝えた。この保護者は一時スイミングを中断し，その時間をわが子とゆっくり過ごすようにこころがけてくれた。子どもは再び落ち着きを取り戻し，園で泣くことが減った。
>
> 　しばらくして担任は，数回休むと気持ちが晴れたかのように，自分から行くと言って，再びスイミングに通いはじめたという保護者からの報告を受けた。

このように，たえず園と家庭とが連絡を取りあい，子どものようすや情報を必要に応じてやり取りしあうことは大切である。その際，子どものことを考えるあまり，家庭の状況や，保護者の考え方に不用意に立ち入ってしまわないよう留意する必要がある。子育ての主体である保護者の意向を尊重しながら，一緒に子ども理解を考えたい。

4. いまをつなぐ

保育者として子どもとかかわっていると，一瞬一瞬がかけがえのない「いま」であることを実感せずにはいられない。保育者という職務の役割と責任とを思うとき，ありのままに，精一杯生きている子どもたちを目の前にして，こころが引

き締まると同時に，豊かで楽しい気分になるであろう。

では，保育者の「つなぐ」という役割は，具体的にはどのようなことだろうか。

■ 場面と場面をつなぐ

園の保育形態によって実際の流れに違いはあるものの，保育者が子どもたちと一緒に毎日毎日くり返しているのが，遊びから片づけへ，さらに次の生活場面へという流れである。

＜保育に時計は必需品＞

まだ，園生活の流れに慣れず，子どもたちとの生活に見通しをもちにくい新人保育者は，1日の生活の時間配分がうまくいかずに苦労します。実習生の行う責任実習でも，せっかく綿密な指導案を立てているにもかかわらず，緊張して時計を見るゆとりがもてないために，生活や活動の流れが大きく狂ってしまうことがあります。このように保育に時計は欠かせません。しかし，反対に計画や予定に縛られ，時間に支配されてしまうようでは，子どもたちを急かしたり，指示するばかりになったりしてしまいます。子どもたちの生活や活動が無理なく自然な流れとなるようにするためには，時計で時間を把握するばかりでなく，子どもの姿を予想して，働きかけのタイミングを図りつつ，保育を進めていくことが求められるのです。

▲子どもが自分の遊びに夢中になれる時間や空間を保障するのも保育者の大切な役割

保育者は1人ひとりのペースを大切にしながらも，子どもたちを次の生活の流れへと方向づけていく役割を担っている。たとえば，誕生会，発育測定，プール遊び，園外への散歩，話しあい，集団での活動，お弁当，降園の準備，などへ。もちろん，次に予定されていることは，その日その日の保育の組み立てや子どもたちの状態によって変化するものである。

　また，遊びのなかでも，保育者がある場面を次の場面へとつなぐ役割を果たしていることがある。たとえば，何かをめぐって子ども同士の意見が対立し，硬直した状況をむかえたときには，その展開を助けたり，だれかがはじめたことに対してほかの子どもたちの興味が集まったときには，遊びの場面を拡げる工夫をしたり，ある話題に関して個々がばらばらに話しはじめたときには，その経験や話題をみなで共有できる方向づけをしたり，というような場合である。

② 個と集団をつなぐ

　保育の場は，個々の子どもが安定し，自信をもって自分の活動をくり広げると同時に，友だちとかかわり，大勢のなかのひとりとして存在し，活動することの楽しさや大変さを経験する場でもある。そして，遊びや生活のなかで保育者のさまざまな配慮や働きかけがあって，このことが実現されていくのである。個々の子どもたちが，友だち関係やクラスの仲間との関係によって結ばれ，関係のなかで自分を生かし，自分自身の存在を確かにしていくようになるその背景に，目には見えにくい保育者の働きがある。

③ 子ども同士の関係をつなぐ

　子どもたちが互いを親しい存在と感じ，一緒にいることや遊ぶことを楽しめるようになることは，自然な流れのようでいて，実はそれほどたやすいことではない。園生活を通じて子どもたちは，人と人が交わることを心地よい，おもしろい，好き，楽しいと感じられるこころをはぐくんでいる。しかし，自分とは違う存在とのかかわりは，子どもたちを反対の思いにも出会わせていく。それは，保育者への訴えとして，以下のようなことばに表れる。

　「いじわるする」「たたく」「おした」「かんだ」「とった」「こわくいった」「だめっていう」「なかまにいれてくれない」「こわした」「かくした」「ぬかした」「みせてくれない」「かしてくれない」「やらせてくれない」「うそついた」「わざとやった」，など。

　子ども同士が自分の気持ちをことばにしたり，相手に分かるように伝えたりすることは，とてもむずかしい。保育者はここをさまざまな仕方で助け支えていく訳だが，ときには気持ちや関係が複雑で，悩みが深いこともある。気になる者同士がことあるごとに衝突したり，何となく馬があわないことだってある。誤解による思い込みや一面的な見方が対立を生んでいることもある。

　それぞれの思いを生かし，互いが分かりあえるようにするにはどうしたらいいのか，こころの底にもっている触れあいたいという思いを実現するにはどうしたらいいか。保育者には，楽しい経験ばかりでなく，うまくいかない経験こそ，子

どもと一緒の気持ちになって考え，悩み，子ども同士の関係をつないでいくという大切な役割がある。

つぶやき6 ＜書き残された紙片と子どもの気持ち＞

　子どもの表現は，はっきりと表に出てくるものばかりではないため，友だち同士の関係や気持ちに保育者が気づけないでいることもあります。

　私も，おうちごっこやプリンセスごっこをくり返し楽しんでいるように見えた女児数名のグループのひとりが，画用紙の紙片に書き残したことばを保育後に見つけたとき，はっとさせられたことがありました。それには，「○○ちゃん，△△ちゃん，どうしていつもにげるの」と書かれていました。これを読んだことが，そのグループの子ども同士の関係について考えるきっかけを与えてくれました。

5. 成長を支える

1 みえてくるテーマ

　子どもたちと一緒に生活していくと，日々のさまざまな場面の積み重ねのなかでそれぞれの子どもに対する保育者としての思いが深まったり，膨らんだりしていく。そして，その子どもについてのいろいろな次元のテーマが浮かびあがってみえてくるように感じる。

　たとえば，園生活のなかで，自分の身のまわりのことをどのように行っているか，自分のやりたいことをみつけて過ごしているか，人とかかわるうえでの態度やコミュニケーションの取り方はどうか，自分の気持ちをどれくらいことばで表現しているか，といった事柄についてである。

　身体の発育や発達に関することや，ことばや情緒・社会性などの精神的な発達に関することなどは，一見すると一般的な基準を外側から個々の子どもに当てはめてみているだけのように受けとられがちである。しかし，ここで，間違えてはならないのは，これらの事柄をその子どもが生きていくうえで，その子なりのテーマとして感じ取れるのは，子どもとともにある保育者だからこそであり，子どもとの関係性があるからこそ感じ取ることができるのだという点である。

　一方，発達段階とか発達課題*という用語があるが，保育者には，外的にとらえられる行動や能力の変化ばかりではなく，当の子どもの内的世界が変容していく姿までをも含めて「発達」として感じ取ることが求められている。園生活を送るうえで，個々の子どもがいまどんなことを経験し，どのようなテーマをもちな

*発達課題
　人が生まれてから成熟し，老年期にいたるまでの各時期（発達段階）において習得されるべき課題のこと。人間の発達についての研究は，心理学の分野で，身体・運動・認知・知覚・自我・情緒・知能・社会性・言語など，さまざまな側面から多岐にわたって行われている。

　一方，文部科学省の『幼稚園教育要領解説』（2018年3月）では，「発達の課題」については，「その時期の多くの幼児が示す発達の姿に合わせて設定されている課題のことではない」「幼児一人一人の発達の姿を見つめることにより見出されるそれぞれの課題」であるとされている。つまり，発達のとらえ方として，人が能動的に周囲の環境に働きかけながら，「生活に必要な能力や態度などを獲得していく過程」と考えられているのである。また，『保育所保育指針』（2017年3月）第1章総則1保育所保育に関する基本原則（3）保育の方法には，「子どもの発達について理解し，一人一人の発達過程に応じて保育すること。その際，子どもの個人差に十分配慮すること」と述べられている。

がら生きているのかを読み取ることが保育者には必要なのである。そのためには，前節で述べたような保育者の「つなぐ」役割，個々の子どもの表現を，その子自身が生きる姿としてとらえようとする姿勢が不可欠である。

 ＜成長の「テーマ」とは＞

　子どもが育つ過程においては，あらかじめ設定された一般的な発達課題や目標にその子がどれだけ到達できたかどうか，つまり，何か一定の事柄ができたかできないかだけをみるのではなく，その子ども自身の立場から，そのことについて，これまでその子がどのようにしてきて，いまどうであるのか，そしてこの先どうなっていこうとしているのかを知り，その子が生きるうえでいま直面している事柄や課題は何かを見極めようとする姿勢が必要です。

　私はそれをその子自身の「成長のテーマ」と呼んでいます。テーマは，個々の子どもにも，クラスなどの集団に対しても成り立つと考えられます。

２ テーマを超える―自己が拡がる手応え―

　保育者の役割として大切なことは，個々の子どもが，そのときどきの自分自身のテーマを超えようとしているとき，そばにいる保育者が，愛情をもって，肯定的に子どもの気持ちに寄り添い，支えていくことである[*]。

　保育者は，子どもと生活をともにするなかで，個々の子どもの興味や関心，いま出会っている生きるうえでのテーマを知り，直接的・間接的に子どもに働きかけながら，それぞれの子どもにふさわしい生活を，環境を通して用意していく。そして，その具体的な方法は，実にさまざまである。

　たとえば，ある年長児に「自分の気持ちや考えをこころのなかにしまい込まず，ことばで伝える」というテーマを感じている場合，保育者は，その子自身が自分の思いを発揮しようとしてしきれずにいると思われる場面で，「○○ちゃんの思っていることを言ってみて」とうながしたり，「○○ちゃんはどう思ったのかな？」と尋ねたり，「お友だちが聞きたいんだって」と働きかけたりするだろう。あるいは，自分の考えを自然にことばで表現できるような遊びや活動を意識して用意したり，小さな変化でも何とかことばで表現しようとしている場面を逃さずほめて励ましたり，生活のなかで折りに触れて，ことばで伝えることの大切さや伝わったときの手ごたえや喜びについて伝えていくといった手立てを積み重ねるのである。

　このように子ども自身が，いまの自分からその先の自分へと成長する「発達の体験」を１つひとつ積み重ねていけるよう，保育者には個々の子どもの姿をしっかりとみつめる目と，細やかな配慮が必要となる。

＊発達について津守真は，「発達は行動の変化として記述されるのみでなく，その裏側には子ども自身の発達の体験がある」とし，「保育の仕事は，子ども自身が発達の体験をできるように，まわりで支えることでもあるともいえる」と述べている。（津守真『子ども学のはじまり』フレーベル館，1979，p.14，18）

事例5 ＜はじめて自分でつくってみようとする＞

　いつも何となく保育者の周辺に位置して過ごし，自分から遊び出す姿がみられない子どもがいた。その子は，自分でも何をやりたいのか定かではなく，保育者の動きにくっついて歩いた。また，だれかほかの子どもが何かはじめるたびに，「○○くんも」と口に出して言うのだが，みずからやろうとはせず，「やって」ということばを保育者に向かってくり返すのだった。この保育者は，こころに余裕がなくなって，つい「うっとうしい」と思いそうになる自分を懸命にもちこたえていた。転入して日も浅いこの子どもが，いまここでの生活で唯一能動性を発揮してできること，それが保育者にくっついて歩き，保育者に「やって」と要求することだと考えたからである。そして，せっせとやってあげることに励んだ。

　ある日，この子どもが，ほかの子どものつくろうとしていた新聞紙のピストルのような武器を見て，やはり自分もつくりたがった。そのとき，この子どもは「○○くんも」「やって」とは言わず，「ぼくもつくりたい」と言った。保育者はこのことばにはっとし，そして，とても嬉しく思った。自分でやってみたいという強い意志を感じたからである。保育者は，この子どもが何とか自分でつくることができるように，材料の場所や用具の使い方をアドバイスし，相手の子どもにつくり方を教えてくれるよう一緒に頼んだ。しばらくすると，2人はそろってできあがった武器を手に駆け回っていた。

　はじめて自分の手でやってみようとしたこの子どもの顔は，よろこびと満足感に満ち，さっきまでの自分とは違う自分，新しい自分になった自信が表れていたことだろう。こういう出来事を積み重ねながら子どもの現在は，新しい未来へとつながれていくのである。

　保育者は，自分が子どもに対して願いをもって行った意識的な働きかけの成り行きをしっかりとみておくことが大切である。かかわって，かかわりっ放しにしないこと。そのほかの子どもたちともかかわりながら，一方で，その子どものその後のようすをていねいにみていくことで，新たに気づいたり，みえてきたりすることがあるはずだからである。そしてそれは，1人ひとりの姿がより鮮明にみえてくることにつながるのである。

　ところで，テーマによっては，子どもにとって非常に大きく重いこともある。物事に取り組む意欲を喪失したり，他者とのかかわりにつまずいたりするなど，子どもが生きていくうえでの大きなテーマに遭遇し，一緒に向きあっていこうとするとき，保育者も子どもの悩みや困難や挫折をともに感じて，落ち込むこともあるだろう。しかし，そのテーマをともに超えようとしてもちこたえるところに保育者としての役割があり，成長を支える者としての責務がある。思うように先

がみえないときこそ，保育者の出番であるといえるだろう。

3 明日の保育を考える

　園には園全体の教育理念・教育目標があり，各園によって定められている教育課程および全体的な計画*に添った形で，各期ごと，月ごと，週ごと，そして，日ごとに年齢・月齢別の指導計画が立てられ，各保育者によって実際の保育につなげられていく。

　子どもにとっても保育者にとっても，明日は新しい明日には違いないのだが，一方で，今日という日と切り離すことはできないものである。保育を考えるうえでも，明日の保育が，今日の子どもたちの姿と切り離されて行われることはないであろう。今日あった出来事の1つひとつをもう一度思い起こすと，そこに個々の子どもの，あるいは，子ども同士の関係性や，クラスとしてのテーマが浮かびあがってくるだろう。夢中で過ごした1日のいろいろな場面を，保育者自身の姿をも含めてふり返ることによって，明日の保育の方向性が生まれてくる。これがもっとも大切な指導計画の部分をなしていき，生活の場をつくっていくことにもつながっていく。空間の配置を考え，必要な教材を整え，意識的な誘導や保育の内容を準備し，そのための練習もする。しかし，新たな1日がはじまれば，保育者の計画や予想通りにはいかないかもしれない。そこでまた，保育者は即応性を発揮しつつ，子どもたちとともに生活や遊びをつくりあげていくのである。

6. ふり返って考える ― 省察 ―

1 1日のおわりに

　降園していく子どもたちを園バスまで送り，バスのなかから無心に手をふる子どもたちに向かって，こちらもまた，一生懸命手をふってそれに応じるとき，1日が無事におわったという安堵感と，精神と身体を総動員したひとときが過ぎ去った心地よい疲労感とが押し寄せる。しかし，釈然としない思いが，どの出来事とも明確に結びつかないままにこころのなかを漂っていることもある。あるいは，あのときの自分のひとこと，このときの子どもから返ってきた諦めの顔つき，投げつけられたことば，離れて行った後ろ姿などがこころに突き刺さっていることもある。場合によっては，登園のときに保護者から受けた相談ごとや，担任への不満が再び思い出されて，こころを暗くする日もある。

　しかし，そんな思いにゆっくりと浸っている間もなく，子どもたちの降園後も，保育者同士は，役割分担のローテーションによって，目まぐるしく持ち場につく。

*教育課程と全体的な計画
　教育課程とは，2017（平成29）年告示の『幼稚園教育要領』では，その前文において，「各幼稚園において教育の内容等を組織的かつ計画的に組み立てた」ものであり，「それぞれの幼稚園において，幼児期にふさわしい生活をどのように展開し，どのような資質・能力を育むようにするのかを教育課程において明確にしながら，社会との連携及び協働によりその実現を図っていくという，社会に開かれた教育課程の実現が重要となる」と述べられている。また，第1章総則第3教育課程の役割と編成等において，各幼稚園において「創意工夫を生かし，幼児の心身の発達と幼稚園及び地域の実態に即応した適切な教育課程を編成するものとする」，「全体的な計画にも留意しながら，「幼児期の終わりまでに育ってほしい姿」を踏まえ教育課程を編成すること」とされている。
　全体的な計画とは，同節の第6項において「教育課程に係る教育時間の終了後等に行う教育活動の計画，学校保健計画，学校安全計画などとを関連させ，一体的に教育活動が展開されるよう」作成するものと述べられている。
　一方，『保育所保育指針』においては，第1章総則第3保育の計画及び評価において，「保育の目標を達成するために，各保育所の保育の方針や目標に基づき，子どもの発達過程を踏まえて，保育の内容が組織的・計画的に構成され，保育所の生活の全体を通して，総合的に展開されるよう，全体的な計画を作成しなければならない」とされている。

保育者の仕事の，また違った部分を担うのである。そして，たとえば掃除をしながら，もう一度，今日あった出来事や子どもたちの残していった遊びの足跡をたどってみる。このように，何かをしながらの時間ではあるが，かえってそれが丁度よい具合に，子どもたちともう一度向かいあう大切な時間となる。

2 体験をことばにする

（1）話をする

　保育後は，保育者同士でその日をふり返って話しあいをすることが重要である。自分なりに印象に残っている場面や気になる子どものことについて，ことばにしていくことで，互いに自分のなかをすり抜けていった出来事，あるいはもやもやとした感覚を身内に残している出来事を「ことば」に置き換えることによって，それらを一旦，自分の外側に置くのである。その際，保育者としての自分自身の感じ方・見方・考え方を交えながら話していくことが大切となる。

　はじめは，体験したことをことばにするのはむずかしいかもしれない。なぜならば，話としてまとまるようにとか，何らかの結論をつけてなどと気遣って話をしようとすると，何を話したらいいのか，かえって分からなくなってしまうことも少なくないからだ。確かに，いろいろなことが詰まっているはずの1日なのに，連綿と続く1日のどこを切り取って，どのようなことばに置き換えてみたらいいのかが分からないことも多いだろう。うまくことばにしていい表すことはむずかしいが，何とかことばにして，他者と共有したいことがきっとあるはずである。ことばにし切れないこともたくさんあるだろうが，保育の場をともに過ごした者同士が出来事や相手をどうとらえているかを知ることは，是非とも必要なことである。

　同じ場面でも，保育者によってとらえ方が異なることも多いだろう。そのような場合には，どちらが正しいかではなく，それぞれに子どもや保育に対する姿勢が表れていると思って肯定的に聞くとよい。「自分はこう思う」というその背景にある理由や考えまでもが交換しあえれば，なお素晴らしい。考え方の違いを受け止め，「もし，自分だったら」と置き換えてみることで，子どもの思いに対する理解が深まるからである。

　その際には，それぞれが自分なりに考える余地を残し，まとめたり結論づけたりすることに主眼を置きすぎないようにし，かつ，明日の保育をどうしていこうかという展望が希望としてもてるようにすることを心がけてほしい。

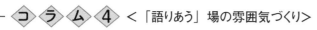

コ ラ ム 4 ＜「語りあう」場の雰囲気づくり＞

　実習をおえて戻ってきた学生たちが，「先生に話しかけるタイミングがつかめなかった」「積極的に質問できなかった」と反省する姿をみせることがよくありますが，保育者も，ことばにして「語る」ことを不得意に感じている場合があります。また，経験の浅い新人保育者が，先輩保育者の前で思うように発言できない雰囲気が職場にあるかもしれません。保育後にその日あった出来事や，子どもたちの話で盛りあがらないようでは，保育者集団としてさびしい限りです。お互いに協力しあい，話ができる雰囲気づくりを心がけたいものです。そのためにも，ちょっとした時間のもち方，改まらずに集える場の設定など，それぞれの職場の工夫が必要なのです。

（2）保育記録を書く

　保育の1日を記録することも必要である。園により，決められた書式に記入するやり方になっている場合もあるが，基本的には日付，天候，出欠，保育の時間的な流れ，保育者の動き，子どもたちのようすなどを具体的に記入していく。これは，次に指導計画を立てていく際に，記憶や経験に頼るばかりでなく，これらを大切な反省材料や資料として役立てていくためである。また，園によっては，保護者と担任保育者とが相互に記入しあう連絡帳に，個々の子どもについて，遊びのようすや保護者の記入部分へのコメントを記録するやり方をとっている。

　また，保育者にとっては，保育の1日において，何かこころにとまったことを，物語のようにエピソード記録として書き留めておくことも大切である。保育の一場面のエピソードというと何か特別な出来事を取りあげなくてはいけないような気がするかもしれないが，構える必要はない。落ち着いて1日をふり返ってみると，驚いたり，こころ惹かれたり，疑問に思ったり，分からなかったり，困ったりしたことが，何かしらあるものである。もし何も思いつかなかったら，特定のだれかのことや，特定の遊び，そこにかかわった自分の姿や子ども同士のやりと取りを思い出してみるとよい。まずは，とにかく自分なりの文章で書き出してみることが肝心である。

　そして，一度書いたら，その場で読み返してみることもまた，必要なことである。だれのどんなことについて書いてあるのか，たとえば，「むっとした調子で」とあるのは，だれがそうだったのか，保育者として自分はその場をどんなふうにみていたのか，何か働きかけをしてみたのか，それに対して子どもからの反応はどうだったのか，その子どもについてどんなことを感じたか，そういったことが保育記録のなかに納まっているかなどについて確かめてみるのである。

　このように，自分なりに感じ，考えることを「考察」という。遊びや生活のなかで子どもたちがどのようなことを経験していたのか，より丁寧に子どもの気持

ちを掘り起こしてみる考察というプロセスは，非常に重要である。

　また次には，さらに突っ込んで考えていく。この出来事は子どもにとってどのような意味をもっているのだろうか，そのときは夢中で過ごした保育者としての自分が感じていたことは何だったのか，自分としてはどうありたいと思っていたのか，また，いま改めて考えてみてどう思うか，ほかにはどのようなかかわりが考えられるか，いまならばどのようにかかわることができるだろうか，この子どもはどうなりたいと願っているのか，もっと長い時間の流れのなかで考えるとどのような変化を経てきているか，といったように考えるのである。このように，保育者である自分自身の見方・考え方をも含めて丁寧にふり返って考えることを「省察*」という。

　書くことは，保育者の1日の生活のなかでは大変な労力といえるだろう。保育者の仕事は忙しく多岐にわたるので，机に向かって保育記録を書く時間をつくることは容易なことではない。しかし，書きながら自分が体験したことを整理し，自分なりに物語を綴っていくことは，保育者もまた，新しい自分になって成長し，明日の子どもたちを迎えるためには不可欠であるといえる。

つぶやき7　＜自分の記録を読み返す＞

　学生の実習日誌を読んでみると，自分で自分の文章を読み返していないことが多いことに気づきます。書きっ放しで，誤字・脱字だらけの文章や，主語や目的語が不明瞭な文章を，そのまま指導者に提出することは，大変失礼なことです。

　また，実習後に長い時間を要して一生懸命書いた日誌を二度と読み返さないようではもったいないと思います。自分自身の保育をふり返り，自分なりの気づきや学び，あるいは自己の課題を確認して，翌日の保育へ活かすために，「読み返す」ことも是非心がけたいものです。

演習問題

Q　保育実践にメモを取りながら参加する場合の，メモの取り方について，どんな項目をどのように書き取っているか，メモを取る際に留意するべき点は何かを整理してみよう。また，書き取った内容がその後の保育記録にどのように生かされるか，メモを取らないで記録を書く場合との違いは何かについて考えてみよう。

*省察
反省し，深く考察するプロセス，すなわち，今日の保育をふり返り，そこで体験した出来事や子どもの行為の意味について，あるいは，保育者としての自分自身の援助やかかわり方について，自分なりによく考えることをいう。

　津守真によれば，「実践の最中の生きた体験に立ち戻ること，一面的にではなく多面的に，想像力を解放して思考すること」であり，「子どもとともに時を過ごしていたときには茫漠と理解されていたことが，距離をおいて見るときに，より明瞭に意識化され，省察によって意味を与えられ」「省察によって，子どもの理解は深められ，次の日の実践はそこから出発する」とされている。
（津守真『子どもの世界をどうみるか』NHKブックス，1987，pp.185〜187）

（3）指導計画を立てる

　保育者は，明日の保育のために，同僚や自分自身との対話や，保育記録を書くことを通じて指導計画*（日案・週案・週日案など）を立てる。これは，『幼稚園教育要領』や『保育所保育指針』に示された保育のねらいや内容が幼稚園・保育所での生活を通じて総合的に展開されるよう各園の創意工夫により編成された全体的な計画や教育課程が基になっている。

　短期の指導計画である日案や週案・週日案は，各園の全体的な計画や教育課程に基づいて立てられた長期の指導計画（年間指導計画，期間指導計画，月間指導計画など）に関連づけて立てられるものである。そして，それらのどの計画も，実際の子どもの姿や具体的な日々の生活に即したものでなければならないし，また子ども1人ひとりの発達する姿や成長のテーマを見通したものであるべきである。それは，知識や技術を系統的に教え込む手順が書かれたものではなく，ましてや単なる1日の生活の流れのスケジュール表でもない。園生活において子どもがみずからその環境にかかわりながら行う遊びを中心として，子どもと保育者とのやりとりを通じて，柔軟に用いられるべきものである。そのためにも，保育後の忙しいひとときにおいて「省察」する時間を十分に確保し，1人ひとりの子どもに対する理解を深める必要がある。

　指導計画に応じて，明日の保育の具体的な環境を整える際には，あの子どもや，この子どもが過ごしている姿を楽しく思い浮かべながら，保育者は環境構成に精を出すことになる。

（4）保育の評価を記録する

　指導計画に基づいて新たな保育の1日が展開されたあと，保育者は再びふり返って考えるときを迎える**。ここで留意しておきたいことは，ふり返るのは，子どもの行為や内面についてだけではないということである。保育の実践を通じて，子ども1人ひとりの発達する姿をさまざまな側面からとらえ，こころの育ちについて知ることと同時に，保育者である自分自身の保育について，援助のあり方（具体的なかかわり方，環境構成，保育のねらいや内容など）についても，さらに援助の基となっている子ども理解について，反省的な目を向けることもふり返って考えることの重要な中身である。

　省察による子ども理解の過程には，保育への評価と新たな指導計画の立案という内容が表裏をなしている。「評価」というと子ども同士を横に並べて成績をつけるような印象を受けがちであるが，保育における評価については，2017（平成29）年告示の『幼稚園教育要領』では，「幼児の実態及び幼児を取り巻く状況の変化などに即して指導の過程についての評価を適切に行い，常に指導計画の改善を図るものとする」「指導の過程を振り返りながら幼児の理解を進め，幼児一

*指導計画
指導計画は，2017（平成29）年告示の『幼稚園教育要領』においては，第1章総則第4指導計画の作成と幼児理解に基づいた評価に，「幼児の発達に即して一人一人の幼児が幼児期にふさわしい生活を展開し，必要な体験を得られるようにするために，具体的に作成するもの」とされ，『保育所保育指針』第1章総則3保育の計画及び評価においては，「全体的な計画に基づき，具体的な保育が適切に展開されるよう，子どもの生活や発達を見通した長期的な指導計画と，それに関連しながら，より具体的な子どもの日々の生活に即した短期的な指導計画を作成しなければならない」と述べられている。

**図3-2で「循環する保育の営み」のイメージを再度確認してもらいたい。

人一人のよさや可能性などを把握し，指導の改善に生かすようにすること。その際，他の幼児との比較や一定の基準に対する達成度についての評定によって捉えるものではないことに留意すること」とある。

また，同年告示の『保育所保育指針』では，「保育士等の自己評価」と同時に，「保育所の自己評価」を行い，「保育実践の振り返りや職員相互の話し合い等を通じて」また，「地域の実情や保育所の実態に即して」取り組むよう留意し，「専門性の向上及び保育の質の向上」を図るものとされている。

記録の方法としては，先にあげた自由記述式のエピソード記録以外にも，週案や日案用紙に評価欄を設けてふり返る方法や，子どもの個人記録票に視点や項目を立てて縦断的に記録をとっていく方法，特定の遊びや子ども同士の関係に視点をおき環境図や表を駆使した方法*など，さまざまな手段が考えられる。

そのほか，幼稚園には「幼稚園幼児指導要録」という書類がある。これは，どの幼稚園にも備えなければならない公簿であり，「学籍に関する記録」と，1人ひとりの指導の過程と結果の要約を記録する「指導に関する記録」の部分とがある。この抄録は，卒園する年の年度末に子どもたちの就学先の小学校へ送られることになっている。2017（平成29）年の「幼稚園教育要領」の改訂を受けて，要録の3枚目「最終学年の指導に関する記録」には，「幼児期の終わりまでに育ってほしい姿」が掲載されている。これは，「保育所児童保育要録」「幼保連携型認定こども園園児指導要録」においても同様であり，5歳児の育ちの姿をふり返って，子どものどんな資質・能力が伸びたかを他の幼児との比較や一定の基準に対する達成度としてではなく，その子どもの発達の実情から向上が著しいと思われるものについて記載することとされている。

＊河邊貴子『保育記録の機能と役割：保育構想につながる「保育マップ型記録」の提言』(聖公会出版, 2013)にみるように，保育の環境構成図に子どもたちの活動や保育者の援助について書き込んでいく方法などがある。

❸ 1人ひとりのこころに近づく

大勢の子どもたちを相手にしている保育者には，1対1でじっくりと子どもにかかわれる時間は少なく，1人ひとりに行き届いた保育を実践することはなかなかむずかしい。自分の力の限界を実感し，落ち込むことや葛藤に苦しむこともある。自分ひとりで，毎日，子どもたち全員についての記録をつけ，省察を行うには困難もあるが，工夫次第で，個人の力の及ばない領域や限られた時間を保育者同士で協力しあって，1日の保育をふり返って考えることは可能である。子どものこころや，自分自身や現場全体の保育の在り方に，たえず反省的に目を向け続けていくためにも，「ふり返る」ということを保育の大切な1つの過程として位置づけていく必要がある。

こうした地道なたゆまぬ努力が，子どもたち1人ひとりのこころに近づくための一歩一歩となっていく。子どもの気持ちや願いを誠実に感じ取り，困難や課題

をともに乗り越えようと支え，励まし，本人自身がどういう方向へ伸びようとしているのかを楽しみに一緒に歩もうとする姿勢が，保育者にはどれほど大切なことであるか，そのことを忘れてはならない。

7. 日々の生活を積み重ねる

■ 人の輪のつながりのなかで

　保育者の生活は，子どもたちと自分だけの閉ざされた関係のなかでのみ営まれているわけではない。子どもとのかかわりはもちろんのこと，保護者・担任（担当）保育者同士・フリーやパートの保育者・事務職員・用務職員・園バスの運転手・給食の調理師や栄養士・保健の養護職員など，保育の現場をともに支えるほかの職員とのかかわり，あるいは，施設の長・実習生・地域の人びと・卒園生など，いろいろな人間関係がある。こうした人の輪のつながりがあって初めて，保育の現場は成り立っているのであり，こうした人間関係を引き受けることを抜きにして，保育者の仕事は考えられない。

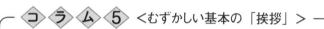

コラム 5　<むずかしい基本の「挨拶」>

　保育に限らず，職場における人間関係の基本が「挨拶」にあることはよくいわれることです。「おはようございます」「すみません」「ありがとうございます（ありがとうございました）」。この三つのことばだけでも十分なのですが，それがなかなかむずかしいのが現状です。なぜなら，新人保育者や実習生は，いつも目の前のことだけで精一杯になりがちなため，注意が周囲にまで及ばないことが多いからです。無理もないことではありますが，「顔があっている」「目の前をすれ違っている」のにもかかわらず，声が出ずに，「なぜ？」と思われることのないように気をつけましょう。

■ 現場の忙しさをもよろこびに

　お昼のお弁当のひととき。保育者は，子どもたちへの援助の後，一番最後に食べはじめる。一旦腰を下ろしても，食べこぼしの始末や，お茶のお代わり，ときにはおもらしがあり，けんかがあり，お弁当箱をひっくり返してしまったり，急な発熱があり…といった具合に，立ったり座ったりのくり返しである。それでいて，極力早く食べおわるようにして，後片づけや食べおわってしまった子どもへの目配りにと，保育者自身は落ち着いて食べている間もない。現実問題として，職員の体制や子どもたちの人数の問題も関係するが，いってみれば，保育者の生

活はこの昼食の時間に代表されるような忙しさ，目まぐるしさの連続である。

　しかも，忙しさは子どもたちが園にいる時間だけに留まらない。朝であれば，園バスの添乗当番，登園前の準備，さまざまな準備をしながらの保育者間の報告や連絡，行事の日であれば，それにともなう連絡や確認・手配などがある。保育後も，再び園バスの添乗，園庭や各保育室・トイレなどの清掃，保護者との連絡，保育者間の打ちあわせ・会議，家庭に配布する手紙類や日案などの指導案といった書類の準備や作成，さらには，業務分掌として担当している係りの仕事など，さまざまな仕事が待っている。

　これまで述べてきたような，その日の保育をふり返る時間や，記録する時間，明日の保育の具体的な準備をするための時間が削られがちになってしまうのも現実である。それでも否応なく次の日が来て，子どもたちの声は保育室に響く。

　この忙しさの連続のなかで，自分自身を失わず，生き生きとしたこころを忘れずに笑顔で過ごすことは，ときにはかなり意識的な努力を必要とする。仕事としての厳しさももちろんある。たとえば，だれしも苦手な分野があるが，大きな集まりの司会進行役など，苦手でも大変でも避けて通らずにやらねばならない場合があるのも仕事なるがゆえの厳しさであろう。また，子どもや保護者，同僚や上司などとの人間関係で悩むことも恐れてはならない。

　しかし，同時に子どもたちとの時間と空間とに一歩足を踏み入れた途端，エネルギーが湧いてきて，これが私かと自分でも不思議になるくらい，楽しさやよろこびに満たされていく自分を感じることができるのも保育者という仕事のもつ一面であるといえる。この感覚はどうにも説明のつかないものであるが，子どもたちが与えてくれる大きな力を感じずにはいられない。そして，保育者は子どもとのかかわりにおいて，生かされている自分を実感するのである。本章の第1節でも述べたとおり，子どももおとなも，その日そのときの自分自身を精一杯生き，成長しようとするために，互いを不可欠なものとして必要としている点において，まさに対等である。この，子どもとともに生きる保育者の生活は，保育者自身が，子どもという存在によって，光を与えられている生活であるといえる。

3 ささやかな日々をくり返すことの重み

　朝起きて，服を着替え，ごはんを食べ，身支度をし，登園して，また身支度をし，精一杯遊び，疲れたら休み，おなかがすいてごはんを食べ，また遊び，身支度をし，家に帰る，そしてまた朝が来て…。保育者は，子どもとともにある毎日をくり返していく間に，泣いたり，笑ったり，怒ったり，悲しかったり，嬉しかったり，悔しかったり，楽しかったりなどのすべてを含めて，子どもたちが園生活において，安心してありのままに自分を表現できる場となれるようにと願う。そ

して，はじめはひとりで不安で心細く園生活にやってきた子どもたちが，だれかと一緒に笑い，泣き，大声を出し，くっつきあい，力をあわせ，ぶつかり，悩み，そして，新しい自分になることができる場であるようにと願う。また，保育者は，そのかたわらにいつも一緒にいられる存在でありたいと思う。

　子どもたち1人ひとりは，このような当たり前の日々がくり返しそこにあり続けることの価値に支えられてはじめて，自己の存在を確かに拡げていくことができるのである。そして，子どもと生きる保育者は，そのことの重みを知っている。保育者であるならば，当たり前の，ささやかな毎日の1つひとつの経験を味わい，楽しみ，よろこびや悲しみを子どもたちと共にしていけるような日々を送ることの幸せを切に感じていることであろう。

8. 子どもの育ちを伝える

1 保育者同士で伝えあう

　第6節でも述べたが，保育後の保育者同士の語りあいや対話は，よりよい保育を創造していくために欠かすことができないものである。個々の子どもの姿の受け止め方を互いにどのように伝えるかは，おもにことばを使ったやり取りになるが，場合によっては写真やビデオに撮るなどして記録し，園内研修・園内研究の場で協議することも行われる。

　保育後の清掃や休憩時のとりとめのない会話から伝わることも意外に多いが，協議の場を定め，個々の子どもや，子ども同士の関係，クラスのようすなどを保育者同士で伝えあうことで，園の保育を恒常的に見直し，園全体の保育の質を向上させることにつなげていくことが大切である。

2 保護者へ伝える

　子どもにとって，家庭での生活と園生活とが無理なく連続し，保護者の子育てと園の保育の両方の意義が十分に高められるためにも，保護者に対して園の保育方針や教育目標・保育目標，教育課程や全体的な計画を十分に説明する必要がある。園での子どものようすや，遊びや生活の内容を知ってもらい，それらを保育者が日々どのような思いや意図をもって行っているか，また，子どもがみせる姿や，子どもの遊びに対する見方・考え方はどのようになっているか，さらには，子どもの発達や成長をどのようにとらえているか，そして，子どもへのかかわり方や接し方としてどのような点に留意しているか，などについて，保護者との相互理解を築いていくことが大切である。

▲今日のようすを保護者に伝え，子どもの成長やさまざまな情報を共有する

そのためには，入園前の十分な説明や見学の機会はもとより，日常的に登園・降園時のちょっとしたタイミングを活用した会話や情報交換，毎日の連絡帳や電話・メモなどによるやり取りなどから，子どもに関して変化した点や，成長していく姿などを共有しあうようにする必要がある。

この日常の保護者との関係づくりは大変重要であり，どの保護者をもおろそかにすることはできない。ひとりの保育者が一度に複数の保護者を相手にするには限界があるため，園全体で取り組んでいくべき重要事項であるといえる。保護者会や保育参観，保育参加，個人面談，クラス懇談会，行事への参加や手伝い，園長との懇談会や育児相談，保護者同士の茶話会などといった機会や，その日の保育について簡潔な文章で伝えるホワイトボード，特定の遊びや活動について写真などで保育のようすを伝える掲示板，またドキュメンテーション*やポートフォリオ**といった方法，園だよりやクラスだよりといった園から家庭へ向けて発信される手紙類，さらには，園のホームページなど，多様な手段や方法を駆使して，園の保育を保護者に伝え，家庭でのようすを知り，保護者とともに協力して子どもの育ちや発達を支えていくことが求められているのである。

そして，このことは同時に，保護者が子育てへの不安や孤独感を解消し，保護者同士が仲間意識をもてることにつながり，また，子どもの気持ちをくみ取りながら子どもとかかわることの大切さやよろこびに気づいていくという点において，保護者の子育てを支援していくことにほかならない。

コラム6　＜後回しにできない保護者への連絡＞

　決められた時間のなかで，たくさんの職務をこなしていく保育者にとって，お互いに協力しあうことはもちろんのこと，どの仕事を先にするかという優先順位をつねに考えながら仕事をすすめることも必要となります。

　そのなかでも，その日の子どもについて必要な家庭への連絡は，後回しにならないように気をつけましょう。とくに，怪我の報告や，その後の子どものようすを確かめる際には，忙しさに紛れてうっかり忘れることがないよう，慎重さが必要です。

*ドキュメンテーション
イタリアのレッジョ・エミリア市における幼児教育実践の方法の一つとして以下のように説明されている。「ドキュメンテーションは，一般的には「ある目的のために収集・蓄積・作成された文書・図形などの総体」を指す言葉ですが，レッジョ・エミリアでは，保育者によって，子どもの言葉・活動の過程・作品などが写真・テープ・ノートなど多様な手段で記録・整理・集約されたものを指しています。」(大宮勇雄『学びの物語の保育実践』ひとなる書房，2010，p.39)(第8章 p.209 参照)

**ポートフォリオ
もともとの意味は「紙ばさみ」「書類入れ」。保育実践においては，個々の子どもの経験や学びのプロセスを写真や文章を用いて可視化した個人の記録を指す。たとえば，ニュージーランドの保育実践現場には，子どもの個人名別ファイルが保育室に並べられ，保護者や子ども自身が手に取れるばかりではなく，記録しあうこともできるようになっている。子どもの成長を，客観的な基準に照らしたチェックリストでみるのではなく，その子の「学びの物語（ラーニングストーリー）」によって，子ども理解を深めながら評価（アセスメント）しようとするものである。

🔳 関係機関へ伝える

　子どもや保護者のさまざまなニーズに応えるためにも，保育者は，園内の閉じた人間関係に留まるのではなく，地域のいろいろな関係諸機関とも積極的に連携・協力し，子どもの姿を伝えていく必要がある[＊]。

　たとえば，特別な配慮が必要な子どもや障がいのある子どもについて，あるいは，精神的な問題や育児不安を抱える保護者や，虐待などの不適切な養育が心配される保護者については，市町村の自治体の相談窓口や教育委員会，病院などの医療機関，治療的なかかわりを行う専門職員がいる療育機関，心理学やカウンセリングの専門的な知識や技能を備えた巡回指導員や発達支援員，地域住民の健康の保持や増進を支えている保健所や保健センター，専門職員による相談・支援事業を行っている児童相談所，地域の児童委員や主任児童委員^{＊＊}，「要保護児童対策地域協議会」を構成するそのほかの専門家などと連携することも有効である。

　また，異年齢の子ども同士の交流や体験を行ううえでは，小学校や中学・高等学校，あるいは高齢者施設や障がい児施設などとも関係を築き，相互交流により双方の子どもや児童・生徒などにどのような育ちがみられるかを伝えあうことも必要である。とくに，卒園をひかえた年長児を送り出す際には，就学先の小学校に対して子どもの育ちを長期的な視点から支えていくための資料^{＊＊＊}を作成し，送ることとなる。

　いずれの場合も，保育者個人で取り組む問題ではなく，園としての対応が求められることである。しかし，保育者としては，いざというときに園での子どもや保護者のようすや，園の保育，自分の考えなどを自分たちとは異なる立場の相手に対して伝えていく重要な役割があることを認識しておきたい。

＊『幼稚園教育要領』『保育所保育指針』においても，園と家庭との連携以外に「心理や保健の専門家」「地域の子育て経験者等」「嘱託医，市町村，保健所等」「市町村又は児童相談所」「嘱託医や子どものかかりつけ医等」「市町村や関係機関」などとの連携・協力が述べられている。

＊＊主任児童委員
児童福祉法により，児童委員は，地域の児童および妊産婦に対する相談・援助等を行い，主任児童委員は，地域全体の児童福祉に関して児童福祉関係機関との連絡調整や，児童委員への支援を担当するとされている。

＊＊＊第6節の保育の評価の部分であげた「幼稚園幼児指導要録」「保育所児童保育要録」「幼保連携型認定こども園園児指導要録」の抄本または写しがこれにあたる。

演習問題

Q 自治体のホームページを参照したり，直接行政の窓口へ出かけたりして，自分の居住地域に子どもや子育てにかかわる関係機関としてどのような施設や機関があるか，またそこにどのような専門職員がいるかを具体的に調べてみよう。

🔳 園の保育を地域へ発信する

　最後に，保育者の専門性として，子育て支援の役割が強く求められてきていることを考えなければならない。

　子どもを取り巻くさまざまな環境の変化により，保育者は，園に在籍する親子

ばかりではなく，地域の子育て家庭の保護者や地域の人びとに対しても，保育者としての役割と使命を担っていくべき時代となっている。つまり，保育者は，園が地域にその機能を開放していく社会的役割[*]をも担うようになってきたのである。

　たとえば，在園児以外の親子のための居場所をつくるため，園庭や遊具やプールなどを開放したり，一時保育や病児・病後児保育を実施したり，教育相談・育児相談の機会を設けたり，保護者同士の交流の場や，子育てに関するさまざまな情報を提供したり，児童館や地区センターなど地域にある公共施設に出張して乳幼児や保護者向けのプログラムを実践したりするなど，多様な活動の取り組みが行われている。また，認定こども園や一部の保育所では，園に地域子育て支援センターを備えるようになっている。

　以上のように，保育者が保育の専門性を有する者として，社会から期待される役割が大きくなってきていることは，大変な重責である。しかし，園で実践している保育の考え方やあり方を地域の人びとにも発信し，園が地域社会に対して行っていることを明らかにしていくことは，広く子どもの育ちや発達を支える保育者の役割として，ぜひ前向きに引き受けていくべき責務だといえよう。

 ＜学生のみなさんへ　〜保育者の生活は生きることそのもの〜＞

　ずっと昔，学生だった私も，みなさんのように，保育について学び，幼稚園と養護学校，そして，大学の臨床授業で子どもと実際にかかわる実習を経験しました。何十年後のいまになっても，実習で出会った子どもやそのときの場面がこころのなかに残っています。未熟ではありましたが，新鮮な気持ちで目の前の子どもに向きあっていたのだと思います。失敗を恐れ，硬くなってしまうこともあるかと思いますが，この新鮮な気持ちや感動するこころを忘れずに子どもたちのなかに入ってください。

　その後，幼稚園教諭となり，毎日子どもたちと一緒に生活するようになった私の実感は，「ああ，生きている！」というものでした。大変なこともありましたが，子どもたちから，たくさんのことを感じ，学ぶことができたと思います。みなさんにも，ぜひその実感を，幸せを，味わっていただきたいと願っています。

【引用・参考文献】
大宮勇雄『学びの物語の保育実践』ひとなる書房，2010

＊2017（平成29）年告示『保育所保育指針』では，「地域に開かれた子育て支援」と示されている。

立川多恵子・上垣内伸子・浜口順子『自由保育とは何か―「形」にとらわれない「心」の保育』フレーベル館，2001

津守真『子ども学のはじまり』フレーベル館，1979

津守真『子どもの世界をどうみるか―行為とその意味―』NHKブックス，日本放送出版協会，1987

津守真『保育の一日とその周辺』フレーベル館，1989

津守真『保育者の地平』ミネルヴァ書房，1997

津守真・津守房江『出会いの保育学―この子と出会ったときから―』ななみ書房，2008

森上史朗『幼児教育への招待―いま子どもと保育が面白い―』ミネルヴァ書房，1998

加藤繁美『対話的保育カリキュラム（上）』ひとなる書房，2007

加藤繁美『対話的保育カリキュラム（下）』ひとなる書房，2008

柴崎正行『子どもが育つ保育環境づくり』学研教育みらい，2013

あんず幼稚園 編，宮原洋一（写真）『きのうのつづき：「環境」にかける保育の日々』新評論，2012

高山静子『環境構成の理論と実践』エイデル研究所，2014

大豆生田啓友編著『あそびから生まれる動的環境デザイン』学研教育みらい，2018

青木久子・間藤侑・河邊貴子『子ども理解とカウンセリングマインド―保育臨床の視点から―』萌文書林，2001

河邊貴子『遊びを中心とした保育～保育記録から読み解く「援助」と「展開」』萌文書林，2005

今井和子『保育を変える記録の書き方　評価のしかた』ひとなる書房，2009

加藤繁美『記録を書く人　書けない人』ひとなる書房，2014

請川慈大，高橋健介，相馬靖明編著『保育におけるドキュメンテーションの活用』ななみ書房，2016

鯨岡峻『保育のためのエピソード記述入門』ミネルヴァ書房，2007

鯨岡峻『子どもの心の育ちをエピソードで描く―自己肯定感を育てる保育のために』ミネルヴァ書房，2013

河邊貴子『保育記録の機能と役割：保育構想につながる「保育マップ型記録」の提言』聖公会出版，2013

森真理『ポートフォリオ入門：子どもの育ちを共有できるアルバム』小学館，2016

文部科学省『幼稚園教育要領解説』2018

文部科学省『幼児理解に基づいた評価（平成31年3月)』チャイルド社，2019

厚生労働省『保育所保育指針解説』2018

内閣府・文部科学省・厚生労働省「幼保連携型認定こども園教育・保育要領解説」2018

　写真撮影協力をご快諾くださいました東京都世田谷区立松丘幼稚園（当時）のみなさまに，御礼申し上げます。

子どもがみずから成長する力を支える保育者

〈学習のポイント〉　①子どもはまわりの人に愛されながら育っていくものであることを再確認し
　　　　　　　　　　　よう。
　　　　　　　　　　②保育者の子育て支援の中身を知り，園の子どもだけでなく，地域の子ども
　　　　　　　　　　　たちを視野に入れて支援していくことの大切さと方法を学ぼう。
　　　　　　　　　　③保育者の仕事は多岐にわたっている。保育者の働く場所と，そこでの仕事
　　　　　　　　　　　の内容について理解しよう。
　　　　　　　　　　④専門職としての保育者の責任と義務について学び，保育者になる心構えを
　　　　　　　　　　　つくろう。

　子どもの成長を支えて，伸ばしていくのはその子ども自身であり，だれもがもっているみずから成長する力による。片方で，子どもには見守り育ててくれるおとなが必要である。子どもはみずから育つ存在であり，同時にまわりから育てられる存在なのである。育てるおとな側に，子どもにはみずから育つ力があることを信じることが基盤にあってはじめて，おとなが子どもに対して発揮する育成力が有効に働くのである。

　私たちは，1人ひとりが自分の人生の主人公である。育てるおとなは，子どもがきちんと主人公でいられるように援助するのであって，育てる側からのみ子どもの将来を考えて，思い通りに操作するものではない。特別におとなの手助けを必要とする，障がいのある子どもたちに対しても同様である。

　この章では，子どもがみずから成長する力を支える保育者について述べる。

1. 地域における保護者支援・家庭支援

1 地域における保護者支援・家庭支援の必要性

　私たち人間は，社会的存在であるといわれている。それは，社会のなかに生まれ出て，社会のなかで育ち，周囲のさまざまな人びととかかわりながら生きていく存在だからであり，赤ちゃんから高齢者まで，みな同様である。ましてや赤ちゃんや幼い子どもは，本来，保護者や家族はもちろん，地域のおとなや年長の子どもたちから愛情を受けて育つものである。そして，子育ての一番の担い手である保護者も，周囲の人によって，わが子の成長を共によろこんでもらえたり，育児の労をねぎらってもらうなかで，子育てという仕事が社会から認められていることを実感する。そうすることで，日々の世話の大変さは変わらなくても，社会

とつながっている手応えをもって育児にあたることができるのである。現在，核家族化が進み，保護者たちが生まれ育った地域から離れて生活する機会も増え，祖父母や親戚，友だちなど，身近な人びとと離れて暮らす人も多い。地域の人たち同士のつながりそのものが薄くならざるを得ない状況のなかにあって，赤ちゃんや子ども，そして保護者が，自然な形で周囲の人たちとつながりをもつことはむずかしい。それゆえに，地域全体で子どもと家庭へ意識して肯定的な関心を向け，必要に応じて支援していくことが求められているのである。

　地域でできる支援の第一歩は，日常のありふれた場面のなかにある。電車やバスのなかで赤ちゃんや子どもが泣き出したり，不意に大声を出したりすることがある。そのようなとき，保護者は子どもの気持ちに寄り添い，その子の思いや願いをくみ取ろうとするよりも先に，何とかして泣き止ませようとしたり，声を出させないようにしたりする傾向がある。まわりの人たちのかもし出す，何とも気まずい雰囲気が，親子に圧力をかけているのである。そのようなとき，「大丈夫？」という心配や「楽しそうね」というような共感の込ったまなざしを受けたなら，そのことがどれだけ子どもとその保護者にとっての支援になることだろう。

　地域における保護者支援・家庭支援は，人はひとりでは生きられないという相手に対する思いやりに支えられている。私たちは，赤ちゃんや子どものかわいい笑顔や寝顔を見ると，個人的につながりはなくても，自然に笑顔を向けている。子どもはまわりの人を引きつける力をもっている。そして，周囲の人の支援しようとする力を引き出すことができる。子どもはその存在をもって，地域の人びとを結ぶ力になるのである。地域における子育ての支援は，多様な人々を包み込み，支え合う地域社会を築くことにも貢献するものである。

② 保育者がとらえる保護者支援・家庭支援

　保育者の立場からいえば，子どもを中心にすえて子どもとその保護者を支援することが保護者支援であり，家庭支援とは子ども家庭支援のことである。支援の目的は子どもの幸せであり，子どもの成長にある。子どもが幸せな世界は，おとなも幸せな世界でしか実現しないし，まわりが成長する世界で，子どもの成長もより促進される。支援する立場の保育者も例外ではない。幸せも成長も，関係のなかで生まれ，はぐくまれ，実感するものだからである。このことにいつも立ち戻りながら支援を考えていかなければ，子どもの幸せをめざす保育者の使命から離れたところで動くことになりかねない。

③ 保育の場に所属している子どもの保護者支援・家庭支援

　幼稚園[*]，保育所[**]，認定こども園[***]は，家庭と協力して子どもの成長を援助

＊「幼稚園教育要領」
第3章教育課題に係る教育時間終了後に行う教育活動などの留意事項
1(1)(2)(3)(4)(5)

＊＊「保育所保育指針」
第4章子育て支援1(1)(2)，2(1)(2)(3)

＊＊＊「幼保連携型認定こども園教育・保育要領」
第4章子育て支援　第1子育て支援全般に関わる事項1～4　第2幼保連携型認定こども園の園児の保護者に対する子育ての支援1～9

し，支えている。子どもが心身ともに安定した1日を過ごすためには，園での生活と家庭での生活が，子どものなかでうまく統合できるように配慮しなければならない。

　園と家庭との連携にあたって要になるのは，保育者と個々の保護者との人間関係である。保護者からみたときの保育者は，子どもを委ね，子どもの生命と成長を託す存在である。信頼関係がなければ，安心して委ねることはできない。まずは，努めてコミュニケーションをとることである。子どもの日々のようすを具体的に，かつ細やかに知らせることで，保護者は安心し，わが子が大事にされていることを実感する。そして，子どものかわいさや，成長ぶりを一緒によろこび，気になる点を相談しあって一緒に解決するなかで，子どもについての理解を共有し，協力しあう関係になる。また，保育者が保護者の子育てや介護，仕事などについて労をねぎらったり，ときには子どもに関係のない世間話をしたり，保護者自身のよろこびや悩みを聞くような時間をつくることで，保護者がこころの余裕を取り戻すことを助け，自分の気持ちをわかってくれる人という安心感をもってもらうことができる。

　子どもの家庭にはそれぞれの事情があり，必要としている保育の中身も異なる。それに応じる形で，幼稚園では預かり保育*，保育所では早朝保育，延長保育，病児保育，一時預かり，夜間保育など，サービスが多様化してきている。各家庭の必要に添った保育を選ぶためには，保護者と保育者が一緒になって，そのときどきの子どもと保護者の置かれた状況や意向を基にしながら，最善の方法を実際的に考えていくことが求められる。

　このように日常的なコミュニケーションの積み重ねと，よりよい関係をつくろうとする意志によって，信頼関係は築かれ，確かなものになっていく。そしてその信頼関係は，協力しあって，よい方向へと向かう努力をする原動力となり，実行力を生み出す。その信頼関係に基づき，子どもをめぐるさまざまな問題に対して，保護者だけの問題，あるいは保育者だけの問題というように分けて考えるのではなく，共通の問題としてとらえようとすることができるようになっていくのである。

４ 保育の場に所属していない子どもの子ども支援
・保護者支援・家庭支援

　0歳から就学前の子どものうち，家庭などで保育を受けており，幼稚園，保育所，認定こども園などに在園していない子どもの割合の推計**は，2018（平成30）年度において，0歳児84.4％，1歳児58.4％，2歳児46.6％，3歳児5.2％，4歳児2.7％，5歳児1.7％である。幼稚園，保育所，認定こども園では，未就園の子どもとその保護者に対しても，地域と連携して，子ども支援・保護者支援・家庭支

＊「幼稚園教育要領」
第1章総則第7教育課題に係る教育時間終了後等に行う教育活動など
第3章教育課程に係る教育時間の終了後等に行う教育活動などの留意事項

＊＊内閣府・文部科学省・厚生労働省「幼児教育の無償化に係る参考資料」平成30年11月21日

援を行っている[*]。おもな支援として，園庭開放や子育て相談，地域子育て支援拠点^{**}が実施されている。保護者のなかには，情報を積極的に収集し，複数の場所を活用する姿もみられる。保護者は子育て支援の場で出会う保育者に対して，子育てのパートナーであり，ほかの子育て家族との出会いをつくってくれる橋渡し的な存在ともなってくれることを期待している。

----
*
・「幼稚園教育要領」
第3章教育課程に係る教育時間終了後に行う教育活動などの留意事項2
・「保育所保育指針」
第4章子育て支援　3地域の保護者等に対する子育て支援（1）ア，イ，（2）ア，イ
・「幼保連携型認定こども園教育・保育要領」
第4章子育て支援　第3地域における子育て家庭の保護者等に対する支援1，2，3

**地域，団体によっては「子育てひろば」の名称を用いるところもある。

（1）園庭開放

　園が週に一度，もしくは，毎日午前中など，定期的に園庭を開放する。園庭は子どもたちのために環境構成された空間であり，在園している子どもたちの息吹を感じることができる場所である。そのような場所を開放することで，通園していない子育て家族が安心して自由に過ごすことのできる時間と場を提供する取り組みである。そこでほかの子どもとその保護者と偶然に出会ったり，時間帯によっては園児たちに混じって遊ぶこともある。保育者が可能なときには，遊んでいる子どもとその保護者と一緒に過ごすこともあり，そのなかで自然に子育てに関する相談が出てきたりする。

（2）子育て相談

　家庭で子育てしている保護者には育児不安を感じている人が多いといわれている。24時間体制で子どもと毎日向きあっている訳であるから，当たり前ともいえる。保育者の仕事も，楽しいこともたくさんあるが，悩んだり迷ったりすることが日常茶飯である。ただ，保育者には，嬉しいことも含めて相談できる同僚がいる。保護者にもそういう存在が必要不可欠である。子育て相談を引き受けている園では，電話でも相談を受けつけているところがあるが，園庭開放や地域子育て支援拠点で子どもを介して保育者と保護者が出会い，一緒に過ごしているうちに相談につながることも多々ある。また，電話で相談を受けて，ほかの子どものようすをじかに見たほうがいいと思う保護者には，地域子育て支援拠点に参加することを勧めたり，園庭開放を活用するよう誘うこともある。相談の内容は子育てに限らず，夫婦関係や嫁舅の関係における問題などが持ち込まれることもある。後者の相談は，若い保育者にはむずかしい。保育者間で，相談の中身によって得意とする分野が異なるので，チームワークを要する。相談してくる保護者には，具体的な子育てのアドバイスを求めている人もあれば，自分の気持ちを聞いてもらい，しっかり受けとめてもらうことを求めている人もいるため，相手の願いをくみ取ることも求められる。保護者の気持ちが少しでも前向きになり，「自分らしい子育てをしていいんだ」という自信と主体性を支えるような相談者でありたい。必要に応じて，病院，児童相談所，発達療育センターなどの専門機関を紹介することもある。

（3）地域子育て支援拠点

　月に1度や週に1度など，時間帯を決めて意識的に複数の子どもとその保護者が集う場と時間を提供する。集まった子どもとその保護者は，おもちゃなどを使って自由に好きな遊びをしたり，子どもと保護者でふれあって遊べるようなリズム遊びや子どもと保護者が体操をしたり，おやつを食べたりして楽しく過ごす。大切なのは，そこに保育者も参加して，参加者同士が気持ちよく，安心して，場や時間や活動を共有できるように間を取りもつことである。

　普段，ほかの子どもと交わることの少ない子どもは，圧倒されて泣き出したり，嬉しくてほかの子どもの後を追いかけ回したりする姿が見られる。そうやって，子ども同士の関係を体験していくのである。

　保護者にとっては，自分の子どもと同じ年齢の子どもと出会うなかで，わが子の育ちを客観的に見ることができ，ほかの保護者の子どもとのかかわりを見ることで，「大変なのはうちの子どもだけではない」と安心したり，ヒントをもらう機会となる。そして，さまざまな家事から解放された場所でわが子と向きあい，一緒に遊ぶ時間をもつなかで，こころの余裕を取り戻し，子育ての大変さだけではなく，面白さや楽しさを感じるひとときになる。これは，さらに保護者同士の交流の場として生かされ，気のあった保護者同士で自主的な子育てサークルを生み出すことも視野に入れての取り組みである。

5 地域が行う人の支援と育成

（1）中学生，高校生の実習やボランティアの受け入れ

　中学生や高校生が将来の職業を見通して，それぞれ希望の職場で1日から1週間ほどの期間，体験学習をするようになり，保育や療育の現場にも参加している。

　生徒たちは，子どもと一緒に砂場やプール遊びなどをしてじかにふれあい，保育者と子どもとのかかわりを見聞きし，子どもと共にあることの楽しさ，大変さを実感していく。そして，子どもはどんなに幼くても自分をもっている存在であり，自分らしく生きようとする気持ちはおとなも子どもも変わらないということなども，その大変さのなかから気づいていくのである。

　通園施設に訪れる生徒の多くは，子どもに出会ったときと一緒に過ごした後では，あきらかに表情が違う。不安そうな表情が消え，いい顔をして帰っていく。それは，障がいのある子どももそうでない子どもも同じ子どもだという当たり前のことに，理屈ではなく体験を通して気づいた結果である。それも，自分に向けられた子どもの笑顔によって気づかされることが多い。

　実習やボランティアをしたからといって，保育の専門職に就くとは限らない。むしろ，就かない人にとって，限られた時間であっても，保育や療育の現場で体

験するすべてのことは，彼らが将来保護者になる可能性も含めて，地域での子育て支援にとって大きな意味をもつ。

（2）地域の高齢者との交流

　子どもたちの祖父母だけではなく，地域の高齢者との交流を積極的にもっている園もある。高齢者と子どもが一緒に遊ぶこと自体を行事として位置づけたり，夏祭りやもちつき，運動会などの園の行事に地域の高齢者も参加してもらい，子どもと楽しさを共有してもらったりしながら交流している。

事例1

　ある保育園に数回訪れていたおばあさんが，病気で行けなくなっていた。その後おばあさんが亡くなって，遺品を整理していたとき，ビニール袋にくるんだ真新しい大きな熊のぬいぐるみが出てきた。だれにプレゼントしようとしていたのだろうと身内で話しあったが，おばあさんの身近に小さな子どもはおらず，よくよく考えて，保育園の子どもたちのことが浮かびあがった。おばあさんはきっと，子どもたちのよろこぶ顔を想像しながらぬいぐるみを用意していたのだろう。それが，おばあさんが病気と向きあうときに，ひとつの力になっていたのではないかと思われる。子どもたちは，おばあさんの愛情のこもったプレゼントで楽しく遊んでいる。

　また，地域によっては，高齢者に子育て支援の担い手として力を発揮してもらうために，保育サービスに関しての講座を開くなどの取り組みを行っているところもみられる。

2. 諸施設で働く保育者

　保育者ということばは非常に包括的なものであり，大きくわければ，「幼稚園教諭」と保育所などの児童福祉施設で主に仕事をする「保育士」となる。同じ保育者といいながら，それぞれの専門機関のなかで，独自の役割と専門性が求められている。しかしながら，子どもを取り巻く専門職のなかで，子どもの丸ごとの生活の一番近いところに位置し，子どもの生きる力を根底で支えているのは，どの専門機関にあっても保育者なのである。

1 幼稚園

　幼稚園の目的は，「義務教育及びその後の教育の基礎を培うものとして，幼児を保育し，幼児の健やかな成長のために適当な環境を与えて，その心身の発達を

助長すること」(学校教育法第 22 条)*にある。入園資格は満 3 歳から小学校就学の始期に達するまでの幼児（同 26 条)*とし，義務教育ではない（学校教育法第 17 条)*。保育時間は 4 時間を標準**とする。教育課程，その他の保育内容については，「学校教育法施行規則（抄）」第 3 章 幼稚園のほか，「幼稚園教育要領」による***。

　ここでは，幼稚園の 1 日の生活の流れを保育者側からとらえて，保育者の仕事を述べる。

（1）子どもを迎える準備をする

　朝，子どもが登園する前に，保育者は園庭やテラスを掃いたり，砂場を掘り起こしたり，砂場道具や戸外遊びに必要な遊具を整える。保育室の窓を開け放ち，空気を入れ替え，花瓶の水を取り替え，テーブルを拭いたりすることで，眠っていた保育環境に生活の息吹を吹き込んでいく。このように，具体的に体を動かす過程は，保育者にとって子どもと一緒に今日を生きるというこころの準備をし，気持ちを整える大切な時間である。

（2）子どもと出会う

　子どもと保育者の 1 日は，朝の出会いからはじまる。保育者は，自分が元気に挨拶をするとともに，子どもにも一様に明るく元気に挨拶してくれることを願う。それは，子どもが身もこころも健康だという証のひとつだからである。だから，そうでない子どもがいたとき，表面的に明るく元気な挨拶をすることを強要するのではなく，子どもの気持ちに寄り添いながら，心身の調子を読み取っていこうとする。これが視診である。一見，楽しいことだけで過ごしているように見える子どもも，こころのうちは表面に現れにくいだけで，いろいろな思いをもちつつ生きている。個々の子どもに応じた出会いをするなかで，「今日も一緒に楽しく生きようね」とか「大丈夫。大丈夫。先生がついている」というような思いを，ことばやふれあいや視線で伝えていく。子ども 1 人ひとりと保育者である自分との信頼関係の土台のところを確認しあう時間である。子どもの状況によっては「おはよう」のひと言で十分だったり，しばらく一緒に過ごすことが必要だったりする。それぞれが，自分のペースで 1 日をスタートさせていく。保育のなかで，一番，繊細に子どもとかかわらなければならない時間である。

（3）子どもとかかわる

　保育者は担任している子ども，園の子ども全員に対して，保育を通じて実現したいという子どもの発達の方向性をもちながら，そのために望ましいと思える活動が展開するような環境を構成する。環境を通して指導することが保育の基本であるが，保育者も人的環境の大きなひとつであり，保育者が直接，提案して活動に取り組むこと，技術を伝授することも，もちろんそのなかに含まれている。そのときに重要なことは，どういう提案であれ，子どもが能動的にそれに取り組む

＊学校教育法　改正令和元年 6 月 26 日法律第 44 号

＊＊「幼稚園教育要領」第 1 章　総則　第 3 教育課程の役割と編成等 2（3）

＊＊＊学校教育法施行規則　改正令和元年 8 月 21 日文部科学省令第 12 号

姿につながることである。環境を整える際には，前日までの子どもたちの活動の姿をベースにして，翌日の子どもの姿を予測し，保育者の願いを盛りこんでいく。粘土で団子づくりをはじめた子どもたちのためにお皿やパックを用意して，それがお店屋さんごっこに発展していき，まわりの子どもとのかかわりも楽しめるような活動になるよう願うのである。それはあくまでも，保育者の願いや予測であって，子どもたちは自由に1日をはじめ，流れをつくり出していく。そこで違う展開になったり，新しい活動が生まれると，保育者はそれもよろこび，そこに保育者がその場で思いついたこと，前から考えていたこと，前に同じような遊びをしていた子どもとのやり取りなどを持ち込み，流れに介入していく。こうやって，子どもと保育者が相互にかかわりあいながら，活動をつくり出していく。

（4）子どもと集団をつなぐ

　保育者は子ども1人ひとりとかかわり，つながりをもちながら，同時に子ども同士がつながるよう援助している。子どもたちが人や物に背中を押されてではなく，自分の関心を拠り所にして，集団生活を営むことができることが大切である。

事例2

　ある幼稚園の4歳児クラスで1日見学をしたときのこと。保育室の壁の一角に子どもたちから保育者への手づくりのプレゼントが貼ってあった。作品は時間をかけた折り紙製作やお絵かきがあるかと思えば，かわいらしい便箋に先生と自分の名前を書いたものまでさまざまだが，1つひとつていねいに飾られていた。私がその前に立ってみていると，ひろちゃんがどこからともなく現れて，「みんな，あさひ先生のことが好きなの」と嬉しそうに言う。「ふーん。そうなんだあ」と応えると，彼女は満足げで，あとは何もつけ加えずに，元の場所へ戻って行った。

　そこには，ひろちゃん自身の作品もあったにちがいない。保育者が1人ひとりの思いに応えて，大切に扱うことで，子ども1人ひとりが愛されていることに自信をもつ。そのことがほかの子どもを尊重する気持ちを生み，自分も含めての「みんな」が存在し，仲間意識をもつことにつながっている。

（5）さよならをする

　子どもと「さよなら」をする時間は，翌日の出会いにつながる時間でもある。その日にあった出来事のなかで，葛藤したり，傷ついたりしたことがある子どももいる。保育者は，どの子どもも帰りまでにそういう思いを消化し，次の生活場面である家庭へスムーズに移行できるよう援助する。そして，明日の園での出会いを楽しみにできるようこころを尽くす。

（6）片づけや掃除をすること，反省することと明日の準備をすること

　片づける際に，その場その場の状態を観察することによって，子どもの活動の中身や体験を思い起こすきっかけをつくることができる。そして，明日の子どもたちの活動する姿を想像し，そこに必要なものをつけ足したり，新しい提案も盛り込んでいく。その後，記録し，ことばによって自分のなかを整理していく。

　このように，片づけたり，掃除をしたりすることと，省察すること，そして明日の準備をすることはつながっている。

　保育者の1日の仕事には，保育活動に無関係な雑用と呼ばれるものはないのである。

２ 保育所

　保育所の目的は，保育所保育指針[*]に「児童福祉法第39条[**]の規定に基づき，保育を必要とする子どもの保育を行い，その健全な心身の発達を図ることを目的とする児童福祉施設であり，入所する子どもの最善の利益を考慮し，その福祉を積極的に推進することにもっともふさわしい生活の場でなければならない」と明記されている。

　対象児は乳児または幼児で，保育時間は1日につき8時間を原則[***]とし，保育所保育指針を踏まえ，各保育所の実情に応じて創意工夫を図る[****]。保育所と幼稚園とのもっとも大きな違いは，保育時間の長さである。保育は，養護と教育が一体となった子どもへの働きかけであるが，昼間の時間をほとんど集団の場で過ごす子どもたちにとって，食べる・寝る・排泄するという，基本的な生きる営みを支え，精神的な安定をはかる養護の面が，年齢が低ければ低いほど，保育者の大きな役割となる。

　ここでは，1歳児の2学期（9月）の1日の生活を通して，保育所での保育者の働きを考察する。

（1）登所する

　子どもたちは，保護者に抱かれて登所する。保育者は笑顔で迎え入れ，自然に抱き取る。出会った感触を，五感を通してもちつつ，保護者から，前日から今朝までのようすを聞き，発熱などの体の状態や機嫌や元気さなどを把握する。子どもの前で保護者と保育者が笑顔をかわしながら行うこのやりとりは，家庭から保育所，保護者から保育者という環境の変化への子どもの気持ちの移行が安心してなされるために欠かせない。保護者も安心して子どもを園に委ね，仕事や介護に向かうことができる。保護者と保育者が両輪になって子どもを育てているという意識を持続させるためにも，必要な時間である。1歳児は複数担任である。忙しい合間を縫って，保育者同士も情報を交換し，共通理解を図ることを忘れない。

　子どもたちの1日のはじめ方はそれぞれである。しばらく保育者の膝の上で過

[*]「保育所保育指針」第1章総則　1保育所保育に関する基本原則（1）保育所の役割　ア

[**]児童福祉法（昭和22年12月11日法律第164号）第39条「保育所は，保育を必要とする乳児・幼児を日々保護者の下から通わせて保育を行うことを目的とする施設（利用定員が二十人以上であるものに限り，幼保連携型認定こども園を除く。）とする。」

[***]児童福祉施設の設備及び運営に関する基準改正平成31年2月15日厚生労働省令第15号第34条

[****]「保育所保育指針」第1章　総則

ごしながら，ほかの子どもの遊びを見ている子どもがいれば，さっそく室内の滑り台やままごとで遊び出す子どももいる。保育者の膝には同時に，３〜４人が集まっていたりする。保育者の膝が子どもの数に応じて，広がるように見えてくる。保育者は温かいまなざしを向けつつ，１人ひとりの気持ちや体の動きに寄り添おうとする。

（２）好きな遊びをする

事例３

　まさるくんが，保育室の真んなかにある滑り台の周りを走り出す。４歳児のリレーをまねているようす。保育者は，まずは，遊具を避けるなどして安全に気を配る。そして，「がんばれ，がんばれ」と声援を送り，子どもの活動を後押しする。ままごとをしていたしんじくんもつられて走り出す。にこにこしながらぐるぐる廻っている。途中，ころんでも，そのことがまた楽しい。２人が走るのを止めると，それまで保育者の膝にいたりおなちゃんが走り出す。

　としくんは，トーマスの電車をテーブルの上で走らせている。まさるくんが，それを強引に取って遊び出す。としくんが泣いて，保育者に抱きつきに行く。

　子ども同士が刺激しあっている場面であるが，保育者が子どもの遊びに関心を向けることが，遊びや周りの友だちに対する子どもの関心を引き出し，活発にする役割を果たしている。

　また子どもたちは，嬉しいときも悲しいときも保育者にしがみつきにきて，抱きしめてもらうことで安心する。保育者は，としくんとまさるくんに向けて，「いやだったねえ。せっかく遊んでいたのにね。まさるちゃんも遊びたかったんだね」と双方の思いに共感して代弁し，どちらの思いも優しく受け止める。子どもたちはほかの子どもの玩具や遊びに興味をもつものなので，このような取ったり取られたりの場面が多い。保育者は１人ひとりを優しく見守り，どの子も主体的に自己を発揮するよう働きかける。トラブルも成長の証とみなして，どちらにとっても意味のある行為になるような援助を行う。

（３）片づける

　保育者が「おやつにしようね。おもちゃをお片づけしましょう」と声をかけて，おもちゃを集めはじめる。片づけを子どもに強要することばかけではなく，保育者の行為をことばにしたもので，生活の流れを伝えて，子どもに見通しをもたせようとするものである。保育者は，子どもと同じ高さで，おもちゃの種類ごとに絵で表示されていて，出し入れが簡単な小ぶりの箱に，子どもと同じリズムで，しまいはじめる。箱をしまう棚も，子どもが自分で出し入れできる位置にあ

る。おもちゃの数や種類も，人数や子どもの関心に配慮されている。子どもの遊ぶようすを見ながら，そのときどきに整理しているので，あっという間にきれいになる。子どもは，保育者が楽しそうにおもちゃを集める姿に魅せられ，一緒にやり出す。集めるおもちゃがなくなったとき，結果的に片づいた状態になった。子どもたちは,遊んだうえに「ありがとう」と声をかけてもらえて満足気だった。並行して，食事用のテーブルつきのいすが用意される。早々と座って，ニコニコして待っている子どももいる。横に一列に並べてあるいすに,思い思いに座る。子どもたちも参加してつくり出した気持ちのいい環境のなかで，おやつになる。

（4）おやつを食べる

この日のおやつはメロン。最初から全部をつぎ分けるのではなくて，約半分の量をもらって，食べおわった子どもからお代わりの意思表示をして，保育者にお皿を渡してのせてもらう。どの子も2回お代わりをした。食欲を起こさせる工夫が伺えた。お皿に程よくのっていて食べやすいので，こぼしにくい。実際にこぼしても「こぼれちゃったね」と優しく声をかけて，そのつど後始末をする。お皿を保育者に渡して，また受け取るということで，かかわりの頻度が多くなる。保育者はそれぞれの子どもの要求に応えつつ,ようすを見ながら量を調整している。ゆっくりの子どもも安心して食べており，自分のお代わりを保育者は確保してくれていることへの安心感が伝わってくる。保育者がこのように手間をかけることは，子どもの能動性を引き出し，1歳児の時期にふさわしい自立をはぐくむことをめざす援助の方法である。

（5）オムツを交換する

1日のうちに，数回オムツを交換する。おやつの後も，食べおえた子どもから順に行う。子どもは，オムツを取り替える場所で待ち受けている保育者めがけて嬉しそうに小走りする。保育者は，まず，どの子もぎゅっと抱きしめる。そして，気持ちよく取り替えながら，「おしっこ（ウンチ），いっぱいでたね」と健康の証をよろこび，「きれいきれいになったね」と清潔にすることの心地よさを意識させることばかけをする。オムツを交換するひとときは，保育者が子どもの体とこころに同時にふれながら，密度の濃いやりとりができる貴重な時間である。

（6）園庭で遊ぶ

1歳児はまだまだ頼りない存在であるため，保育者にしっかり守られながら，1歳児のペースで安心して自由に動ける環境が必要である。そのため，保育室にほかの年齢の子どもが出入りすることは少ない。子どもたちは，ひと遊びして，おやつを食べて落ち着いたところで，園庭に出てほかの年齢の子どもたちに混じって遊び出す。保育者のそばで遊ぶ子どももいれば，ほかの子どもの遊びに引き寄せられる子どももいる。担任は，近くに保育者がいればその人に任せ，そう

でなければ後をついていく。お茶のコーナーへ行った子どもはそこにいた保育者と一緒にお茶を飲み，滑り台に行った子どもは傍らにいた保育者に一緒に滑ってもらう。玉入れに興味を示した子どもは，年上の子どもたちに混じって一緒に遊びはじめる。小さい子ども用に低いところに玉入れ用のビニール袋がついているが，傍らにいる保育者に抱いてもらって，高い方に入れたりしている。保育者間のチームワークによって，園庭もまた1歳児にとって安心して自由に動ける環境になった。

> **事例4**
>
> 　手押し車を押して遊んでいるそうくんが，三輪車に乗った3歳児の男児3人に囲まれ，行く手を阻まれる。そうくんは進もうと試みるが，動けなくて泣き出す。するとそこに4歳児の男女4人が現れて，「そんなことしちゃだめじゃないの」と厳しく意見する。3歳児は仕方なく離れる。そうくんはすぐに気を取り直して動きだす。その後も3歳児は平均台にいるそうくんのまわりをまわりだす。邪魔をしている感じではない。そのようすから，3歳児たちはそうくんがかわいくて，かかわりたかったのだとわかった。子どもたちも1歳児を気にかけている。保育者がモデルになっているのだろう。
>
> 　3歳児と4歳児が運動会の練習をはじめる。1歳児たちは，時折眺めながら好きな遊びをしている。そうくんは余っているお遊戯用のポンポンを拾って，お遊戯の間，ニコニコしながら持ち歩いている。そして，曲がおわると手放した。

　こうやって1歳児はいろいろな人たちにしっかりと見守られながら，楽しく園庭で過ごした。そして，保育者の「お部屋に入って，お昼にしましょう」という見通しをもたせることばかけを受けて，保育室に戻る。

（7）昼食にする

　子どもたちは，食事の前後に必ず保育者に手を拭いてもらう。そこには，手を拭くことと食事をすることが結びついた一連の流れとして，やがて，手を洗う行動が習慣になっていくという保育者の目的と見通しがある。

　どの子どももおいしそうに食べている。保育者もそれを嬉しそうに見守っている。おいしく楽しく食事をするという食事の基本が大事にされている。スプーンやフォークをうまく使えなくてこぼしたり，手でつかむ子どももいる。ころあいを見計らって後始末をしたり，手を拭いてあげたりする。食器の使い方は，回を重ね，試行錯誤をくり返し，必要に応じて保育者に使い方を教わるなかで上手になっていく。そしてそれは，食べたいという食欲，自分で食べようとする能動性に支えられて身についていくことで，本物の自分の力となる。

ひとりの保育者が，子どもたちが食べおえるころにそれとなく布団を敷きはじめ，昼寝の支度を整える。

（8）午睡をする

お昼ごはんを食べながらウトウトとしている子どももいる。保育者が個々に対応して眠りにつく。昼寝の最中に笑っている子ども，泣き出す子どもがいる。どんな夢をみているのだろう。保育者が背中を優しく叩いたり，抱っこして歩き回るうちに泣き止み，再び眠りにつく。行動も活発になってきているので，十分な休息をとるために昼寝は欠かせない。子どもたちのそばで，保育者は子どものようすを家庭連絡帳に記し，翌日の保育の準備などを行う。起きる時間が近づいて，ひとりが起きると，しだいにほかの子どもも目を覚ましていく。「おやつにしましょうね」と穏やかに声をかけられて，嬉しそうにいすへ向かう。気持ちよく眠りに入り，気持ちよく目覚めることに保育者は気づかう。体もこころも休養し，その後の生活に気持ちよく移行していけることを願うからである。

（9）好きな遊びをしながら保護者のお迎えを待つ

元気を取り戻した子どもたちは，午前中よりも落ち着いて遊びはじめる。とはいえ，夕方は元気いっぱいの昼間とは違い，子どもに寂しさや心細さを感じさせやすい。保育者は，子どもたちが安心して保護者のお迎えを待てるようにこころを配る。

お迎えにきた保護者には，まず，子どもに出会って，よろこびを分かちあうよううながす。離れている時間があっても，保護者に愛されていることに変わりはないことを子どもが実感できるようにするためである。それから，帰りの支度をはじめる。その後，朝とは逆に，園での子どものようすを保育者が保護者に伝え，生活する環境の移行によって，子どもの生活が切れ切れにならないように気を配る。

帰り際に保護者に対して保育者が労いのことばをかけ，保護者も保育者に感謝のことばを送る姿がみられる。両者の信頼関係は，子どもが安心して保育所で生活するために欠かせない。

③ 幼保連携型認定こども園

（1）幼保連携型認定こども園とは

認定こども園は，0歳から小学校就学前の子どもを対象に，幼児教育・保育を一体的に行う施設である。認定こども園は施設類型が「幼保連携型・幼稚園型・保育所型・地域型」の4つからなるが，2015（平成27）年度施行の「子ども子育て支援新制度」により，新たな形の幼保連携型認定こども園が位置づけられた。これは学校としての幼稚園と児童福祉施設としての保育所の機能が一体となるも

のであり，内閣府の2018（平成30）年の調査によると，認定こども園の全体数6,160園のうち4,409園が幼保連携型で，約7割を占めている。

「幼保連携型認定こども園教育・保育要領」（以下「教育・保育要領」）は，「幼稚園教育要領」と「保育所保育指針」に基づいており，「教育及び保育」という用語で多くの事柄を規定することによって，教育と保育が一体であることを明確に示している。

（2）保育教諭の役割

幼保連携型認定こども園の職員である「保育教諭」については，幼稚園教諭と保育士資格の両方の免許・資格を有していることを原則としている。

幼保連携型認定こども園教育・保育要領（以下「教育・保育要領」）によれば，保育教諭の役割は「園児との信頼関係を十分に築き，園児が自ら安心して身近な環境に主体的に関わり，環境との関わり方や意味に気付き，これらを取り込もうとして，試行錯誤したり，考えたりするようになる幼児期の教育における見方・考え方を生かし，その活動が豊かに展開されるよう環境を整え，園児と共により よい教育及び保育の環境を創造するように努めるものとする」[*]こととされている。

保育教諭の役割につなげて，特に配慮すべき事項についてまとめると以下のような内容になる。

(i) 0歳から小学就学前までの一貫した教育および保育を園児の発達や学びの連続性を考慮して展開していくこと。

認定こども園の入園資格は，満3歳以上の子どもおよび満3歳未満の保育を必要とする子どもであるため，入園した年齢による年齢より集団生活の経験年数の異なる園児が共に生活することになることを配慮しなければならない。

(ii) 園児1人ひとりの多様な状況に応じて，教育および保育の内容を工夫すること。

満3歳以上のクラスでは在園4時間で降園する園児もいれば，8時間在園する園児や11時間在園する園児もおり，園児の生活リズムは多様である。入園時期や登園日数の違いもある。そのため，園児1人ひとりの生活全体を視野に入れて教育および保育することが大切である。

(iii) 環境を通して行う教育および保育の充実を図る。

環境の構成に当たっては，満3歳未満と満3歳以上の発達の特性などを踏まえるとともに，異年齢の交流の機会を組み合わせるなどの工夫をする。満3歳以上の園児については，集中して遊ぶ場と家庭的な雰囲気のなかでくつろぐ場との適切な調和などの工夫をする。

以上の配慮すべき事項は，保育教諭など全職員で組織的に見守り，援助してい

＊「幼保連携型認定こども園教育・保育要領」第1章総則第1.1 幼保連携型認定こども園における教育及び保育の基本

くような協力体制を作ることで実現されるものである。職員の誰もが，園児全員の顔や性格などを把握し，どの園児に対しても温かく包み込むためには，1人ひとりの状況を伝えあったり，申し送りを細かく行ったりして情報共有することが求められる[*]。

　このように保育教諭は，多様な状況にある園児とかかわり，満3歳未満児とも満3歳以上児とも日常的にかかわっていく過程で，乳幼児期全体の発達の姿を理解し，それぞれの時期にふさわしい援助をする力が自ずとついてくるに違いない。

　次に，園児の保護者および地域における子育て家庭の保護者等に対する子育ての支援に当たっては，教育・保育要領では，まず「各地域や家庭の実態等を踏まえるとともに，保護者の気持ちを受け止め，相互の信頼関係を基本に，保護者の自己決定を尊重すること」が求められるとしたうえで，「教育及び保育並びに子育ての支援に関する知識や技術など，保育教諭等の専門性や，園児が常に存在する環境など，幼保連携型認定こども園の特性を生かし，保護者が子どもの成長に気付き子育ての喜びを感じられるように努めること」[**]としている。

4 乳児院

　乳児院[***]は児童福祉法に定められた入所施設であり，さまざまな理由により家庭での養育が困難な乳児を，昼夜にわたって必要な期間，家庭に代わって養育することを目的とした施設である。保育士のほかに看護師や栄養士，調理員，洗濯員などが，子どもの世話にあたっている。入所の理由[****]は後述の児童養護施設と重なるものの，主なものは，「父母の離婚」「両親の未婚」および母の「行方不明」「拘禁」「就労」「精神疾患」「放任・怠惰」などである。

（1）乳児院で働く保育者

　具体的な仕事の内容は，おむつ交換，トイレ，入眠，入浴，食事，歯磨きなどの介助，これらの前後に必要な準備と片づけ，遊びという具合に，生活全体を支えている。そして，保育者が仕事の中心においているものは，これらの生活介助を通してはぐくむ愛着関係である。愛着関係とは，くり返される日常のやりとりにおいて，自分の期待に応えてもらうという体験をするなかで，こころが安定し，安らぎ，安心して生きていられる状態である。保育者には，洗濯や掃除といった，一見，雑務と思われるような仕事も多い。しかし，それらすべてが子どもたちの生存と成長を支えるために必要な仕事であり，心身ともに心地よい生活を保持するために欠かせないものなのである。

[*]「幼保連携型認定こども園教育・保育要領解説」第1章総則　第3節　幼保連携型認定こども園として特に留意すべき事項1，2，3

[**]「幼保連携型認定こども園教育・保育要領」第4章子育ての支援第1子育ての支援全般に関わる事項

[***]乳児院
児童福祉法　改正令和元年6月26日法律第46号第37条「乳児院は乳児（保健上，安定した生活環境の確保その他の理由により特に必要のある場合には，幼児を含む。）を入院させて，これを養育し，あわせて退院した者について相談その他の援助を行うことを目的とする施設とする。」

[****]厚生労働省「児童養護施設入所児童等調査の結果」（平成25年2月1日現在）

（2）保育者の配慮していること

事例5

　ある乳児院に勤務する保育士は，会報に，「私の担当しているまいちゃんは，ミルク飲みがゆっくりしていたり，発達もゆったりとしているのんびり屋さんです。ミルク飲みがわるいときには，静かな場所で飲ませたり，立って揺らしながら飲ませたりと試行錯誤の日々でした。そんな甲斐があってか，いまではよく飲み，よく食べ，ハイハイからヨツンバイ，つかまり立ちと一歩一歩確実に成長しています。いままでの苦悩があったからか，まいちゃんの一歩一歩の成長が百歩，いや千歩に感じ，感動しています。それに加えて彼女に負けてはいられないと私自身の活力にもなっています。最近では，私に後追いをしてくれるようになりました。彼女に『まいちゃんが大切な存在なんだ』とわかってもらえるようなかかわりをしようと日々奮闘しています」と，自身の気持ちを語っている。

　乳幼児期は発達のいちじるしい時期であるが，その一方で，個人差も大きい。この文章から，保育者が大まかな発達の道筋を頭に置きつつ，1人ひとりの発達のペースを尊重し，その子にあった援助の仕方を試行錯誤しながら見出していく姿を読み取ることができる。「今までの苦悩」という表現から，子どもの発達を支える専門家としての不安や葛藤が伝わってくる。そして，そういう状況でも，保育者が子どもの育つ力を信じて，小さな変化を見逃さずに丁寧にかかわってきたことが，子どもの成長にいち早く気づくことを可能にし，その成長を子どもと一緒に喜び，期待をもって見守る姿勢を導き出している。また，この保育者は子どものゆっくりとした発達に対して保育者側の工夫はしているが，子どもに無理強いをしていない。このように日々愛情込めて保育を行うことで，子どもに向けて「いまのあなたでいいんです」「あなたは私にとってかけがえのない大事な存在です」ということを繰り返し伝えようとしている。目の前の子どもに対して積極的に関心をもってかかわり続けることで，その子らしい発達を引き出していることがわかる。

5 児童養護施設

　児童養護施設[*]は児童福祉法に定められた入所施設であり，父母の「放任・怠惰」「就労」「虐待・酷使」「行方不明」「精神疾患等」「破産等の経済的理由」「入院」「離婚」「死亡」「養護拒否」「拘禁」や児童の問題による監護困難など，さまざまな理由^{**}により，家庭での養育が困難な子どもをその家庭に代わって養育することを目的とした施設である。対象年齢は18歳までとなっているが，とく

*児童養護施設
児童福祉法　改正令和元年6月14日法律第37号第41条「児童養護施設は，保護者のない児童（乳児を除く。ただし，安定した生活環境の確保その他の理由により特に必要のある場合には，乳児を含む。以下この条において同じ。），虐待されている児童その他環境上養護を要する児童を入所させて，これを養護し，あわせて退所した者に対する相談その他の自立のための援助を行うことを目的とする施設とする。」

**厚生労働省「児童養護施設入所児童等調査の結果」（平成25年2月1日現在）

に必要と認められた者については，20歳まで利用することができる。

保育者のほかに，児童指導員，栄養士および調理員などが従事している。

（1）養護施設での保育者の働き

① 子どもと関係を深めるために理解する

保育者の具体的な仕事の中身は，乳児院と重なるところが多い。違いは，掃除や洗濯，調理および準備と後片づけなどの日常の仕事を，年齢に応じて子どもたちと一緒に取り組んだり，休日の過ごし方を一緒に計画して実現するというように，おとなと子どもが力を出しあって，それぞれが主体的に生活をつくるよう仕向ける点である。年齢の幅が保育者の職場のなかでももっとも広いところから，それぞれの子どもの個性をみきわめつつ，年齢に応じたかかわりをすることが求められる。

ある新任保育士が会報のなかで下記のように述べている。

> ○○園に来て早1カ月。ようやく子どもと真正面から向きあえるようになってきました。はじめのころ，早く子どものことを理解し，こころの支えになりたい，その一心で試行錯誤の毎日でした。しかし，本当の子どものこころを理解するには多大な時間を要します。自分から一方的に向かっていくだけでは，真に子どもを理解することはできません。子どもからの求めに応じつつ，一歩一歩歩み寄ればいいのではないか。いまようやくそう思えるようになり，いままで以上に子どもとの時間を大切にし，子どもとの関係を深めていこうと思うようになりました。衝突を恐れず，思いっきり笑い，泣き，そして怒ることのできる保育者をめざし，がんばっていきたいと思います。

子どもとの関係を深めるために子どもを理解できるようになりたいと願う保育者の姿に，改めて子どもを理解することの意味を教えられる。そして，長い目で子どもの成長をみつめることの大切さを確認させられる。

② 生き生きと生きているおとなのモデルになる

さまざまな個性をもつ保育者たちは，子どもたちにとって，くり返される日常生活を共にするおとなというモデルとしての役割がある。子どもが，信頼関係にある多様なおとなとかかわることによって，多様な自分の内面が引き出されていく体験をするうえで，すぐ近くにいるお母さんやお父さん，お姉さんやお兄さん的なおとなの存在そのものが，大きな影響を及ぼす。だからこそ，養護施設という場を，子どもにとってもすべての職員にとっても楽しく生きる場所にするためにも，職員の1人ひとりが人生を前向きに生きることが大切だといえるのである。

③ 子どもを大事にはぐくみ，社会的自立を支える

　子どものなかには，保護者と再度生活する子どももいれば，養護施設で18歳まで過ごす子どももいる。

　ある保育者は，「何より子どものこころの拠り所になりたい」という思いでかかわっているという。子どもは保育者に向けて，どこまで本気で自分を愛してくれているのか，くり返し試してくる。自分のことを邪魔にするのではなく，大事にしてくれて，自分のことをとことん信じてくれると実感できるおとなとの関係ができたとき，遠回りをしたとしても，自立することができる。その関係がもてないと，社会的自立は遅くなる。

　信頼関係を再構築するためには，「自分のことを一番大事にしてくれる人はだれなのか」を確信することが大事である。ある養護施設では，保育者が退職するまでは，同じ子どもたちを継続して担当している。家族のように，いつも同じ顔がいることを大事にしているのである。あるとき，N先生は子どもと「凧づくり」をした。「明日もやろう」と誘うその子どもに，「明日は仕事が休みだからね」と応えると，「凧って仕事でつくるの？」と聞かれた。またある日，子どもが幼稚園から帰ってもN先生がいるので，「いつ仕事にいくの？」と聞いてきた。保育者にとっては仕事であるが，子どもにとっては生活のパートナーとして根づいていることがうかがえる。

（2）子どもと保護者との関係の支援

　養護施設での保育者は，子どもと保護者との関係を調整する役割も担う。これは，若い保育者にとっては大変な仕事であるため，ほかの保育者と協力しながら行う。たまにしか面会に来ない保護者のもとに行こうとせず，保育者を選んだ子どもの保護者がショックを受けて帰っていくこともある。保育者は，成長のようすを写真にとって送るなどして，子どもとその保護者の関係がより親密になるように工夫したりする。

3. 専門機関間の協力

■ 子どもを援助する専門機関

　いわゆる健常児のもつ家庭の外とのつながりは，ほとんどが幼稚園や保育所，認定こども園だけである。

　では，養護施設に入所している子どもや，障がいのある子どもはどうだろうか。当然のことながら，それらの子どもたちを指導・援助する専門機関のなかに，幼稚園・保育所・認定こども園も位置している。しかし，養護施設に入所している

子どもは，そこから幼稚園や学校に通っており，障がいのある子どもたちは，幼稚園や保育所，通園施設とあわせて，複数の専門機関（たとえば，病院などの医療機関，機能訓練関係，療育機関，ことばの教室など）へ通っている場合がある。

　ここでは，障がいのある子どもを援助する専門機関間の協力について考えてみよう。

2 自閉症スペクトラムの障がいのある子どもの事例から専門機関間の協力を考える

　ここで取りあげるのは，自閉症スペクトラムの障がいのある，るいくん（仮名，3歳）の事例である。事例をみていく前に，以下にるいくんの簡単な生育歴を記す。

・1歳時半健診の際に保健師から紹介を受け，2歳から地域の幼児療育センターへ通っている。

・3歳で保育所に入所。保育所では担当保育者がマンツーマンでつき，3歳児クラスに所属している。

・毎週火曜日に病院と医療センターに通い，それ以外の日は，毎日，保育所に通っている。

事例6−①　＜保育所での，るいくんへのかかわり＞

　入所当初，るいくんは園庭で1日中水遊びをしていた。保育室に入ろうとも，給食を食べようともせず，家に帰ってから食べる日が続いた。保育者たちには，るいくんが水遊びを楽しんでいるというよりも，水遊びをよりどころにして保育所で過ごしているようにみえた。担当保育者であるあや子先生は，るいくんの行為を受け入れることで気持ちも受け入れようと努めた。

　ある雨降りの朝，るいくんのカバンに子ども用のレインコートとおとな用のレインコートが入っていた。あや子先生には，それが自分のためにるいくんの母親が用意してくれたものだとすぐにわかった。

　この保育所では，るいくんの支援を考える際に，担当保育者の心身の負担を軽くするような職員同士の協力体制を整えた。たとえば，園長先生は，るいくんにつきっきりのあや子先生に休憩してもらうことや，給食を食べないるいくんのお腹の足しになることを考え，お菓子を用意して，ゆっくり食べるよう工夫した。職員会議では，あや子先生にるいくんのようすを話してもらうことで，あや子先生が孤独にならないように配慮し，ほかの先生にもるいくんのようすを理解してもらうようにした。このことにより，機会があれば，ほかの先生たちもるいくんにかかわれるように準備することにつながっていった。

　るいくんは，療育センターにおいて，個別指導を受けている。そして，個別指導の後は，担当者であるはやと先生が，るいくんにも対応しつつ，母親と話をする。

　はやと先生は，るいくんの姿をまず理解し，その実態を通して，どう支援したらこの子の力がのびていくかを考えながら，かかわっている。るいくんの気持ちが自分の方に向いてくれないと指導はできないので，はやと先生は，まずは一緒に遊び，子どもと同じ目線で，好きなことを自由にできる環境をつくっている。

　事例のような方法で信頼関係を育みながら，この療育センターの担任であるはやと先生は，るいくんが好きな遊びを楽しむことからはじめ，そのうちに自分の方からるいくんに新たな遊びを提案していけるような関係や環境を，少しずつ整えているのである。

　療育センターのはやと先生は，毎回，指導の中身を記録して，るいくんの母親に渡すようにしている。母親は家庭でのようすを記録して保育所のあや子先生に渡し，あや子先生は保育所でのようすを記録して母親に渡している。そしてその記録を，次に療育センターに行く際に，母親がはやと先生に渡す，ということをくり返している。

　三者は，それぞれが書いた内容について感想を書くのではなく，それぞれの立場でるいくんとのかかわりのようすを書き，自分の思いも綴っている。読み手を意識して書いてあるので，短い文章であるのに，お互いにイメージが湧きやすいものとなっており，るいくんへの愛情がにじみ出ている。るいくん自身のもつ成長する力を三者が支え，彼の行動面や表面に現れた能力のみに目を向けるのではなく，目に見えているものを通して，そのもとにある彼の内面の成長を読み取ろうとしているのがわかる。

　このようにるいくんの実際を記録し，伝えあうことによって，保護者，保育所の担任，療育センターの担当者の三者の間に，暗黙のうちに共通認識ができている。この共通認識が，三者それぞれがるいくんに向かうときの支えにつながっているのである。

事例6－④　＜保育所と療育センターと母親の協力②

…互いの場所へ出向いて交流する＞

　療育センターのはやと先生と保育所のあや子先生は，お互いの場所に出向いている。5月に療育センターのはやと先生が保育所を訪れたとき，るいくんはとても嬉しそうにしていたようである。

　そして8月になって，保育所のあや子先生が療育センターを訪れた。

　その日，るいくんは，まず庭のプールで遊びはじめた。るいくんはホースで水を遠くまで飛ばしたり，水鉄砲であてっこをしたり，ペットボトルにプールの水を入れて砂山の上まで運んで，そこから水を流して道をつくったりして，はやと先生とかかわりながら楽しく過ごしている。るいくんは，「療育センターでは担当のはやと先生と遊ぶ」ということがわかっているため，あや子先生を遊びに誘うことはしなかった。しかし，遊びながら，あや子先生に視線を送ったり，笑顔を向けたりしていた。

　水遊びが一段落したところで，はやと先生が，「この前ジャンプして楽しかったから，またやろうか」とるいくんを室内での遊びに誘った。すると，るいくんは思いきり水遊びをした満足感と，前回やってみて楽しかったジャンプ遊びへの関心からとで，室内へ向かった。そこにタイミングよく母親が現れて，足を拭いたり，洋服の着替えを手伝ったりした。るいくんはあや子先生に，指で「（お部屋は）あっちだよ」というように示すと駆け出し，ボールプールや跳び箱からジャンプしたりして，ダイナミックに遊びはじめた。そして，「見て見て」というような視線をあや子先生に送っている。あや子先生が「すごいね」と声をかけると，とても嬉しそうにしている。

　事例のような活動が行われた後，母親と保育所のあや子先生と療育センターのはやと先生とで語りあう時間がもたれた。そのときに語られたあや子先生の感想で印象的だったのは，「保育園でやっていることをやっていた。反対に療育センターでやっていることを保育園でもやっているんだと思った」ということである。

　るいくんは水遊びが大好きである。家庭でも，お風呂場で水遊びを毎日やっている。くり返しやっても飽きることがないということは，裏を返せば，彼にとって特別な意味のある行為だということである。るいくんは，「水遊び」という好きな遊びを通して自己を十分に発揮することで，自分の生活を分断している環境を結びつけている。保育所も療育センターも，最初は彼の水遊びのやり方を尊重している。しかし，その後は，同じ水遊びであっても，そこにどうかかわっていくかは各場所で変わっていく。そして，それぞれの場所での遊び方も，また，互いに影響を及ぼしあいながら変化をみせていく。ひとり遊びから，やり取りを楽

しむ遊びに変わってきていることをそれぞれが実感し，より活発にやり取りがなされるよう努力していることがこの事例から見て取ることができるだろう。

　また，この三者が語りあう場では，療育センターのはやと先生も保育所のあや子先生も母親のがんばりを認め，母親はどちらの専門機関にも信頼を置いていることを，お互いに明確にことばで伝えあい，よい関係が築けているようすがうかがえた。

❸ 保育者・保護者・専門機関の３者の連携を図る

　障がいのある子どもは，幼稚園・保育所・認定こども園のほかに，病院や療育センターなどもあわせて通っている場合がある。こうした子どものまわりにはさまざまな専門職のおとながいるが，そのなかでも子どもに一番近いところにいるのが幼稚園や保育所，認定こども園の保育者である。保育者は，子どもの日常を共に生きることを生業<ruby>生業<rt>なりわい</rt></ruby>とし，ありのままのその子を理解し，その子の願いに耳を傾け，応えることに努めることで，子どもの健やかな成長を支える仕事である。つまり，子どもが自分らしく生きることができているかどうか，一番見えやすい立場に立ち，丸ごとの子どもの成長を支える専門職なのである。したがって，保育者には，その子どものための，いろいろな役割を担うおとなたちからの支援が，その子どものなかで調和されて，その子らしく成長していこうとする際に，よりよく作用するように願ってその子の傍ら<ruby>傍ら<rt>かたわ</rt></ruby>にいることが求められる。

　障がいのある子どもとかかわるとき，その子のもつ障がいに対して自分にできることを見つけようとする気持ちが強いと，その子の気持ちや願いを丸ごと受け止めその子に向き合おうとするよりも，障がいの現象のみを理解し，その理解に添って援助していこうとする気持ちの方が勝る<ruby>勝る<rt>まさ</rt></ruby>場合がある。事例７にはそのことが表れている。

> **事例７　専門機関間の対等な立場**
>
> 　ある園に，高機能自閉症という障がいのあるあおいくん（仮名）がいる。担任が母親に，あおいくんがブランコを大きく揺らして遊んでいたことについて話をすると，「高機能自閉症の子どもは揺れることが好きなのだそうです」と障がいの特徴に当てはめた答えが返ってきた。担任は，日ごろ，表情の固いあおいくんが好きな遊びをみつけて嬉しそうにしている姿が見られたこと，そして，あおいくんの気持ちにふれることができたことについて母親に伝え，一緒によろこびあいたいと勇んで話したのだったが，そのようなかかわりあいにはならなかった。

　ここに出てくるあおいくんと母親は，保育所に通いながら，他の専門機関で療

育をうけている。母親はわが子のもつ障がいの視点から，あおいくんの遊びを高機能自閉症の特徴的な行動パターンとして理解している。この視点が問題なわけではない。ただこうした視点の結果，あおいくんが母親に求めているであろう「こころに寄り添い，共感する」行為が抜け落ちることが問題なのである。

　そこで，この保育者は今後，努めてあおいくんの母親に向けて，あおいくんがこころを動かし，生き生きとあそぶ姿を，さらに丁寧に伝え続けていくことだろう。また，母親へと同様に，他の専門機関の人たちにも伝えていくことで，あおいくんらしさを分かってもらえるに違いない。

　保育者が他の専門機関の職員との連携を図る際に，その子どもの障がいに関する悩みへのアドバイスを求めるのと同様に，その子どもが園で生活する姿や他の子どもたちとの交わりの姿，そのなかで味わっているであろう楽しさや悲しさや怒りなどのこころの動きについても語っていくことが，その子どもについての理解の幅を広げ，その子どもとの関係にも変化を生み出すことにつながっていく。

4. 専門職としての保育者の責任と義務

■ 専門職としての誇りと責任と義務

　保育者にとってまず必要なことは，専門職としてのこの仕事に誇りをもつことである。保育者は子どもの人間形成と発達を指導し，援助していく重要な役割を担っている。日常の保育の場で出会った子どもとつながりをもち，集団のなかで子どもが自分を発揮したり，抑制したりして，自己を調整しながら，自分で自分の生活をつくっていこうとする思いを支え，援助し，日々共に生きるこの仕事の意味は大きい。

　保育者の責任を大きくとらえるならば，保育および幼児教育に携わる専門的職業人として，先んじて守るべき倫理（道徳）を自覚し，日常の保育実践に反映させることが大切である。

　なお，全国保育士会では，保育者のさらなる質の向上をめざし，保育士資格の法定化（児童福祉法の一部改正）を機に，全国保育士会倫理綱領（本章末 p.101 参照）を定めている。

　幼稚園教育要領や保育所保育指針の中身が子どもたちの実態を把握することから生まれ，改訂を重ねるのと同様，保育者としての誇りの中身も，責任や義務も，子どもとの生活を通して自分のなかで積み重ね，ふり返り，新たなものにしながら，担っていくことが求められる。

② 保育者の責任

保育者の責任*は、「子どもの幸せを第一に考えること」と、「子どもの生きる力を守り、育むこと」にある。

「子どもの幸せを第一に考える」とは、子どもの権利条約や全国保育士会倫理綱領のなかに明記されている「子どもの最善の利益を尊重すること」である。経済や効率性を優先させるのではなく、子どもにとっての最善の利益を考え、どの子どもも自分らしく幸せに、ゆっくりじっくりと子ども時代を過ごすことを保障することである。そして、家庭や社会に向けてもこのことを発信していく責任がある。

また、「子どもの生きる力を守り、育む」とは、いい換えれば「子ども自身のなかにある成長力を守りはぐくむこと」である。生命を守り、具体的に必要な世話をしながら、子どもの成長に即して、子どもみずからが自分の健康や安全に気づかい、生活の仕方を身につけ、その子らしく自立に向かい、成長していくよう指導・援助していくことである。

これらの責任は子どもの生活全般にわたっており、この場面ではこういうふうに行うというマニュアル化はできない。それが保育者の責任の特殊な点であり、むずかしいところでもある。

保育者が、このように自分が責任を十分に果すことができているかどうかについては、自分だけでは判断できないものである。保育者が自分なりに一生懸命保育を行ったとしても、それが子ども1人ひとりにとっての幸せや成長につながっていないとき、子どもの側からみて、責任を果たしているとはいえない。1人ひとりの子どもの立場に立って、それぞれの子どもに即した責任の担い方をしなければ、保育者の努力は空回りするばかりか、子どもの成長を歪ませることになりかねないのである。

③ 保育者が責任をよりよく担うための方法

（1）子どもとの間に信頼関係をつくる

子どもが保育者に対して信頼感を抱くのは、単にその保育者が自分の担当だからということではなく、その保育者が自分の生活に必要な世話や援助をしてくれて、精神的に安定をもたらしてくれるからである。保育者に対する信頼感は、子どもが尊重されている自分の価値を知り、自分を信じることにつながる。このことを基盤にして、子どもは、ほかの保育者や友だちなど、まわりの人を信頼しようとする気持ちをもつようになる。さらに、いろいろな人との信頼関係を基盤にして、自分を信頼し、自信をもって行動できるようになっていくのである。

（2）子どもと保育者自身の育つ力を信じ、よりよく育とうとする

＊全国保育士会倫理綱領
1. 子どもの最善の利益の尊重
2. 子どもの発達保障
（詳細は、本章 p.101 を参照のこと）

　子どもの成長力をはぐくむ援助の中身は，1人ひとりの子どもを理解すること
からはじまる。すぐには理解できなくても，長い目でみるなかでみえてくるもの
がある。子どもの育つ力を信じることと同様，保育者としての自分の育つ力を信
じることが大切である。保育者はその職にある限り，保育を途中で放棄すること
はできない。その時点で自分がもっている保育者としての資質を十分に発揮して，
子どもと向きあうことが求められる。保育者が自分の育つ力を信じるということ
は，現在の自分の保育に甘んじないということの裏返しでもある。昨年と同じ
年齢の子どもを担任したとしても，昨年と同じ自分のままということではない。
それまでに培った経験を基盤にしながらも，目の前にいる子どもとの新たな生活
のなかで，保育者としての自分の可能性を信じ，拓いていく努力をする必要があ
る。

（3）子どもと楽しみを共有する

　子どもが大好きな人と一緒に過ごし，楽しさを共有する時間は貴重である。そ
れは，生きているよろこびを実感する時間だからである。保育者は環境を構成す
ることも大事だが，保育者が生きて動いている，そのままで重要な環境である。
子どもと一緒になって遊び，よろこんだり，びっくりしたり，失敗したり，知恵
を出しあったりして，こころから子どもとの生活を楽しむ時間をもつようにする。
遊ぶことの楽しさは，生きることの楽しさにつながっている。子どもたちは，遊
びのなかで嬉しいことばかりではなく，自分の思い通りに行かなかったり，我慢
したり，けんかして気まずい思いをしたり，複雑な感情体験も重ねていく。保育
者もそのなかにあって，子どもにとって意味のある体験になるように，見守りな
がら援助していく。そのなかから，自分も相手も楽しく遊ぶためにどうしたらよ
いかを，体を通して学んでいく。保育者も子どもも，遊びを通して，生きること
を楽しむ力が鍛えられているともいえる。楽しさを実感し，だれかと共有できた
よろこびは，未来へ希望をもつことにつながっていく。

（4）保育者の子ども観・発達観・保育観を問い続ける

　実際の保育現場では，前もって責任を考えたうえで行動するというよりは，
子どもとの関係のなかで，体やこころがおのずと動いてしまうことがほとんどで
ある。保育のなかでの保育者の体やこころの動かし方には，保育者のなかにある
子ども観や発達観，および保育観が背景にある。これらをつねにふり返り，問い
直し，より豊かなものにしていくことが求められる。

（5）保育者同士が互いの自己育成力を育てあう

　前述したとおり，保育者は，専門職のなかで子どもや保護者にとって，一番身
近な存在であるため，よろこびも多いが，さまざまな問題ももち込まれやすい状
況にある。保育者ひとりではもちこたえきれない悩みを抱えたり，解決できない

問題も出てくる。よろこびも，仲間と分かちあえば，より大きなよろこびとなる。いいこともそうでないことも両方伝えあい，共感しあい，支えあう関係が必要である。そうすることで，保育者それぞれがもっている子どもに対する育成力を高めることにもつながる。そして，保育の場面でみられる保育者同士の支えあいは，子どもたちにとっては人間関係のモデルとなり，子ども同士の関係づくりにも反映されていく。

❹ 保育者の義務 ― 子ども自身や家庭のプライバシーの保護 ―

　保育者の義務をひと言でいえば，子どもと真摯に向きあおうとする姿勢を持ち続けることである。子どもを裏切らないこと，子どもを信頼すること，子どもから信頼されるよう努力すること。そして，もし，それに反することが図らずも起きてしまったときには素直に自分の非を認め，子どもに謝ることも大切である。

　保護者に対しても，同様のことがいえる。そのことが，保育者としての信用を得るために必要不可欠なことである。信用を得ることは，責任を果たす土壌ができることでもある。

　ここでは，義務として欠かすことのできない，子ども自身や家庭のプライバシーを守る守秘義務を取りあげる。

　プライバシーの保護に関して，全国保育士会倫理綱領においても「4. 私たちは，一人ひとりのプライバシーを保護するため，保育を通して知り得た個人の情報や秘密を守ります」と明記されている。保育者に課せられる守秘義務は，その職を辞した後も負うものである。

　保育者が知り得た子どもや保護者の情報や秘密の内容によっては，適切な親子への支援を図るために，保育者間で共有しておいた方がよいものもある。その場合は，担当保育者個人で判断するのではなく，園長や主任に相談したうえで，状況に応じた慎重な取り扱いがなされなければならない。

全国保育士会倫理綱領

すべての子どもは，豊かな愛情のなかで心身ともに健やかに育てられ，自ら伸びていく無限の可能性を持っています。

私たちは，子どもが現在（いま）を幸せに生活し，未来（あす）を生きる力を育てる保育の仕事に誇りと責任をもって，自らの人間性と専門性の向上に努め，一人ひとりの子どもを心から尊重し，次のことを行います。

　　私たちは，子どもの育ちを支えます。

　　私たちは，保護者の子育てを支えます。

　　私たちは，子どもと子育てにやさしい社会をつくります。

（子どもの最善の利益の尊重）

1．私たちは，一人ひとりの子どもの最善の利益を第一に考え，保育を通してその福祉を積極的に増進するよう努めます。

（子どもの発達保障）

2．私たちは，養護と教育が一体となった保育を通して，一人ひとりの子どもが心身ともに健康，安全で情緒の安定した生活ができる環境を用意し，生きる喜びと力を育むことを基本として，その健やかな育ちを支えます。

（保護者との協力）

3．私たちは，子どもと保護者のおかれた状況や意向を受けとめ，保護者とより良い協力関係を築きながら，子どもの育ちや子育てを支えます。

（プライバシーの保護）

4．私たちは，一人ひとりのプライバシーを保護するため，保育を通して知り得た個人の情報や秘密を守ります。

（チームワークと自己評価）

5．私たちは，職場におけるチームワークや，関係する他の専門機関との連携を大切にします。

また，自らの行う保育について，常に子どもの視点に立って自己評価を行い，保育の質の向上を図ります。

（利用者の代弁）

6．私たちは，日々の保育や子育て支援の活動を通して子どものニーズを受けとめ，子どもの立場に立ってそれを代弁します。

また，子育てをしているすべての保護者のニーズを受けとめ，それを代弁していくことも重要な役割と考え，行動します。

（地域の子育て支援）

7．私たちは，地域の人々や関係機関とともに子育てを支援し，そのネットワークにより，地域で子どもを育てる環境づくりに努めます。

（専門職としての責務）

8．私たちは，研修や自己研鑽を通して，常に自らの人間性と専門性の向上に努め，専門職としての責務を果たします。

社会福祉法人 全国社会福祉協議会

全国保育協議会

全国保育士会

＜学生のみなさんへ
～保育のなかの小さなことに目を向けよう！～＞

以前ドイツの園で実習したときのこと。

その園では，毎朝先生が朝食を園で摂る子どものために，給食室から食器と牛乳・お茶がのったワゴンを保育室に運び入れ，端にあるひとつのテーブルにテーブルクロスをかけて，受皿つきのコーヒーカップとお皿をその上にセッティングしていた。そして，登園してきた子どもたちは，家から持ってきたパンや果物をその皿に乗せ，飲み物は各自でついで食事をし，おわると使った食器を片づけ，自分が使った席に新たにコーヒーカップとお皿を用意してからその場を離れていた。

　行為そのものは，自分で用意して自分で片づけるという「自分のことは自分でする」行為と同じ手間である。しかし，その園では手順を変えるだけで，「自分のた

めにだれかに準備してもらったものを使って食事をして」「自分の後片づけは自分でして」「次に使うだれかのために準備する」という豊かな人間関係の体験へとつなげており，驚かされた。

「保育の豊かさとは何か」をしっかり考えたくなる出来事だった。

演習問題

Q1 保育者の立場で考えよう。子どもの自ら育つ力を支え，はぐくむために保育者としてどのように子どもにかかわっていきたいと思うか。3つをあげ，その理由を述べてみよう。

Q2 子どもの立場で考えよう。子どもが願っている保育者像はどのようなものだと思うか。3つをあげ，その理由を述べてみよう。

【引用・参考文献】

厚生労働省 編『保育所保育指針解説』2018

文部科学省 編『幼稚園教育要領解説』2018

内閣府・文部科学省・厚生労働省 編「幼保連携型認定こども園教育・保育要領解説」2018

柏木恵子『子育て支援を考える 変わる家族の時代に』岩波ブックレット，岩波書店，2001

垣内国光・櫻谷真理子『子育て支援の現在豊かなコミュニティの形成をめざして』ミネルヴァ書房，2002

蒲原本道，小田 豊，神長美津子，篠原孝子 編『幼稚園保育所認定こども園から広げる子育て支援ネットワーク』東洋館出版社，2006

守永英子『保育の中の小さなこと大切なこと』フレーベル館，2001

津守真『保育者の地平』ミネルヴァ書房，2000

吉村真理子『保育者の「出番」を考える』フレーベル館，2001

全国保育士会編『改訂2版 全国保育士会倫理綱領ガイドブック』全国社会福祉協議会，2018

津守真・津守房江『出会いの保育学』ななみ書房，2008

全国保育団体連絡会・保育研究所 編『保育白書2019』ひとなる書房，2019

子どもを育てるものの共同性

〈学習のポイント〉　①子育てにおいて，人びとが共同することの必要性を生んでいる社会的背景
　　　　　　　　　　　を理解しよう。
　　　　　　　　　②保育者同士の共同が必要な理由を理解しよう。
　　　　　　　　　③保育者が保護者や地域社会の人びと，家庭的保育者などと共同する際の留
　　　　　　　　　　意点を理解しよう。
　　　　　　　　　④児童養護施設で保護者の子育てを支援するには，だれとどのように共同す
　　　　　　　　　　る必要があるか理解しよう。

1.「共同」から「協働」へ

　現在，子どもの心身共に健やかな成長をうながすことは，保育者の努力だけで
十分に行えることではなくなってきた。そのため，保育者，保護者，地域社会，他
の職種が連携し，協働して子育てに取り組むことが不可欠になってきているのであ
る。

　しかし，私たちはいきなり協働ができるわけではない。協働はことばでいうほ
ど容易なことではないのである。なぜなら協働には，その土台が必要だからであ
る。その土台となるのが「共同」である。共同という土台が築かれ，はじめて私
たちは真に協働し，緊密な連携をすることができるのである。

　そこで，まず共同の意味を考えてみたいと思う。

■「共同」の意味

　「共同」は，「二人以上の者が力を合わせること*」という意味をもつことばで
ある。この「共同」と同音の言葉に「協働」があるが，「共同」とは意味が若干
異なり，「ともに心と力をあわせ，助けあって仕事をすること**」という意味で
ある。つまり，「協働」は役割分担をするなど，緊密に連携して何かに取り組む
ことを意味しているのである。

　協働ということばが示すような取り組みが可能なのは，人びとの結びつきが緊
密になり，連携が発展した組織・集団である。それに対して，共同には必ずしも
緊密な人間関係と連携が必要ではない。緊密な連携はなくても，人びとがいわば
「仲間」としての意識をもち，つながりあい，何らかの仕方で助けあう状態が共
同であり，このことばが示す取り組みなのである。その意味で共同は，連携の程
度が非常に弱いものだといえるが，それゆえに共同は，協働の土台をなすものだ
ともいえるのである。人びとの間に共同の意識がはぐくまれることにより，必要

＊新村出編『広辞苑　第
五版』岩波書店，p.700，
1998

＊＊新村出編『広辞苑
第五版』岩波書店，p.701，
1998

に応じて緊密な連携をもって仕事に当たること（協働）も容易になるのはそのためである。

　私たちが連携して子育てに当たる場合，最初から協働することは困難である。まずは，互いに「子育ての仲間」として意識しあう関係を築くことが肝要である。それを基盤として，積極的な協力関係も築いていけるのである。しかし，その基盤をもたずに緊密な連携をしようとすると，相手が「したくない仕事をさせられる」と感じて，相手の負担感を強めることになりかねず，共同体の形成を阻害することにつながってしまう。まずは，子どもへの関心を共有し，互いに仲間としての意識を抱くようになることを重視すべきである。つまり，子どもを育てる者同士の緩やかな連携を基礎としながら，徐々に細やかで緊密な連携をはぐくんでいくことを心がけることが大切なのである。

② 子どもを育てるもの同士の関係を深める

　「共同」から「協働」へと共同体のありようが変わることは，子どもを育てる者同士の人間関係が発展することを意味している。

　共同は，互いを「仲間」として意識することからはじまる。仲間としての意識は，互いに受容しあうことによる。受容してくれる人に対して，私たちは親しみの感情を抱く。親しみの感情は両者を結びつけ，仲間としての意識をもたらしてくれる。仲間であるから，私たちは相手に注意を向け，「手助けをしたい」と思う。そこに，弱いながらも連携が生まれる。このように共同は，親しみの感情を基盤とした人間関係からはじまるのである。

　こうしてはじまる連携の過程のなかで，私たちは，次第に人間関係を深めることができるようになる。親しくなれば，相手とよく話をするようになる。そして，よく話すことで，互いに相手のことをよりよくわかるようになる。そして，信頼感も生まれる。

　子どもを育てる者同士も，このような共同からはじまるプロセスを経て人間関係を築いていけば，お互いの理解が深まり，その関係は，より緊密なものになっていく。そして，人間関係が深まることで，より積極的で緊密な子育ての連携も可能になっていくのである。

③ 子育ての主体となる

　前記のような，相互に理解しあい，信頼しあう人間関係が形成されるためには，原則として，私たちはお互いに主体*として尊重され，かつ対等でなければならない。なぜなら，私たちは自分が主体として認められていると感じられるときに，その相手を同じように主体として認めることができ，それゆえに両者の間に互い

＊主体
意志と意欲をもち，環境に働きかけて自分の人生を生きる者のこと。

に尊重しあう者同士としての信頼感が生まれるからである。

　保育者，保護者，地域社会の人びと，立場が異なる者同士が連携して子育てに当たるとき，立場は異なっても，それぞれが主体となって子育てにかかわることが大切である。子育てを，それぞれが，それぞれの立場で自分たちのやるべき課題であると自覚することにより，私たちは子育ての主体として行動することができるのである。主体として行動するとは，新たな知識や技能を他者から吸収しながら自分で考え，工夫して課題に取り組もうとするということである。このように，意欲的に行動しようとする者たちが，共通の関心をもって集まるとき，そこに共同が生まれるのである。それゆえ，子どもたちの健やかな成長・発達への関心を共有しながら，それぞれが子育ての主体であろうとすることが，子育ての共同体を形成するうえで不可欠なのである。

　また，子育ての主体として共同するとき，私たちは共同する経験を通して学び，自分自身も主体として成長する。そして，子育ての主体として私たちが成長することにより，私たちの連携そのものも発展し，協働が可能になるのである。

　このように，私たち1人ひとりの主体性と，共同体の共同性とは緊密な関係にあり，共同性を育む要（かなめ）は，私たち1人ひとりが主体となることなのである。

2. 子育ての共同体の考え方

1 共同的な子育ての必要性

　以前の日本は，農業が産業の中心であり，現在のように都市化が進んでいなかった。その頃の農村では，人びとは共同で村の子どもたちをはぐくんでいた。子どもの成長に関する年中行事（初誕生の祝い，初節句，七五三，成人式など）には，隣近所の人びとがかかわっていた。また，村には，子どもたちが中心となって行う祭りもあり，そのような子どもたちの活動を，おとなたちが支えていた。このように子どもたちは，おとなたちのまなざしに見守られながら，一人前の村人へと成長していったのである。

　昔の農村部に典型的であった共同社会は，都市化や情報化の急速な進行，人びとの流動性の高まりなどにより，徐々に減少してきた。それは，隣近所の結びつきを弱め，その結果，地域社会のもっていた育児力と，家庭の育児力も弱まってしまったのである。それに加え，男女にかかわらず，自分の能力を社会で生かそうとする人びとが増え，ますます家庭のなかだけで子どもを育てることは困難になってきた。こうして，現代の社会生活にあった形で，いかにして地域や家庭の育児力を高め，子どもの健やかな成長・発達を守るかが，重要な問題となってき

たのである。

　このような状況を踏まえ，中央教育審議会＊は 2005（平成 17）年 1 月 28 日，文部科学大臣に「子どもを取り巻く環境の変化を踏まえた今後の幼児教育の在り方について―子どもの最善の利益のために幼児教育を考える（答申）」を提出した。この答申のなかで，「家庭や地域社会が，みずからその教育力を再生・向上し，家庭・地域社会・幼稚園等施設の三者がそれぞれの教育機能を発揮し，総合的に幼児教育を提供すること＊＊」の必要性が謳われた。すなわち，子どもの健やかな成長・発達をうながすには，家庭・地域社会・幼稚園等施設（保育所も含む）が共同し，かつ，それにより，それぞれの教育力を向上させることが必要であるとしたのである。

　このように，現代社会において，子どもが健やかに成長・発達するためには，さまざまな人が「共同」を意識して育児や教育に当たることが，不可欠になってきたのである。

② 子育ての共同体となるための基礎的な要件

　さて，ここでは，子育てのために人びとが共同しあっている集合体を，「子育ての共同体」と呼ぶことにする。この共同体は，いくつかの規模で考えることができる。たとえば，保育所（幼稚園・こども園）を共同体と考えることもできるし，さらに，保育所（幼稚園・こども園）と家庭，保育所（幼稚園・こども園）と地域社会を共同体と考えることもできる。どのような規模で考えるにしろ，人びとが共同体をなすためには，基礎的な要件が必要である。以下で，そのいくつかの要件を考えてみよう。

（1）子どもへの関心を共有する

　私たちが共同体となるためには，「結びつき」が必要となる。その結びつきは，関心が共有されることによって生まれる。

　私たちは「子育ての共同体」となるために，まず，「子どもを健やかに育てることは，社会全体で取り組むべき営みである」という共通認識をもつ必要がある。そのような認識に立つことで，私たちは，自分の子どもだけではなく，地域の子どもたち全体に目を向けられるようになる。それは，「地域の子どもたちを知ろう」とする姿勢をもたらすことにつながっていく。子どもたちを知ろうとすることは，おのずから子どもたちの成長・発達に関心をもつことにつながる。この関心が，私たちを結びつける要となる。そして，関心が共有されるにつれて結びつきも強まり，共に子どもを育てようという共同意識が生まれるのである。

（2）コミュニケーションを図る

　次に必要なことは，子どもにかかわる情報を交流しあい，子どもについて共通

＊中央教育審議会
文部科学大臣から依頼された教育に関する問題・課題について審議する諮問機関。

＊＊中央教育審議会「子どもを取り巻く環境の変化を踏まえた今後の幼児教育の在り方について―子どもの最善の利益のために幼児教育を考える（答申）」，p.12, 2005

認識をつくることである。

　保育者，保護者，地域社会の人びとなどは，子どもへの接し方も，置かれている状況もそれぞれ異なる。それゆえ，それぞれがもつ子どもについての情報も多様である。このようなななかで，私たちが共同し，連携して子育てにかかわるためには，それぞれがもつ情報のずれをなくし，子どもについての認識を共通とすることが必要となる。そのためには，共同する者同士のコミュニケーションを図ることが不可欠となる。もし，私たちが異なる認識をもち，その認識のいくらかが間違っているのであれば，子どもに対して適切な援助を行うことはできない。

　たとえば，1人の子どもについて，保育者は「孤独そうだ」と認識しているのに対して，保護者は「園生活を楽しんでいる」と認識しているのであれば，両者の援助はまったく異なってしまい，十分な効果をもたらさないだろう。

　このように，子どもの成長への援助には，子育てにかかわる者同士が共通の認識をもつことが大切なのである。

（3）子どもを育てる者が共に育つ

　先の中央教育審議会答申でも述べられているように，現代においては，家庭や地域社会の教育力の再生・向上が求められている。共同的な子育ては，そのことにも資するものである。なぜなら，前述したように，私たちは共同体を形成することにより，互いに相手から学ぶことが可能になるからである。連携にはコミュニケーションが必要であり，私たちはコミュニケーションを図ることを通して，相手の意見や考えを理解し，取り入れることができる。それは，相手から学ぶことにほかならない。すなわち，私たちは共同的に子育てをすることにより，子どもを育てる者として，共に育つことができるのである。逆にいえば，共に育とうとする意識をもつことが，共同体を育てるのである。

　以上のことを踏まえて，次節以降，共同のあり方を具体的に考えたいと思う。

3. 保育にかかわる保育者同士の「共同」

　筆者が勤務する保育園*では，次項に書いた理由から，保育の見直しをはじめたが，「共同」の必要性を，その見直しの当初から課題意識としてもっていたわけではなかった。「子どもにとって何が大切なのか」と，子どもの目線で保育をとらえ直していくうちに，だんだんと，さまざまな「共同」の必要性がみえてきたのである。ここでは，そのプロセスをたどっていくことで，「なぜ共同が必要なのか？」の意味を考える。

＊児童福祉法上の表記は保育所だが，保育園表記を用いている園は多くあり，一般化もしている。当園でも保育園を名称としている。

1 子どもらしい子どもに会いたい

　筆者が勤務する保育園では，午前中はお腹が空くまで遊ぶことにしている。なぜなら，「子どもが自分を表現できていないこと」が，とても気になりはじめたからである。それは，以下のようなときであった。

　1つ目は，「今日はなにするの？」「おわったら，次は何やるの？」など，保育者にいちいち聞かないと自分からは何もはじめられない，「指示待ち症候群」の子どもたちの増加である。

　2つ目は，砂で「ケーキができたよ」「裸足になると気持ちがいいよ」と誘っても，「いや！」「やらない！」という子どもたちの出現である。子どもたちにその理由をきくと「ママが服を汚さないでっていった」であったため，筆者はこういう子どもたちを「潔癖症風母親背後霊症候群」と名づけた。

　3つ目は，すぐ転び，転ぶと地面に手が着けずに直接顔をぶつけてしまう，転んでも自分が守れない，ぞうきんがしぼれない，はしが使えないなど，「手と身体が虫歯症候群」の子どもたちの増加である[*]。

　4つ目は，広場に出かけて「気持ちがいいから向こうまで走ってみない？」と誘っても，「いや！」と返ってくる。何をするにも意欲がないなどの「無気力・無関心・すぐ疲れる症候群」の子どもたちだ。

2 子どもが活き活きしている時間を守りたい

　子どもたちの遊びには，自分から「おもしろそうだな」「やってみたいな」と思えることに出会ってはじめるものもあれば，仲間がはじめた遊びに惹かれて一緒に遊び出すものもある。このように，さまざまなきっかけで始まる遊びではあるが，子どもが主人公になっている遊びを観察してみると，保育者が，これまで週案や月案で立てた活動と同じような遊びをしていることも同時に確認された。

　それまで，筆者の勤務する園では，指導計画を立て，「今日はみんなで○○しよう」とわざわざ子どもたちを集め直し，保育者の価値観で準備した遊びを教えてやらせるという，一方的な指導を一生懸命に行っていた。

　このような一斉指導型の保育が子どもらしい表現をおさえていた要因のひとつではないかという反省から，子どもたちが，子どもらしくいられる時間をとにかくつくろうと，5分，10分と自由な遊びの時間を増やしていった。そして最終的には，午前中は「お腹が空くまで自由に遊ぶ」というまでにいたったのである。

3 子どもたちの姿を伝えあい，共有する

　子どもが主人公になって，好きな場所を見つけて遊ぶといった遊び方を大事にしようとすると，担任保育者だけでは見きれない状況が生まれる。そのため，ど

＊このことを，NHK が1978（昭和53）年に特集番組『警告！ "子どものからだは蝕まれている"』として全国放映し，さらに，この番組を監修した正木健雄氏が『子どもの体力』（大月書店，1979）にまとめ，話題になった。

んなことをして過ごしたのか知らないまま1日が流れ，おわってしまう。それでも，元の保育には戻りたくないと考えた私たちは，クラスの壁を越え，子どもたちの姿を伝えあう必要に迫られることとなったのである。

　その解決方法のひとつの例として，トイレの使い方があげられる。筆者が勤務している園では，幼児棟の2〜5歳児のトイレは，共同使用にした。それは，異年齢で使うことで，小さい子には大きい子の使い方がモデルになるし，大きい子は必要に応じて小さい子の面倒をみるという関係を大事にしたいからだ。そのような特徴から，保育者も子どもと一緒に，このトイレに足を運ぶ回数が多くなる。すると，必然的にそこが子どもの情報交換の場となる。そのため園では，このトイレを，非公式な情報伝達の場のひとつの象徴として「第2職員室」と呼んでいる。

　もちろん，情報交換が筆者の園における保育の「命」であるため，トイレに限らず，園庭・室内いろいろなところで子どもの姿の共有が行われている。そしてそれに応じて，第3，第4職員室…と，あちこちに職員室ができていった。それは情報交換というよりも，子どもから教えてもらったおもしろい（素敵な）話，うれしい話，あるいは「今日こんなことがあったけど，あなたならどうみる？どう思う？」といった話を，「聞いて欲しい」「語りたい」という気持ちから，伝えあうという方が正しいかもしれない。伝えあうことで，保育者同士で思いを共有しあえて支えあえたひとつの事例を紹介しよう。

事例1　〈存在を認めてもらえた嬉しさ〉

　入園してきたばかりの2歳児のはるとくんは，身体と精神の発達障がいをもつ子どもで，以前は身体障害児の通所施設に通っていた。はじめての場所や物事に対して慎重なのか，その施設では食事をとるようになるまで1年程かかったと母親から聞いていた。　自力ではまだ歩けないはるとくんは，クラスの仲間との散歩もバギーを使うが，いつも一緒に出かけている。それは，クラスの仲間と同じものを見て，仲間の興味・関心事や会話のなかに一緒にいることで，表現はうまくできなくても，心と心が響きあえる関係を大切にしたいと考えたからだ。

　入園2週間後のある日，お昼のメニューはハヤシライスだった。カレーは好きだと聞いていたので，「どうかな」と気にかけていたところ，「今日，はじめて全部ペロッと食べたんだよ。すごいよ。えらかったんだよ」と嬉しい報告が，担任保育者からほかの保育者たちに届いた。それを聞いた保育者たちは，はるとくんに会うと口々に，「お昼食べられたんだってね。すごいね」と声をかけた。はるとくんは，手足をバタバタ動かして，ほめてもらった嬉しさを表現して返してくれたようだ。

　そんな嬉しい出来事があった次の日のお昼，また，感激の出来事があった。はじめは，おかずを目の前にしても，担任保育者の誘いに手を払いのけて「イヤ」と主

張していたはるとくんだったが，年長の子どもたちがつくった料理が添え物として届けられると，はるとくんの手がフォークを持とうとするかのように動いたのだ。はるとくんが食べることに関心を向けたと気づいた担任保育者がご飯を口に運んだところ，はるとくんは受け入れ，食べはじめたとの新たな嬉しい報告が届けられた。手を動かしたことに気づいてくれたことや，自分のことをみんなが受け止めてくれていることが嬉しかったのだろう。その手応えが，はるとくんの「食べてみよう」という意欲を後押ししたのだと感じた。

演習問題

Q 事例1から，保育者間の情報交換がなぜ大事なのか考えてみよう。

4 得意で苦手を補いあう
―クラスの壁を越えてみんなで保育することで保育がさらに広がる

　クラスの壁を越え，どの子どもとも向きあって，理解し，保育者同士が共同連携して保育をしないと，子どもが主人公になって遊ぶことを支えられない。そのため，年齢によって生活リズムがずれるお昼の食事や午睡の時間以外は，クラスの枠を外して，みんなで保育をする態勢をつくった。すると，自然に保育者の役割や責任の引き受け方が，新しい関係として動き出したのである。

　たとえば，ピアノの得意な保育者は，みんなと声をあわせて歌いたいなと思うときなどに，「ピアノ弾いてくれない」とよく声をかけられるようになった。また，裁縫が得意な保育者は，「食事のときにランチョンマットがあるといいよね」などと頼まれ，子どものいる前にミシンを出してきて，子どもたちと話をしながらつくり始めたりもする。畑仕事が好きな保育者は，栽培や収穫の計画を引き受ける…といった具合に，自分が得意なことや，挑戦したいことは，「私が！」と引き受け，苦手なことは「お願い」と頼めるようになったのだ。つまり，何でもひとりでこなさなければならない保育から，自分が得意なことで，みんなの役に立つ保育に変わったのである。かくいう，園長の筆者は大工仕事が好きなので，修理や「ここに棚が欲しい」などと，園内の大工仕事をよく頼まれる。

　でもここで大事なことは，得意だからといって自分ひとりで引き受けて，完結してしまわずに，まわりの人にも出番をつくることである。自分ひとりで引き受けてやってしまうと，まわりの人は「任せておけばいい」「私の出番じゃない」「私には関係ない」と部外者になってしまうことが多い。そこで見方を変えて，苦手とか，上手くできないなどの自分に備わる不完全さは，まわりの人の出番を誘う

力にもなると考える。そう考えると，助けてもらうことも，申しわけないことではなくて，支えあい助けあい「おとなも子どももみんなでつくり出す保育」に必要なこと，ということになるのではないだろうか。そしてなにより，人というのは，あてにされるのは嬉しいし，役に立てたらもっと嬉しいものなのである。

　保育所・幼稚園・認定こども園などの環境には，子どもたちが自分の不完全さを補い，委ねられる仲間やおとな（保育者）が存在することが不可欠である。得意なことでは積極的に貢献し，苦手なことはほかの人に委ね，あえて面倒をかけて世話になる。そのような，支え合いの関係で成り立つ共同体（＝コミュニティ）をつくりあげていくことが大事なのである。

　現代の地域コミュニティは，残念ながら，見事といっていい程に壊れてしまっている。しかし，東日本大震災以降＊，復興に向けた取り組みから，コミュニティの重要性が一層明確になってきた。いまこそ，子どもが育つ力に希望をもち，保護者や地域の人たちにも関心を向けて，子どもと共におとなも学び育つ「子ミュニティ＊＊」を再構築することがもっとも重要な課題になってきていると思うのである。

＊東日本大震災
東日本大震災（ひがしにほんだいしんさい）は，2011（平成23）年3月11日（金）に発生した東北地方太平洋沖地震とそれにともなって発生した津波，およびその後の余震により引き起こされた大規模地震災害。

＊＊子縁がつなげるコミュニティで，子ミュニティと名づけた。

演習問題

Q 保育のなかで生かせる自分の得意なことは何か，それをどのように生かせるかを考えてみよう。

5 「学ぶ」のとらえ直しから子どもとの「共同」へ

　私たちの多くは，みずからが学んできた日本の一般的な学校の授業体験が根っこにあり，そのイメージをモデルにして保育を描き出す傾向があるように思われる。これまで，保育者は「保育する人／お世話する人」で，子どもは「保育される人／お世話される人」であると，その上下の関係を，固定化された役割と考え，上からの目線で保育を「見ていく／振り返る／研究する」ことが多かったのは，そのためだろう。そして，関心の多くが指導者側からみた指導方法に向けられがちであり，「先生をしなければならない私」「指導しないといけない私」「何かしてあげていないと落ち着かない私」が，保育者のこころのなかにいつも住んでいたように思う。

　しかし，子どもをみていると，「どこでそんなこと覚えたの？　いつできるようになったの？」とびっくりするような場面にたくさん出会う。「先生」とよばれる保育者が何でも知っていて，すべてを教えられるわけではない。逆に，子ど

もが知っていることもたくさんあり，おとなの理解や想像をこえて，考えたり，共に喜びあったり，挑戦したり，悩んだり，乗り越えたりと，自分で自分を育てている。

　子どもが子どもらしく輝いていることを支えるためには，まず，子どもを「みずから学び，育つ力をもっている存在」だと信頼することが必要である。そして，視点を，学び，育つ子どもの側に移し，「子どもはいま，何に関心をもっているのだろう？」「何を学ぼうとしているのか？」「どう育とうとしているのか？」と考えながら，子どもの横に並んで一緒に過ごしてみるようにする。子どものこころのなかを想像しながら，子どものこころと向きあい，キャッチボールのようにお互いにこころやその思いを受け止め，投げ返す応答的関係を通して，子どものこころが向いている先を共にみて，感じてよろこんだり，悩んだりを共にする。保育者は，そのような関係を磨きあげられるようにしたい。

コラム 1　＜子どもが自分らしさを表現してくれることの意味＞

　保育者が，子どもの横に並んで心と心を響きあわせるためには，子どものことが分からないとそれができない。津守真は，「子どもの行動は子どもの願望や悩みの表現であるが，それはだれかに向けての表現である。それは，答える人があって意味をもつ。私か，だれかに。解釈は応答の一部である。解釈がずれているときには，子どもはさらに別の表現を向けてくる[*]」と書いている。

＊「保育者の地平」ミネルヴァ書房，1997

　子どもの行動に現れてくる表現には，意味がある。保育者は，子どもの行動に対し，この表現は「こころのどんな動きを現わしているのだろう？」「どんなことを語ろうとしているのだろうか？」「どんな意味があるだろうか？」とつきあってみる。「この子のこころと私（保育者）のこころがどう向きあえたら，この子と仲間になれるだろうか？」「今を共に生きられるだろうか？」などと，子どものこころの動きに関心を向けていく必要がある。子どもとかかわることなしに，子ども理解はできないし，また，保育者の一方的な想いだけで子どもと向きあい，操作してしまうと，子どものこころの表現は行動として表に出て来ない。そのため，子どもが自分のこころの動きを表しやすい環境を用意することが重要となる。

演習問題

Q　自分たちが学んできた経験と，ここで提案している子どもたちとの向き合い方，保育者の立ち位置について，お互いに話し合ってみよう。

⑥ 保育者間の語りあい／分かちあいを通して深まる子ども理解

　保育者の関心を子どもの側に移し，子どもは今ここで何を，どう学んでいるのだろうかと，表現（表情やしぐさ）からこころの動きを汲みとり，子ども理解につなげていく。このようなの観点からここまでのポイントを整理してみると，「①子どもが自分の気持ちを表現しやすい環境を考える」，そして，「②子どもの横に並んでみる」「③子どもとおとなの『共同』関係を土台にして，生活や遊びを共に創り出すという関係をつくる」，そして「④まずは子どもに委ねてみる」ことが重要であることがみえてくる。

　これらに加えて，もうひとつ必要なことがある。それは，子ども理解を深めるためにも，子どもの姿を語っておわってしまうのではなく，「記録に残す」ということである。この記録は，保育の場面を前後の文脈も含めたエピソード（物語）の形で，そのときの保育者の感じたことや想いも含めて，書き録っておくとよい。記録に残すことで，忘れることなく，ほかの保育者にも，その場面やそのときの子どもの姿を物語ったり，聞いてもらったりすることができる。そして，同僚に聞いてもらい，語りあうことで，関心の向け方が広い視点でみえてきて，その子どもへの理解が深まってくるのである。

　職員同士が語りあい，分かちあうことの目的は，理解の仕方を統一することではなく，いろいろな見方があることをお互いに知り，その子どもへの理解の可能性を広げていくことにある。

　また，同僚の助けを借りて，子どもの心情を理解する手立てが増え，次の向きあい方の可能性がみえてくることにもなる[*]。日本では，保育の自己評価は「できているか／いないか」と結果で評価することが多く，その観点から行うチェックシートも，多く出版されている。しかし，結果ではなく，たどり着くまでのプロセスこそを大切にしたいものである。そうすることで，子どもへの理解と向きあい方，子どもを支える手立ての可能性を見出していくことができるのである。そして，保育者同士の共同性が必要不可欠であることを理解し，子どものことが分かり，語りあえる保育者が育つのである[**]。

4. 園と保護者や地域社会との「共同」

■ 専門家に頼って安心の社会に生きている私たち

　さまざまな社会システムが高度に発達した現代社会は，社会の仕組みが複雑で，知識や技術も高度になっている。そのため，各分野の専門家がいないと社会がまわっていかない面も多い。東日本大震災の津波による福島の原子力発電所の

[*] ニュージーランドでは，子どもの育つ力に信頼を寄せて，子どもがいまここでどんな学びをしようとしているのか？しているだろうか？と子どもの表現を学びの姿として受け止め，ラーニング・ストーリーとして記録して，同僚との語りあい／分かちあいを通して子ども理解を深め，その姿に意味づけをしていく，意識化していく（子どもにも返していく）。そしてそこから学びをより力強くしていくための次への手立てを導き出す，この一連の流れを「評価」と位置付けている。そして，子どもや親やもっと広い関係にまで評価への参加をうながして，共に学び，共に育つ共同関係をもつくり出しているのである。

[**] 詳しくは，大宮勇雄『学びの物語の保育実践』（ひとなる書房，2010），マーガレット・カー著，大宮 勇，鈴木佐喜子訳『子どもの学びをアセスメントする』（ひとなる書房，2013），『もっと！もっと！子どもがみえる　わかるために　保育園における「こどもの育ちと学びの分かち合い」への招き』（全国私立保育園連盟，2012）などを参照。

事故*の際にも，テレビ番組には専門家が呼ばれ，放射能漏れと拡散してしまう大惨事について解説をしていた。私たち素人には，その解説を聞かないと，事態の深刻さがわからなかった。

　このような，素人が引き下がらざるを得ないような複雑な社会で生きる私たちのなかに，その是非はともかく，「子育ても素人がするより，専門家に委ねる方が効率がよく，成果もあがる」という意識が，保護者ばかりではなく，専門家の方にも少なからずあることは否定できない。

② 愛されて育った経験がない

　1964（昭和39）年の東京オリンピックがきっかけになって，テレビが各家庭に入りはじめたころに放映されたアメリカンホームドラマに，次のような「家族（ファミリー）」が描かれていた。

　サラリーマンの夫が，1日の勤めをおえ，郊外に建てた家に帰ってくる。それはもうすぐ夕食の支度が整うという時間であり，ソファーに腰を下ろして，新聞を広げていると，子どもが「お帰り」と遊び相手を求めてやってくる。子どもの相手をしていると，間もなく夕食の支度が整い，家族団らんの食事になる。

　当時の日本は，住居は1DKが主流で，食事をするのも寝るのも同じ部屋という時代であった。そこに，このような幸せそうなアメリカンファミリーが映し出されたのである。

　そのようななかで，「日本もいつかそうなれる」とあこがれ，がんばった結果，経済的には豊かになっていった。しかし残念ながら働くことが最優先で求められ，家族といっても，父親の多くは仕事中心の生活（最近では専業主夫もみられるようになった**），子どもは学校と塾中心の生活，母親の就労も増加（共働き）し，また趣味やボランティア活動などで家庭外の活動を行っている人も少なくはない。

　このように，それぞれ大事にしているものや時間の使い方が違い，世代ごとに違う生活圏のなかで過ごし交わらないことが一般的になっていった。そして次第に，各自が自分のことをこなすことに精一杯で，「家族」といっても下宿屋のように属するだけの「家属」になってしまいがちな傾向がみられるようになった。

　こういう時代を過ごし，育ってきた子どもたちがいま，保育所や幼稚園等に親となって入ってくるようになった。親と書いたが，祖父母世代も，時代が育てた価値観でいえば同様であろう。このような保護者に，たとえば，「時間をみつけて，絵本を読んであげるといいですよ」「絵本は，子どもも嬉しいけれど，読んでいるおとなも温かい気持ちになれますよ」と話しても，「どうやって読んだらいいの？」と戸惑いの声が返ってくる。「時間がないからムリムリ」と言われるより

＊2011年3月11日の東北地方太平洋沖を震源とする大規模地震と津波により，東京電力福島第一原子力発電所で炉心が溶けだし，放出された放射性物質により，広範な地域が放射能汚染された。

＊＊近年は，性による固定化した役割分業を払拭するために，一部の英語圏ではポストマンをポストオフィサーと言い換えたり，絵本の絵も差し替えられるなどの動きがある。このような時代意識の中で，日本でも，男女共同参画基本法等が制定されたり，保育士や看護師と呼称も変えられてきている。

はよいが，自分に読んでもらった経験がない，などのため，どう読んであげれば
いいのかさえ，分からないようなのだ。また，同様に，「子どもの遊び相手になっ
てあげて」「子どものお話を，いっぱい聞いてあげてね」と言っても，どうやっ
て遊べばよいのか，どのように話を聞いてあげたらいいのかが分からないという
のである。

　人は「育てられたように育てる」といわれる。虐待されながら育てられた経験
は虐待の連鎖を生む。また，学校のクラブ活動などでも体罰が公然と繰り返され
てきたのも，そうして指導されてきた経験が生み出す連鎖であろう。

　子どもは，「あなたは大事な子だよ」「大好きだよ」「いつもそばにいるよ」「話
を聴いてあげるよ」など，いっぱいの愛情を注がれることで，「私は愛されている」
「私は大丈夫」といった自尊感情や自己肯定感も育っていく。しかし，家族がそろっ
て語らい，団らんの時間を過ごした記憶がない子どもたちが少なからずいるのが
現状で，家族のなかで私という存在が受けとめられている手応えが実感できにく
くなっている。

　また，残念ながら，家庭だけでなく学校でも子どもと向きあい，子どもが抱え
る問題を受け止めることからはじめることが，なかなかできずに，「できた／で
きない」と結果だけの評価で，できないことだけを拾いあげて，反省を求めるよ
うな向きあい方がいまだにニュースで報じられている。できていないことを指摘
して，「もっとがんばれ」が当たり前のこととされてきた。これも，「私もそうし
て育てられた」という連鎖のひとつだと思われる。

　これからの私たちは，この「負」の連鎖を断ち切って，子どもたちのこころを
受け止め，こころを育てる「富」の連鎖をつくりださなければならないのである。

演習問題

Q 最近，家族や友だちと関わった出来事を，生き生きと人に伝えら
れるようにエピソードの形で記述してみよう。

コラム2　＜私がいない方が家族は幸せ？＞

　あるドキュメンタリー番組で，高校生が就職の面接試験に通らなかった状況が取
りあげられていた。不合格の理由は，「会社が必要とする成績にいたっていなかっ
たこと」であった。その成績の実態は，簡単な読み書きや足し算・引き算さえでき
ないというものだった。

　番組では，「高校まで勉強してきて，なぜその程度の学力なのか」とその生徒の

生い立ちを探っていった。すると，共通項がみえてきた。学校から帰って，学校の出来事を報告しようとすると，「後にして」と言われてしまう。なら食事のときにと話し出すと「早く食べちゃいな」と言われ，食べおわったら「お風呂に入って，宿題しろ」「早く寝ろ」と言われてしまう。そういうことが毎日くり返されていくうちに，「私はこの家で大事にされていないな」「愛されていないな」「私は邪魔な存在なのかな」などと思うようになり，そういう心配が膨らんで勉強も手につかなくなったのだ。子どもでも，おとなでも，「私」という存在が受け止められているということが，とても重要であることが，このエピソードからみえてくる。

❸ 保護者をサービスの購入者にしてしまってよいのか

近年，働くことと子育ての両立を実現する「ワーク・ライフ・バランス*」を考える必要性が高まっている。しかし，ことばとしては聞かれるようになってきたが，現実の労働環境はまだまだ理想にはほど遠いというのが現状である。そのため，子育てを社会で支えるという「子育ての社会化」が叫ばれるようになり，どの保育所や幼稚園等にも，子育て支援や保護者支援の役割・機能を担うことが求められるようになってきたのである。

そういう社会を背景に，前述のような，子育てを「専門家に任せる方がよい」と考える保護者がいて，その一方で「ニーズは何でも引き受けますよ」とばかりに，利便性やそれこそ素人には出番が及ばないような特別な指導法を看板にして誘う支援側もいる。このように，「保育をサービスとして売る支援者」と「そこに期待して頼り，サービスを買う保護者」という関係で向きあうとしたらどうだろうか。

親が○○教室，△△塾に「月謝」を払って自分を通わせた経験から，保育や教育，子育て支援もサービスとして買うということに抵抗感がないことも背景にある。しかし，保護者をサービスの購入者にしてしまうと，購入した分，子育ては販売者（支援者）に委ねられ，保護者側は購入した分の権利を主張するという関係が生まれやすくなる。そればかりか，このような関係により，保護者側は，せっかく保護者になれたのに，保護者として成長するチャンスまで，放棄してしまうことになりかねないだろう。

❹ 子育ては子と親が共に育ちあう時間

赤ちゃんが生まれるときに一緒に誕生するもの，それはなんだろう。

答えは，お母さん・お父さん・お婆ちゃん・お爺ちゃん…。赤ちゃんの誕生の日は，その赤ちゃんを取り巻く周囲の人びとにとっても，新たな関係が同時に生まれて動き出す日ともいえるのである。

*ワーク・ライフ・バランス
2007年に政府，地方公共団体，経済界，労働界の合意により，「仕事と生活の調和（ワーク・ライフ・バランス）憲章」が策定されたことにより，日本でも課題として取りあげられるようになった。憲章では，「国民一人ひとりがやりがいや充実感を感じながら働き，仕事上の責任を果たすとともに，家庭や地域生活などにおいても，子育て期，中高年期といった人生の各段階に応じて多様な生き方が選択・実現できる社会」と定義している。日本では出生率向上・男女均等政策の文脈で語られることが多く，またライフが子育てと狭義でとらえられたりしている。労働時間ばかりでなく生活の質の中味の議論が必要である。

　ところで赤ちゃんは，世話をしてもらうだけで何もできない存在のように思われがちであるが，実は，泣き声ひとつで新米のお母さんやお父さんたちを育てている。保護者は，泣き出しても最初はわけが分からずに，「おむつかな？」「おねむかな？」とオロオロするが，「そういえば，昨日も今時分に泣きだしたな」「そうか，お腹が空いたんだね。いま，おっぱいあげようね」と，その泣き声から気づけるようになっていく。このようにして，育てているつもりが，いつの間にか保護者自身も育てられている。子育ては「保護者と子どもが育ちあうプロセス＝時間」なのである。

　赤ちゃんが保護者の顔を見つめると，保護者も「そう，お話したいの」「お話しようか」と語りかける。もう少し大きくなると，赤ちゃんは何かに気づいて「あーあー，うーうー」と指さしをはじめる。その対象物を見て，保護者は，「ほんとだ，ブーブーだね」「ほんとだ，きれいな花が咲いているね」と子どもの気持ちに寄り添い，ことばにして返していく。そして，「教えてくれてありがとね」「あなたのことが大好きだよ」と返すことで，子どもには，「私はいっぱい愛されている」「私は大事な存在なんだ」というこころが育っていく。子育てとは，こういう練習をいっぱいさせてもらいながら，「親」になる「私」を育ててもらう時間を，子どもから与えてもらっているということではないだろうか。

⑤ 保護者が保護者として育つことを支える保育

　前項に書いたように，保護者は子どもとかかわりあうことで，「親」として育っていく。子育ての時間は，「親」として育ててもらう時間でもあるのだから，子育て支援者が「親」に代わって子育てを引き受けておわってしまうのは間違いである。保護者と子どもの豊かなかかわりあいを，園と家庭の「共同」によってつくり出し，子どもと一緒に保護者も育ち，そこに交えてもらう形で保育者も保育所・幼稚園等もかかわりながら共に育つ保育を実現してこそ，本当の「子育て支援」になるのではないだろうか。

　保護者が子育てを専門家任せにするのではなく，共に育てる「共同」の関係を実現するためには，子どもが育つ姿や，学びの姿に保護者みずからが関心を寄せることが大切である。さらにその実現には，「2. 保育にかかわる保育者同士の共同」で求めたような，自分という意思をもち，遊びに，生活に，みずからの見通しをもち，自分に誇りをもって目を輝かせている子どもの存在が，鍵となる。

　筆者が勤める園では，毎年，卒園文集を出している。これは，子どもたちの園でのようすや，就学直前の子どもたちのいまを記録に残してつづったものだが，保護者にも文集に掲載するための原稿をお願いしている。

　今では36号になった卒園文集だが，第1号の文集から大事なことを教わった。

それは，どの保護者も，一緒に参加した遠足や運動会の思い出しか書いて来なかった（書けなかった）ことである。このことから，普段の保育が，保護者にまったく伝わっていなかったことを思い知らされたのである。連絡・お知らせの園だよりから，昼間の遊びや生活で出会う子どもの姿を紹介する「たより」に編集方針を切り替えた（後にクラスだよりとも合体）。子どもたちがさまざまなことに興味・関心を向け，気づき，考えて，みずから学び，育とうとしている姿を具体的に伝えるために，ない時間をやりくりして取り組んでいる。子どもを理解する手立てとして，前述したような保育者同士の語りあいや分かちあいが必要だが，保護者とも同様の関係性を築くことが大切だと考え，保育のなかのエピソードに子どもが表現していることに意味をみつけて，解説をつけて，こまめに紹介するなどの工夫を重ねてきたのである。

事例2　家庭に伝えた子どもの姿の一例　－あきら君とだいき君のお箸事件　5歳－

　午睡のとき，あきらくんがメソメソと泣いていた。どうして泣いているのかをきいても，返事を返してくれない。担任の若い保育者が説明してくれた状況によると，ご飯の途中なのに，箸を床の節穴に突っ込んで遊び，その箸を穴のなかに落としてしまったということだった。

　この日，あきらくんは保育園から箸を借りており，それを落としてしまったという気まずさが重なってしまったのである。そこで保育者とあきらくんは，まずは台所に謝りに行き，返せなくなったことを許してもらった。そして，保育者は，あきらくんも泣くほど反省しているので，自分で気持ちを切り替えて立ち直るのを待つことにしたのである。

　ところが，食事がおわり，午睡の支度もおわって，みんなが布団に入る時間になっても泣き止まない。床に突っ伏して泣いているあきらくんの顔の下には，涙の海ができるほどである。

　保育者は，「今度からは気をつけようよ」と慰めておわりにしようと試みるのだが，それでも泣き止まない。どうしたら気持ちが切り替わるのだろうかと気にかけながら，「間違っちゃったことも分かったし，そんなに悲しまなくてもいいよ」と声をかけた。すると，あきらくんはぽそっと「だいきくんもやっていた」とこぼした。

　午睡の時間がおわって，だいきくんにそのときのようすを改めて聞くと，この遊びはもともとだいきくんがはじめたもので，それを真似してあきらくんも挑戦しはじめたらしいのだ。それは，節穴に箸を半分ほど差し入れて，一瞬手を離したあと，箸が穴に落ちてしまわないうちにもう一度つかみ直す，そんなスリルを味わう遊びだった。あきらくんは，「おもしろそう。だいきくんがやれるんだから，自分だってできるはず」と真似してやってみたら，落ちてしまったというわけである。失敗

したことについては深く反省もし，保育者にしかられたことも悲しかっただろう。でも，それよりも「一緒にやっていただいきくんはうまくいったのに，なんでぼくは失敗してしまったのだろう」と思うと，それがくやしくて立ち直れないくらいにショックだったのだ。それが簡単には泣きやめない本当の理由だったのである。保育者が，5歳のプライドに気づけなかった。

　園だよりをはじめ，さまざまな方法で伝えたい情報は，「保育者の指導で，子どもがどうできるようになったのか」ということではない。子どもは今日どんなことに出会い，関心を向け，その対象とどう向きあい，また保育者はそこにいて，子どもの表現にどうつきあい，どう解釈して受け止めたのかという「今を生きる子どもと保育者の物語」である。「はじめは意味が読み取れなかったけれど，とにかくつきあった」「つきあってみたら意味が少しずつつながって，こういうことだったのかと理解ができるようになってきた」，そこで保育者は「どんなことに関心を向けて見守ったのか」「一緒に考えたのか」などを，ライブ感覚で伝えることを大事にし，子どもに向ける保育者のまなざしも一緒に伝えることを意識するようにしたのである。

　最近では，デジタルカメラやパソコンなどの道具もそろってきて，今日の子どものようすをお迎えのときに保護者に見てもらったり，読んでもらったりすることもできるようになった。そして，写真が貼りつけられたことで，子どもたちも，保育者の説明以上のストーリーテーラーになって保護者やそして子ども同士でも語るようになったのである。筆者の園では，この壁新聞のようなペーパーを，「ボードフォリオ*」と名づけた。

　このように，子どもたちの姿を情報として伝え続けてきたことで，そのことを話題にして，保護者も一緒に語りあい，分かちあう輪のなかに入ってきてくれるようになってきたのである。

　❷の項で自己肯定感について触れたが，保護者世代が仮に自尊感情を上手くもてないまま今日まで日々を過ごしてきたとしても，保育所・幼稚園等との「共同」の子育てを通してわが子を知り，そこに向きあえる保護者になっていくことができる。その過程で，「保護者自身もたくさんの愛情を注いでもらいながら成長してきたこと」を思い出せたり，子どもと向きあえる保護者になっていけたりすることで，みずからの自尊感情を高めることにもつなげていくことができるのだと思う。

----
*ボードフォリオ
これは，前述したニュージーランドの園が，子どもたちの学びを物語として記録し，一人ひとりの「ポートフォリオ」と呼ばれるファイルにつづって，保護者も子どもも見ることができるようにしている実践が基となっている。この実践に似ていて，「壁新聞だから」と，おもしろおかしくダジャレ感覚でつけた名前なのである。
（第3章 p.70 参照）

Q これまでを読んで，保護者（親）が保護者として育つとはどういうことか，またどんな寄り添い方ができるのかについて，近くの人と語りあい，分かちあってみよう。

6 保護者や地域の人との「共同」

　これまで，保育者と子ども，保育者同士の共同的関係について，その必要性と意味とを考えてきた。そのなかでも述べてきたが，保育所や幼稚園等は子どもだけが学び，育つところではない。子育てが「保護者と子どもが育ちあうプロセス」であるならば，保育は「保護者と子どもと保育者が育ちあうプロセス」だといえるだろう。そして，保護者と子どもと保育者の三者が育つ場であるのなら，保育所や幼稚園等も，その育ちに支えられて，共に育つ関係でありたい。

　そうなるためには，前述したように，まず，子どもは有能な学び手，育ち手であることに気づいて，その育ちの物語を交えて保護者や地域の人たちと語りあい，共有しあう必要がある。そのためには，たとえば子どもたちがもっているさまざまな想いを，「どうしたら実現できるのだろうか」あるいは「こういうことができたら，想いに応えてあげられるだろうな」「子どもたち（おとなたち）のために，こんなことが叶えられたら，関係が豊かになるだろうな」などと，保護者や地域の人たちと話題にし，共に，子どもやそこに寄り添うおとなたちの暮らしに関心を向けることができるような「共同」の関係をつくり出したい。それを実現するためには，たとえ自分たちだけでできそうであっても，「こんなことを考えているのだけれど」などと話題にし，相談してみることで，新たな関係の可能性が動きだし，その活動が広がっていくことが期待できる。また，「想いを共有しあえたお陰で，こんな風に実現できた」という思いや，保護者や地域の人たちのなかに「頼りにされ，出番があって嬉しい」という思いが生まれ，そして，それらをお互いに感じあえるような関係を広げていくことが重要なのである。

　筆者の園にはおやじの会という活動がある。筆者たち保育者は，母親

▲今日は「じいちゃんの出番日」で歳神様を迎えるお正月の準備

任せの傾向にある子育てに，父親のいる風景を描き出したいと考えたが，ただ「一緒に遊んで」というお願いだと，父親は仕事に逃げてしまうかもしれないとも思った。そこで，力仕事なら来てくれるのではと，砂場を掘り上げてつくる「プールづくり」を頼んで，園の環境づくりに一役かってもらうことにした。最初はお手伝いとしての参加だったが，次第にお互いの顔や名前もわかるようになり，つくったプールで歓声をあげて遊ぶ子どもたちのようすに関心が向くようになった。そして，年長児を夏に園に一泊させる「おやじが保育園を乗っ取る日」という行事を引き受けて，園と連携した主体的な活動にもつながっていったのである。次の事例は，近所に住むおじさんとのちょっとした出会いから始まった物語である。

事例3　地域の育児力

　筆者の勤務する園では，カイコを飼育している。カイコを育てるには桑の葉が必要なのだが，幸い園の周辺には自生の桑の木がたくさんある。この日も，年長児が近くに桑の葉を摘みにいったのだが，近所のおじさんが「何やってんの」と話しかけてきた。カイコを飼っていて，大きくなってくると1日2回も餌の桑の葉をあげなければ

▲持参したミミズを子どもたちとカメにあげる

ならないことを子どもたちが話した。その時，足元のミミズを取っている子がいて，こちらは飼っているカメの好物だと子どもたちがおじさんに話した。

　後日，このおじさんが，保育園ならコピー機があるだろうと，ゴミ収集所の分別ゴミ出し表のコピーを頼みにやってきたのだが，手にはタッパーいっぱいに入ったミミズ。コピー代の代わりにと持ってきたミミズだったが，その後もたびたびミミズが届いて，子どもたちは「ミミズのおじちゃん」と呼んだり，名前も憶えて「りょうきちさん（仮）」と呼ぶ仲になったのである。りょうきちさんも，子どもたちの名前を憶えてくれて，声をかけてくれるようになった。

　この事例3は，子育てを専門家に任せることが当たり前になって，日ごろは「他者の子育てには関与しない」でいる人たちに子どもたちを委ねることで，地域の人であっても，子育てに貢献できることがあるというエピソードである。小さな園のなかでできることは限られている。「子育てを支える地域の育児力」を回復し，育てていくことは，すぐにはどうにもできない大きな課題だ。しかし，みんなが子どもを地域の宝として関心を向け，育ちを見守り，さらに出番があれば支え手

▲柏餅をつくりたいので，柏の葉っぱ下さい

になる関係をつくり出し，つなげていくことが，「子育てを支える地域力」につながっていく。いまはまだ，小さな点が一つつながっただけの実践だが，世話になりながら，面倒をかけることを意識して行いながら，接点を増やしていくことが大事だと考えている。

ところで，保育所や幼稚園等で保育者は，子ども好き，お世話好きで保育士や幼稚園教諭という共通の資格を持つ人がそろう，人柄的には特化した集団だということだ。ならば，私たちでは伝えられないこともあるのではないか。そこで，考えたのが，身近な保護者の保育への参加である。

保護者は，保育者とは異なる分野で得意な専門知識や技術をもっており，また，多様な個性，人柄をもちあわせている。私たちはつい「保育」という枠のなかで物ごとを考えがちである。そのため，その「専門なるがゆえの狭さ」を崩し，みる世界を広げ，新たな可能性や課題を導き出してくれる，そしてそれぞれが子育ての当事者であることを自覚できるようになるためにも，保護者など多様な「参加・参画」を促して「共同」な関係をつくりだしていくことが必要となる。

子どもでも，おとなでも，各自ができることを引き受け，分担しながら子育ての支えあい共同体に参加／参画し，「私はみんなのために」「みんなは私のために」お互いを受け止めあい，認めあい，貢献しあえることを手応えとして感じとれる，そのような「共同」の場がともすれば孤立しがちになる現代社会では必要である。子どもが育つことを心棒とした「子育て子ミュニティ」は，このような「共同」の場としてだけではなく，「育ちあいの場」*として，祖父母世代も，障がいをもった人たちも，みんなが大きな家族として居場所がみつけられ，一緒に過ごせる場としても必要とされているのである。

*詳しくは拙書「育ち合いの場づくり論」ひとなる書房，2015 参照

演習問題

Q 保護者や地域の人との「共同」をつくりだしていくには，どのようなことが必要だろうか。思い当たることや，可能性について話しあってみよう。

5. 地域における自治体や関係機関等との連携・協働

1 関係機関等との連携・協働

　子どもの成長や保護者への支援を，適切でより豊かにしていくためには，保育所・幼稚園等がみずからの役割や機能を十分に活かすだけでなく，地域の関係機関の役割や機能もよく理解し，それらの機関との連携や協力をとっていく必要がある。近年，発達障がいの認識が深まり，1人ひとりにあわせたよりきめ細かい対応が求められている。また親のストレスなどが原因で起こる虐待の件数も増加していることなどから，地域の関係機関と連携し，チームとして支えていくことが重要である。地域には，市町村の担当課，教育センター，児童相談所，保健センター，療育センター，病院，民生児童委員，主任児童委員などさまざまな専門機関や役職を持った人が活動している。またアレルギー体質の児童の受け入れにあたっては食事に対する配慮も必要で，なかにはアナフィラキシーショック[＊]を発症するケースもあることから，保護者との綿密な情報の交換や保護者を介して専門医師からの助言・指導も必要である。

　このような福祉・医療という分野に限らず，地域には図書館や博物館，あるいは学校や教育センターなどの教育文化を担う専門機関も多く存在し，子どもの学びを応援してくれる。筆者の園の子どもたちが，油に興味をもち食用油の廃油からローソクがつくれることを図鑑から学んだことがあった。ローソクのことをもっと知りたいと，中学校の理科の先生に相談したところ，いろいろな実験装置を交えて90分の授業を学校の理科室でしてくれたことがあった。

　このように保育所や幼稚園等が，役割を自分たちだけで抱え込んだり，自分たちでできることのみで限界をつくり，ニーズに消極的になるのではなく，地域におけるさまざまな情報につねに関心を向けて把握し，必要な情報は保護者にも提供し，共有しあい，参加・参画を受け入れることも大切である。

2 地域型保育事業との協働

　近年，女性の就労意欲が高まり，また，出産や育児でいったん落ち込むいわゆる就労率のM字カーブも底上げ傾向にある。こうしたことから，都市部では，保育所に空きがなくて入れない「待機児童」の解消は，大きな課題になっている。しかしその一方で，地方では，人口減少が続くなか出生数も落ち込んで，保育所の運営を維持することが危ぶまれるという状況が生まれている。

　このような時代を背景に，2015（平成27）年4月から「子ども・子育て支援新制度^{＊＊}」が，本格施行された。

　新制度により，保育所，認定こども園と，新制度に移行した幼稚園は，施設給

＊アナフィラキシーショック
私たちの体に備わっている免疫という仕組みが，食べ物や花粉など私たちの体に害を与えない物質に対しても過剰に反応してしまうアレルギー症状のなかでも，発症後極めて短時間に血圧の低下や意識障害などを引き起こし，場合によっては生命を脅かす危険な状態になることがある。この生命に危険な状態をアナフィラキシーショックという。

＊＊2012（平成24）年8月に成立した「子ども・子育て支援法」「認定こども園法の一部改正」「子ども・子育て支援法及び認定こども園法の一部改正法の施行に伴う関係法律の整備等に関する法律」の子ども・子育て関連3法に基づいて「子ども・子育て支援新制度」が，2015（平成27）年4月から本格施行された。

付型施設として，教育・保育に必要な経費が公定価格として一元化されたが，それらの仕組みは，詳しい説明を要するので他に譲ることとする。そこでここでは，同時に始まった待機児童の多い０〜２歳を対象とした地域型保育事業*について触れることとする。

　地域型保育事業には４つの取り組みが用意されている。保育が必要と認定を受けた子どもを，小規模保育事業では６〜19名の定員で運営する。家庭的保育事業は，家庭的保育（保育ママ）ひとりにつき，３人まで預かれる事業。事業所内保育所は事業所の従業員のための保育を主目的にした（事業所内保育所は３歳以上も利用でき，従業員以外の人も利用できる地域枠もある。）。居宅訪問型保育事業は，障がいや疾病で集団生活が難しい場合や，保育所の閉鎖により保育を利用できなくなった場合に利用できる。

　小規模保育所や家庭的保育は，一般的保育所に比べて利用する保護者の人数も少ないので，家庭的というメリットを活かして生活を作る保育がしやすい。また，クラスや担任というより，全員がひとつのチームとして保育にあたったり，すぐに顔見知りになれる。なので，子どものことや子育てについて一緒に話したり相談したりの温かさやていねいな関わり方がしやすいのではないだろうか。

　しかしその一方で，課題もある。小規模保育所Ａ型**以外は，市町村が指定した研修を終了すれば，保育士の資格がなくても保育に従事することはできるとしている。そこで，保育の質が課題となる。また，定員20名以上の事業所内保育所以外は，３歳以降の子どもは，連携施設として確保された認可保育所や幼稚園，認定こども園に転園する必要がある。

　そのため，小規模保育所や家庭的保育施設は，日頃から連携施設と「連携・共同」してお互いの保育を開き合い，情報交換を密にしながら，同じ地域の子どもたちと保護者の育ちを共に支えあう関係をつくりだす必要があるのである。

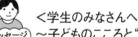

＜学生のみなさんへ
メッセージ　**〜子どものこころと"共に生きる"保育者に育ってくれたら嬉しい〜＞**

　子どもが好きだから保育所や幼稚園等の先生（保育者）になりたいと，勉強しているみなさん。みなさんはいよいよ保育の現場に立つのですが，今日本では国をあげて，学び手を主人公にして，その学ぼうとする姿，育とうとする姿を理解して，寄り添い，支え応援する「向き合い方＝新たな教育観」への転換が進められています。

　これは，私たちがこれまで受けてきた教育スタイルと違います。子どもの表現には意味がある。子どものこころもちが表現になって表れる。その表現に現れでてくる意味をくみ取って，同僚や保護者と語りあうことを通して，子ども理解を多面的に深めて，子どもへの信頼と向き合い方を探っていく経験を積み重ねていければ，

*詳しくは，「地域型保育事業の概要」（内閣府）や，「子ども・子育て支援新制度ハンドブック」（内閣府ほか）を参照。

**小規模保育所Ａ型
小規模保育所は，地域の保育ニーズにきめ細かく対応するために認められた認可保育施設で，「０歳〜２歳」の児童「６人〜19人まで」を受入れる。設置には認可保育所の基準を満たす必要があり，職員の資格の有無によって，Ａ型，Ｂ型，Ｃ型がある。このうちＡ型は職員全員が保育士の資格を有することとしている。

きっと素敵な保育者になっていけると思っています。子どもの育つ姿を物語れる保育者と出あえたら，保護者もどんなにうれしいことでしょう。

6. さまざまな施設での子育て支援にかかわる「共同」

■ 児童養護施設における子育て支援

地域にはさまざまな子育て支援を担う機関が存在する。そのなかのひとつに，乳児院や児童養護施設などの児童福祉施設等が運営する「子どもショートステイ事業」がある。

子どもショートステイ事業は，保護者が疾病や，そのほかの理由（出産，看護，介護，冠婚葬祭，就労，育児疲れなど）により子どもを育てることが一時的に困難になったときに，区や市が委託する児童福祉施設等で子どもを短期間預かる，宿泊型の一時保育である。乳児院や児童養護施設のなかには，子どもショートステイ事業を委託されている施設があるため，そこに勤務する保育者は，施設に入所している子どもの養育に加えて，ショートステイとして短期的に施設を利用する子どもの養育も担うこととなる。

保護者がショートステイを利用する理由には，前述したようにさまざまなものがあるが，実際の利用者としては，ひとり親家庭の者が多い。子どもを育てる過程において何らかの困難が生じることは少なくないが，その際に親類や近隣等の周囲からのサポートが十分に得られない場合，ショートステイなどの地域の子育て支援機関が保護者をサポートしながら，「共同」で子育てをすることが必要となる。このようなサポートが存在しなければ，保護者が度重なる困難な状況に追い込まれて，子どもを虐待してしまうといった事態に発展する恐れもある。子ども虐待が発生する要因のひとつとして，家庭が地域から孤立していて，支援者がおらず，困ったときにサポートを得られない状況にあることだといわれている。そのため，子ども虐待を予防するという観点からも，ショートステイの積極的な活用が望まれている。

児童養護施設も保育所や幼稚園と同様に，家庭と協力して子どもの成長を支えていく場所である。それゆえ，保育者と保護者との間で子どもへの関心を共有するとともに，コミュニケーションを図ることによって，子どもの情報をより多く共有することが大切である。さらには，地域における他機関（児童相談所，家庭児童相談室*，児童家庭支援センター** 子ども家庭支援センター*** など）の支援者との間でも，子どもの情報を共有できるような連携を行う必要がある。このような共同的な子育てを通して，保育者と保護者，そして，地域の支援者らが互

*家庭児童相談室
家庭における子どもの健全な養育や福祉の向上を目的に，福祉事務所に設置されている相談所。

＊＊児童家庭支援センター
1998（平成10）年より児童福祉施設に附属された相談援助事業を行う施設。児童相談所機能を補完することを目的として，市町村機関の子ども家庭支援をバックアップする。

＊＊＊子ども家庭支援センター
1995（平成7）年より東京都に設置された子ども家庭支援機関。市区町村における子ども家庭に関する相談を担い，必要な調査や指導などを行う。

いに学びあい，共に育つ関係をめざしたい。

② 児童養護施設における子育て支援の実際

児童養護施設A学園では，近隣地域の子どもショートステイ事業の委託を受けて活動している。A学園では，地域の子育て家庭の支援を行い，関係機関との連携や「協働」をはかることで，地域の児童福祉の向上をめざしている。

以下，A学園の子どもショートステイ事業で出会った母親の事例をいくつか紹介する。それらの事例を通して，保育者として保護者を支援するうえで大切なことは何か，具体的にどのような支援を提供することが可能であるかについて考えてもらいたい。

事例4　母子家庭で看護師の仕事をしている母親

3歳の子どもの母親である平田さん（仮称）は，看護師の仕事をしている。1年前に夫と離婚した後，母子家庭でひとり娘のサヤカちゃんを育ててきた。近所に平田さんの母（サヤカちゃんの祖母）が住んでいるため，平田さんが夜勤のときは，サヤカちゃんを祖母に預けながら仕事を続けていた。

ところが，ある日，祖母が体調を崩して緊急入院することになった。幸い祖母の入院は数日ですんだものの，夜勤のたびに体調の悪い祖母にサヤカちゃんの世話を全面的にお願いするのはむずかしいかもしれないと平田さんは考えた。サヤカちゃんは最近，ことばが達者になってきて「イヤイヤ」をすることも増え，育て方がむずかしくなっていた。平田さんは仕事が忙しいうえに，祖母のサポートがなくなり，余裕がなくいつもイライラしてサヤカちゃんにあたるようになってしまった。

平田さんが地域の子ども家庭支援センターに出向いて相談したところ，A学園の子どもショートステイ事業を紹介された。そして，平田さんが夜勤をする日は，サヤカちゃんをショートステイで預かってもらえることとなった。最初は新しい場所を警戒して嫌がっていたサヤカちゃんだったが，何度かショートステイを利用するうちに担当の保育者になつくようになった。そして，平田さんも保育者と打ちとけて，さまざまな相談ができるようになった。サヤカちゃんが嫌いな食べ物が多くて困っていることや，イヤイヤとわがままをいうときの対応の仕方など，ちょっとした子育てにまつわる相談をする人ができたことで，平田さんは安心して仕事を続けながらサヤカちゃんを育てることができるようになった。自分のイライラをサヤカちゃんにぶつけることもなくなり，母子関係も良好になっていった。

ひとり親家庭において，保護者が子育てと仕事を両立していくには大きな困難がともなう。平田さんも祖母からのサポートが得られなくなった場合，夜勤のあ

る看護師の仕事を続けられなくなってしまうと考えた。しかし生活のために収入を得るには，仕事を継続する必要がある。困難な状況に置かれた平田さんは，ストレスも増えて子どもにあたるようになってしまったと考えられる。親族や近隣などからサポートが得られずに困った場合，子ども家庭支援センターなど地域の相談機関を利用するとよい。平田さんは子ども家庭支援センターに相談してA学園のショートステイ事業を紹介してもらい，仕事と子育ての両立を続けることが可能になった。子育てにまつわるちょっとした相談を，ショートステイの保育者にできるようになったこともプラスにはたらき，平田さんが子どもにあたることはなくなった。虐待防止の観点からもショートステイの利用は効果があったといえるだろう。

演習問題

Q1 ショートステイを利用しなかった場合，平田さん親子はどのような状態に陥っていただろうか。ショートステイの果たした役割について考えてみよう。

Q2 平田さんが相談にいった子ども家庭支援センターの職員になったつもりで，平田さんに対する支援内容を考えてみよう。どんな点に気をつけて平田さんの相談を聴けばよいだろうか。また，ショートステイ以外にも利用できる社会資源があればあげてみよう。

事例5　子どもとのかかわりを避けるようにショートステイを利用する母親

A学園で子どもショートステイ事業を担当する保育者の木村さん（仮称）は，新規の利用申し込みをしてきたある母親と会っていた。母子家庭で男の子2人を育てているその母親は，フルタイムで営業の仕事をしており，平日は子どもを保育所に預けている。しかし，土日にも出勤しなければならない場合があるため，ショートステイを利用したいとのことだった。母親はきちんとしたスーツを着ており，コミュニケーションもスムーズで，2人の子どもを問題なく育てているようにみえた。

翌週から，2人の子どもたち（タツヤ5歳，ユメヤ3歳（いずれも仮称））は，ショートステイをたびたび利用するようになった。タツヤとユメヤは，A学園に入所している子どもたちと一緒に庭で遊ぶことが多かったが，トラブルをよく起こした。タツヤは乱暴な態度でほかの子のおもちゃを取りあげてしまったり，気に入らない子

どもを叩いたりすることがあった。ユメヤは自分の要求が通らないと「ギャーッ！」と泣き叫び，保育者が抱いてなだめようとしても長時間おさまらないという状況が続いた。また，タツヤもユメヤも食事の好き嫌いがとても多いことがわかってきた。2人の話によると，母親は家で料理をすることはなく，インスタントラーメンやレトルトカレーばかり食べているとのこと。子どもたちが着ている洋服もサイズが小さかったり，穴があいていたりと気遣われているようすはない。一方で，母親自身は流行を取り入れたきれいな服装で子どもたちの送迎をしている。

　木村さんは子どもたちのようすが心配になって，母親とじっくり話をしたいと思っていたが，母親はいつも慌ただしく帰ってしまって，話す時間がとれないままでいた。母親は，仕事を理由に，ほぼ毎週末ショートステイに子どもを預けているが，木村さんは「まるで子どもとのかかわりを避けるようにショートステイを利用している」と感じていた。このような母親の行動の背景には，「もしかしたら，子どもへの拒否感が隠れているのではないか」，あるいは「子育てすること自体を受け入れたくない気持ちが隠れているのではないか」と思われ，木村さんは，そんな母親にどのように話をすればいいのかがわからなくなってしまった。

　木村さんは，同じくショートステイを担当している先輩保育者の坂井さんに相談してみることにした。話を聞いた坂井さんは，「なによりもまず，あなたとお母さんとの間に信頼関係を築くことが一番大事だよ。そのためには"子どもにはこうするべき""子育てはこうあるべき"だと，こちらの意見を一方的にいってはいけない。それはお母さんを追い詰めてしまうだけで，何の解決にもならない。いま，このお母さんはどんなことでつらい思いをしているのかを聞いて共感したり，どんな小さなことでもいいからお母さんができていること，たとえば，"今朝は目玉焼きをつくれた""子どもの服装に気遣いができていた"，などでもいいので，肯定的に評価して，少しずつ信頼関係を築いていくことが大事だよ」と助言してくれた。

　このことで，木村さんは，焦らずに少しずつ母親と関係をつくっていこうと思えるようになった。時間をかけて信頼関係を築いていき，いつの日か母親が本音で話をしてくれるのを待つつもりでいる。そして，子どもたちの状態もよく観察しながら，母親と一緒に，ゆっくりと子育てをしていく姿勢でのぞもうと思っている。

　家庭内における状況は一見して外からはわからないものだが，ショートステイで定期的に子どものようすをみていくうちに家庭内や子育てのようすがみえてくるものである。この事例でも，家では食事をつくらずにインスタントものばかり食べていることや，母親自身は身綺麗にしている一方で子どもたちの洋服には気を遣われていないなど，ネグレクト状態であることがみえてきた。子どもたちの言動はとても乱暴で，情緒が安定していないようすからも，母親が子どもたちと

良好な愛着関係を形成できていないことがうかがえる。保育者である木村さんは，「母親は子どもへの拒否感があるかもしれない」という思いから「母親は子育て自体を受け入れたくない気持ちがあるのではないか」と思いいたる。母親がこのような心理状態に至った背景には，母子を置いて出て行った無責任な父親への怒りや，どうして自分ひとりで子育てをしなければならないのかといった理不尽さを感じているのかもしれない。あるいは，母親自身が幼いころから不適切な環境で育ってきていて，適切な子育ての仕方がわかっていないのかもしれない。このように保育者が，母親側の視点に立って考えていくうちに，母親を責めるのではなく，母親を理解し共感できる気持ちがもてるようになるのである。このような保育者の姿勢は，少しずつ母親にも伝わっていき，自然と信頼関係が築かれていくだろう。母親にとっては信頼できる保育者の存在自体が大きな資源となり，保育者の支えを得られたことによって，自己の子育てを見直せる場合もあるだろう。

演習問題

 Q1 この母親は子育てに困難を抱えているが，事例のどんな情報からそれがわかるだろうか。

Q2 保育者の木村さんの立場になったつもりで，母親と信頼関係を築くためにどんな支援をしていけばよいか考えてみよう。どのような点に気をつけて母親と会話していくとよいだろうか。

事例6　A学園から家庭復帰したユウキくん—アフターケアとしての利用

　5歳のユウキくん（仮称）は，2歳からA学園に入所して生活している。母親は精神疾患を患っており，感情を抑えられずに幼いユウキくんを叩いてしまったこと，適切な世話ができずにネグレクト状態だったことが入所理由だった。

　ユウキくんがA学園に入所したあと，母親は精神病院に入院して，集中的に治療が行われた。3年が経過したころ，母親の精神状態がかなり改善したので，児童相談所はユウキくんを家庭に帰す判断を下した。その際，ユウキくんの家族にかかわっている関係機関の職員が集まり，ケースカンファレンス*が開かれた。カンファレンスに参加した人は，児童相談所の児童福祉司，ユウキくんが入所しているA学園の保育者とファミリーソーシャルワーカー**，母親の家がある地域の子ども家庭支援センターの相談員***，母親が入院した精神病院のソーシャルワーカー****だった。

＊ケースカンファレンス
対象者の援助に携わる者が集まって行う事例検討会。

＊＊ファミリーソーシャルワーカー
家庭支援専門相談員。児童養護施設や乳児院に配置されており，対象児童の早期家庭復帰のための保護者に対する相談援助業務を行う。

＊＊＊子ども家庭支援センターの相談員
東京都が市区町村に配置している機関であり，1995（平成7）年から事業が開始された。子どもと家庭に関するあらゆる相談に応じ，問題に適切に対応するなどの役割がある。

＊＊＊＊精神病院のソーシャルワーカー
精神障害者やその家族が抱える，さまざまな社会生活上の問題を解決し，社会復帰できるように援助する仕事を担っている。

カンファレンスでは，現在の母親の精神状態や養育能力などが確認され，ユウキくんを家庭に帰すことが可能かどうかについて検討された。また，ユウキくんが家庭に帰ったあと，それぞれの機関ではどのような支援が可能かについて，役割分担も含めて具体的に話しあいが行われた。精神病院には，今後も継続して母親に通院してもらい，母親の精神状態を把握し，服薬の指導を行ってもらうことになった。児童相談所は月1回，家庭訪問を行い，母親とユウキくんのようすや家庭内の状況を把握していくこととなった。子ども家庭支援センターの相談員は週1回，家庭訪問を行い，母親の悩みごとを聴いて，心理的なサポートを行うこととなった。A学園では，地域から委託されている子どもショートステイ事業を定期的に利用してもらい，母親の子育てや家事の負担を具体的に軽減する役割を担うこととなった。

　母親はA学園のショートステイを利用できることがわかると，「これまでの3年間，ユウキくんを育ててくれていた保育者がいるA学園なら，安心して子どもを預けることができる」と喜んだ。また，母親自身も，生活（家事）と子育てをきちんとやっていけるかどうか不安があると語り，これまでに顔見知りになっているA学園の保育者に相談しながらやっていけるのは，とても心強いとのことだった。A学園としても，ユウキくんを家庭に帰すには心配な面が多かったので，「ぜひ，ショートステイを利用して欲しい」と考えていた。そうすることで，施設を退所したあとも，引き続きユウキくんのようすをみることができるうえ，母親に対しても具体的なサポートができるので，施設としてのアフターケアをていねいに行うことができると考えた。

　ユウキくんは家庭に帰ったあと，2週間おきに，週末をA学園のショートステイで過ごすことになった。母親は慣れない家事をなんとかこなし，ユウキくんの世話を懸命に行ってはいたが，疲労がたまると体調や精神状態が崩れてしまう。そのままの状態を放置しておくと，母親は家事ができなくなったり，子どもへの虐待が再発したりする危険性もあった。しかし，定期的にショートステイを利用することで，母親は疲労を回復することができ，さまざまな心配事などを保育者に相談できるので，精神的に追い詰められずに子育てができている。ユウキくんも，A学園の保育者に母親や生活上のことを相談できるので，安心して過ごせている。

　数カ月に1回はケースカンファレンスが定期的に開催されるため，A学園，児童相談所，医療機関（精神病院），子ども家庭支援センターが，それぞれの情報を共有していくことができる。また，A学園の保育者は，ケースカンファレンス以外にも，必要なときには他機関に電話連絡を行い，つねに情報を共有しあえるようこころがけている。

　この事例は，児童養護施設に入所していた子どもが家庭復帰することとなり，

その際に施設のアフターケアと地域の在宅支援を兼ねてショートステイを利用したケースである。施設から子どもが家庭に復帰する際には，児童相談所を中心に親子にかかわる関係機関が集まってケースカンファレンスを行い，各機関のもつ情報を共有しあいながら，今後それぞれがどのように役割分担をして親子にかかわっていくかを決定する。子どもにとって，生活する場所や養育する人が転々と変わってしまうことは，喪失体験につながったり，養育者との愛着関係形成の阻害を引き起こしたりするので，子どもが成長・発達していくうえで大きなダメージになることも少なくない。ユウキくんの場合は2〜5歳まで生活していた施設のショートステイを利用できたため，生活する場所や養育する人が転々と変わることにはならず，連続性のあるケアを保つことができた。母親にとっても，慣れている環境で信頼のおける保育者から支援を受けられることが利点となっている。施設内においても，ユウキくんが生活していたホーム担当の保育者と，ショートステイ担当の保育者との間で密に情報交換や連携ができるという利点がある。ショートステイ利用時には，子どもや母親の状態の変化を早い段階でキャッチし，サポートすることができる。各関係機関がそれぞれの立場から母子を支援し見守っていることで，家庭内の状況を素早く把握することができ，母親の病状悪化や再虐待の発生が予防できる。このように地域の関係機関が共同し，しっかりとしたサポート体制を組むことで，保護者が精神疾患をもちながらも在宅で子育てのできる環境を提供することが可能となるのである。

(演)(習)(問)(題)

Q1 さまざまな機関の職員が集まってケースカンファレンスが開かれ，親子への支援について検討された。このようなケースカンファレンスにはどのような意義があるだろうか。

Q2 この親子が利用することになったA学園のショートステイは，どのような役割が果たせているだろうか。

❸ 保護者との共同的な子育て

　ここまで取りあげてきた事例にもみられるように，児童養護施設を利用する保護者のなかには，精神的な疾患を患っていたり，虐待やネグレクトのような不適切なかかわりを子どもにしてしまったりする人もいる。また，他者とのつきあいが苦手な人も多く，保育者の何気ないひと言にとても傷つき，攻撃的な態度を示

してくる人もいる。このような繊細なこころをもつ保護者と「信頼関係」を築いていくのは，容易なことではない。ときには，保護者とのかかわり方について，心理や医療の専門家からの助言が必要になる場合もある。このようなかかわりのむずかしい保護者に対しては，自分が所属する機関の他職種や，家族をとりまく他機関の担当者らと共同し，チームとして対応していくことが重要になる。

　事例からもわかるように，保護者と関係を築く際にもっとも大切なのは，「保護者のこころに寄り添う姿勢」である。保護者の話すことばに真摯に耳を傾け，保護者の気持ちに共感することから信頼関係は生まれる。そして，保育者はつねに，保護者に対して敬意をもって接することを忘れないようにしたい。

　ときには，保育者が保育の専門家として身につけたさまざまな知識や技術を保護者に伝えることも必要になるが，その場合には，配慮と工夫が必要である。「いまのあなたのやり方は間違っている」「子育てとはこうあるべき」「こうしなさい」と一方的に意見を押しつけられたら，保護者は，言われている内容は正しいと思っても，受け入れたくないと感じることもあるだろう。また，保護者自身が「いまの自分のやり方ではまずい。本当はこうしたほうがいい」と頭ではわかっていても，さまざまな理由から実際の行動までは修正できない場合もある。そのため保育者は，まずは，保護者の置かれている状況と保護者の状態を理解するように努め，保護者のペースにあわせながら時間をかけて関係づくりを行い，そのうえで，保育の知識や技術を保護者に伝えられるとよいだろう。

　共同的な子育てという観点からみると，保護者は一方的に「支援される」「弱い」存在なのではない。保育者と保護者は，まず子どもへの関心を共有し，共に子どもの成長を支える「仲間」としての意識をもってつながりあい，互いに学びあえる関係であることが大切である。そのためにも保育者は，保護者のストレングス（強さ・力）に着目して，それを引き出し，活用していくといった視点をもつことも重要である。このようにして，子どもを育てる者同士である保育者と保護者の間には信頼感をともなう深い人間関係が形成され，子育ての共同体を形成していくことにつながるのである。

４ 見えない貧困と保育者としてのサポート

　核家族化が進み，子育てする際に親族や近隣からのサポートを得られる状況が少なくなった昨今，家族が孤立することなく，困ったときに相談できる場所が必要となっており，地域における子育て支援事業は重要な役割を担っているといえる。なかには，さまざまな理由で支援を拒む家族もいるが，実はそのような家族こそ多くの問題を抱えており，本当は支援を必要としている場合が多い。それゆえ支援機関は，支援を拒まれたからといって諦めずに，少しずつ信頼関係を形成

しながら，支援を受け入れてもらう工夫をする必要がある。事例からもわかるように，保護者と信頼関係を形成するためには，焦らずに相手の立場に立って，相手の気持ちを理解し共感的なかかわりをする姿勢が大切である。子どもや保護者のようすをよく観察し，家族の抱える困難や問題は何かを見極め，適切な支援を提供していけるようにしたい。

　昨今の日本において，子どもがいる現役世帯のうち，ひとり親世帯の5割以上が貧困状態にある。就労しているにもかかわらず生活に困窮しているという実態があり，「見えない貧困」がうまれている。貧困は経済的な問題だけでなくさまざまな不利や複合的困難と結びつく。たとえば，衣食住の環境が不十分であること，保護者や家庭が周囲から孤立していること，保護者が労働問題や精神的ストレスを抱えていることなども考えられる。これら複合的な困難は，子どもの虐待やネグレクトを生じる要因にもなる。

　こうした環境のなかで育つ子どもの場合，健康や発達への影響が心配される。乳幼児期は保護者との関係形成が基盤となって心身が発達する時期なので，特に重要な期間である。保育者にとって，このような保護者や家庭へのサポートは重要な役割である。子どもの体の清潔は保たれているか，洋服のサイズは合っているか，いつもお腹を空かせていないか，落ち着きがなく多動な傾向はないか，他の子をいじめてしまうことはないかなど，子どもの様子をていねいに観察するこ

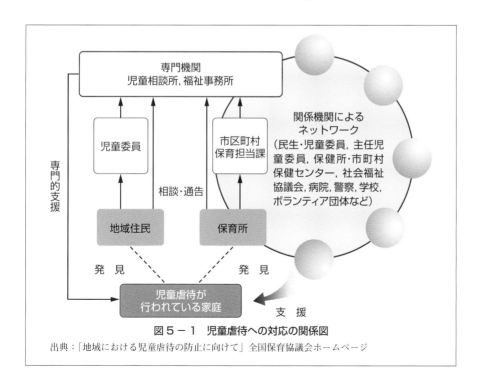

図5-1　児童虐待への対応の関係図
出典：「地域における児童虐待の防止に向けて」全国保育協議会ホームページ

とでみえるものが多くある。また，保護者の様子をていねいに観察することも大切である。必要な費用の支払いが滞っていないか，子どもとの情緒的な交流があるか，いつもイライラして子どもを怒ってばかりいないかなど，保護者の状態もさりげなく気にかけておきたい。目の前の保護者が何かしらの困難を抱えているかもしれないという視点をもってかかわることで，サポートの糸口がみえてくるだろう。

　保育者として気づいたことを，園内の他職員や上司（主任保育士，主幹保育教諭，施設長）などと情報を共有し，チームとしてサポートすることが大切であり，主観的で独りよがりなサポートにならないよう気をつけたい。また状況に応じて，他の関係機関や団体と連携して対応することも必要になるだろう。とくに虐待やDVなどの対応困難な問題を抱えている家族への対応では他機関との連携は欠かせず，チームとしてアプローチすることが大切である（図5－1）。

5 地域で展開する共同的な子育て

　家族を支援する機関が複数ある場合は，関係機関同士が連携し共同的な子育てをすすめていく必要がある。2004（平成16）年の児童福祉法改正によって，「要保護児童対策地域協議会」の設置が進められている。要保護児童対策地域協議会では，虐待を受けた子どもをはじめとする要保護児童の早期発見や適切な保護を図るため，地域の関係機関がその子どもや家族に関する情報の交換や支援を行う

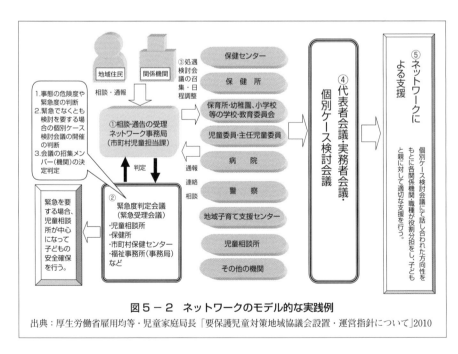

図5－2　ネットワークのモデル的な実践例
出典：厚生労働省雇用均等・児童家庭局長「要保護児童対策地域協議会設置・運営指針について」2010

ために協議を行う。この協議会は，市町村が設置主体になり，必要に応じて関係機関へ働きかけ，開催されることとなっている。参加する主な機関としては，市町村の児童福祉主管課・児童相談所・保育所・児童家庭支援センター・児童福祉施設などの児童福祉関係，教育委員会・学校などの教育関係，保健センターや医師会などの保健医療関係，警察署や弁護士会などの警察・司法関係，NPOや民間団体などの機関があげられる。そして，この要保護児童対策地域協議会が機能することによって子ども虐待の早期発見・早期対応が可能となり，関係機関同士のスムーズで有機的な連携が図られることが期待されている（図5－2）。

　このように地域におけるネットワークをとおして，保護者，保育者，地域社会の人びと，それぞれが子育ての主体となり，子育ての共同体が形成されていくことが望まれているのである。

＜学生のみなさんへ　～児童養護施設の仕事～＞

　私は現在，児童養護施設の心理職として働いています。児童養護施設は，保護者のいない子どもや，保護者の養育困難や虐待などによって環境上養護を必要とする子どもたちが生活する場所です。子どもたちは，被虐待体験や喪失体験によるトラウマを抱えていたり，愛着形成や発達上の困難を抱えている場合も多く，子どもたちの養育・支援にはさまざまな困難がともないますが，とてもやりがいのある仕事です。その中心人物となるのが保育士です。保育士は，子どもへの衣食住の生活上のお世話をベースとしながら，心理的ケアや家族関係の調整も行うなど重要な役割を担います。そのために仕事に就いた後も自分の知識を広げる姿勢が大切です。ソーシャルワーク・心理・医療・法律などの周辺領域にも関心をもって知識を吸収しましょう。興味のある方はぜひ，児童養護の分野で一緒に働きましょう！

【引用・参考文献】

中央教育審議会「子どもを取り巻く環境の変化を踏まえた今後の幼児教育の在り方について－子どもの最善の利益のために幼児教育を考える（答申)」2005

新村出編『広辞苑　第五版』岩波書店，1998

内閣府「平成27年度版　子供・若者白書」2015

全国保育士会「保育士・保育教諭として，子どもの貧困問題を考える」社会福祉法人全国社会福祉協議会，2017

松本伊智朗・湯澤直美・平湯正人他「子どもの貧困ハンドブック」かもがわ出版，2016

第 6 章

保育者としての成長

〈学習のポイント〉 〈第1節〉
①子どもにとって「嬉しい」保育者を目指そう
〈第2節〉
②記録と省察の意義を理解し，保育をひらき合おう
③子ども理解，とくに子どもの内側の変容に気づき，共感に努めよう
〈第3節〉
④同僚と学びあい，課題を明らかにし，行動して，園の保育の質の向上を目指そう
⑤同僚・保護者と③を共有し，子どもにとって居心地のよい空間づくりにつなげよう
〈第4節〉
⑥「子どもの傍らに居ること」について考えよう
⑦「子育ての伴走者としての保育者」について考えよう
⑧保育者は，子どもたちと保護者と地域と，育て育てられる関係にあることを体感しよう
〈第5節〉
⑨子どもの権利条約，子どもに関する諸法令，諸研究論文に視野を広げよう

　「"先生"と呼ばれる職業にだけには就きたくなかったわたしが，"幼稚園の先生"になったのは，幼児期の子どもたちの魅力にはまってしまったからだと思います」
　「優しかった保育園の先生にあこがれて，ずっと夢に描いた職業です」
　「子どもを授かって，初めて子どもについて考えられるようになり，保育という仕事に携わりたいと思い，子育てしながら資格を取りました」
　「子どもが好きで，保育者の資格・免許が取れる大学を選んだら，親に反対されました。今では理解してくれています。先輩たちが拓いた男性保育者の道に続きます」など。
　さまざまな理由で保育者の道を志し，夢が叶い，保育者として歩み始めた方々の初心の志である。ここから，保育者としての歴史が始まる。
　保育者という職業は，大切なお子さんの乳幼児期を預かり，保護者と共に，時には保護者を支えながら，生命と共に在る責任の重い職業である。
　朝な朝な，1人ひとりの子どもと新しく出会い，繰り広げられる子どもたちとの生活は，保育者の心身の安定と成長が求められる職業である。「子どもが好き」だけでは決して勤まらない。子どもの人生の基盤を豊かに養い育み，地域の子育ての核となり，子どもの立場から地域に，社会に向けて発信する専門職である。

1. 子どもにとって嬉しい保育者

　保育者ならば，誰もが子どもと楽しい時間を紡ぎたい，子どもたちに好かれたい，信頼を得たいと思うだろう。では，子どもたちはどのような保育者を求めているだろうか。どのようなおとなが傍らにいてくれることが嬉しいだろうか。

　「自分を解ってくれるおとな」

　「一緒にいてくれるおとな」

　「自分の成長を導いてくれるおとな」

　「受け入れるだけではなく，人としての規範を示してくれるおとな」

　「憧れを抱けるおとな」など

　保育者として歩み出した自分の今までを振り返り，自分が影響を受けたと思われるおとなたちを思い出してみよう。子どもにとって嬉しいおとな像・保育者像が浮かびあがってくるかもしれない。

　子どもたちは，自らの五感をフルに働かせて世界を広げている。幼児期の子どもの，今，ここの傍らに居る保育者，昨今では保護者よりも多くの時間を共に居ることもある保育者という存在を，子どもの側から捉え直してみよう。

・どのような雰囲気を醸し出す保育者が嬉しいのだろうか。

・どのような触れ合い方，かかわり方をする保育者が嬉しいのだろうか。

・どのようなことばをかけてくる保育者が嬉しいのだろうか。

・どのようなまなざしを注いでくれる保育者が嬉しいのだろうか。

　子どもたちは，多様な体験を通してさまざまな感情を開発し，さまざまな学びを培っている。楽しく嬉しい体験ばかりではない。悲しい，悔しい，羨ましい，辛い体験も，また，なぜだろうと不思議に感じ，どうしようと考える体験も重ねている。その時々の感情を理解し共感を寄せてくれるおとな，不思議を一緒に考え行動してくれるおとな，時には見守って任せてくれるおとな，そして学びをさらに深め広げてくれるおとなを求めている。

　さらには，子どもたちの育ちの過程のあり様を，保護者，地域の人々や他の保育者と共有し，子どもたちの育ちを認め，喜び合うおとなの集団に囲まれたくはないだろうか。幼稚園・保育所・認定こども園をはじめとする教育・保育施設と保育者の存在は，子どもたちの育ちを保障し，温かく見守る地域のおとな集団の核としての役割が期待されている。

2. 自分の保育をふり返り，ひらく─記録と省察─

◤1◢ 保育をひらき合う

　毎日の保育は，それぞれの園の教育・保育理念，教育課程・全体的な計画に沿って，同僚と共に立てる指導計画を軸に行われる。指導計画は，子ども主体の遊びを中心とした生活を長期・短期で把握し，1人ひとりの子ども・子ども同士・子どもたちの育ちを見てとりながら，子どもたちのひと・もの・ことへの興味・関心を基に保育者が体験させたい事項を加味して立てられる。

　朝な朝な保育者は，昨日の子どもたちの姿や明日へつなぐ子どもたちの成長を思い描きながら，環境を構成し，今朝の子どもたちを迎える。1人ひとりの子ども・子ども同士・子どもたちが人・もの・こととかかわりながら遊びだし，遊びを中心とした生活で遭遇するさまざまな体験からさまざまな学びを得るように，環境を再構成しながら子どもと共に乳幼児期にふさわしい生活を織りなしていく。子どもの自発性を基に置き，保育者の適切なかかわりと支えとで織りなされる子ども主体の生活は，決して保育者の計画（案）通りにいくものではない。子どもと共に在る時間・空間に入ったら，むしろ計画・案を捨て，その時々の子どものありように即することが望ましいことも多い。そこには保育者の「案」を超える広さと深さがあり，子どもとの時間の豊かさがある。ここが，保育の魅力であり，保育者が試されるところでもある。

　この，子どもたちと保育者との全身全霊を込めた様相は，子どもたちが帰った後すぐには思い出せないことも多い。降園時の迎えの保護者との時間を経て，ホッと一息ついた後，子どもたちと生活した保育室や園庭を清掃・整頓している時間こそ，今日の子どもたちの姿が思い出され，明日の子どもたちを想う貴重な時間である。

《1日の思い出》

　"こんなところに紙飛行機が隠してある。そういえば，あやねさんがここにいたわ…このままにしておきましょう"

　"ひかるくんの着替えが少なくなっている。泥んこ遊びに夢中だった彼の体を洗ったとき，充実感が伝わってきたっけ。着替えも上手になった。明日のお迎え時に，近頃の様子を話しながら着替えの補充をお願いしましょう"

　"数日前から続いている段ボールの電車ごっこが盛んで，他の子どもたちも興味関心を示していたから，明日は広がりそう…もっと段ボールを用意しておこうかしら"

　"今日のようこさんは，あけみさんとゆうすけくんを見ながら，木登り

に挑戦していた。「登れるようになったね」と声をかけたら，もっと上ま
で挑戦するんだ！と言わんばかりの微笑みが返ってきた。明日はさらに挑
戦する気かしら。子どもたちのやる気を見逃さないようにしなければ…"

"今日のたくみくんとじんくんの喧嘩はすごかった。私もまわりの子ど
もたちも，見ているしかなかった。互いに言いたいことを言い合いながら
も，相手の気持ちに気づいて，認め合っていく様子には惚れ惚れした。見
ていたゆみこさんの「たくみくんとじんくん，前より友達になったね」の
言葉に，クラスの友達への想いが伝わってきた"

"けんちゃんがじっと耳をすませているので，近くに行って同じように
したら，葉ずれの音が聞こえた…けんちゃんの感性に教えられた。子ども
たちの感性にもっと気づけるようになりたい"

職員室，保育室で，ほかの教職員たちと今日の子どもたちについて，保育につ
いて，情報を交換し話し合えば，明日の保育への環境構成の思いや，1人ひとり
の子どもの集団での育ちへの願いを，同僚たちと共有できるだろう。

② 記録と保育者の成長

保育を記録し，活用する方法には，時系列記録＊，エピソード記録＊＊，web
記録＊＊＊，遊びの発展や子どもの動きを園内図に書き込んだり（マップ型記
録）＊＊＊＊，園児の個人記録を全保育者で共有＊＊＊＊＊するなど，さまざまな方法が
ある＊＊＊＊＊＊。

また，iPadなどICT機器を使って保育中の子どもの姿や声を記録として残す
ことはもとより，保育者同士での話し合いや園内研修の資料として，また，保護
者への報告資料としても活用されている。

一方で，子どもと共に生活している保育者が，保育中にICT機器を使うこと
への疑問（保育者と子どもの関係，保育者が子どもを見る客観性と主観性のあり
方など），勤務時間内に再生・編集する時間の確保が困難な状況，機器を活用す
る保育者が一部に偏る，またICT機器による記録への問題提起もなされている。

ここでは，記録方法を模索しながら"保育を記すこと"によって保育者として
成長することについて考えていきたい。

日々の保育を可能な限りその日のうちに振り返って，記すことは，1人ひとり
の子ども・子ども同士・子どもたちの姿を思い起こし，その時の自分の振る舞い
と思いを意識化する大切な作業である。

1人ひとりの子ども・子ども同士・子どもたちの姿を保育者が見てとった記録，
保育者としての行為と思いの記録は，時には客観的であり，時には主観的である

＊時系列記録
時間を追って記録する方
法。1日の保育を対象とす
るので，深めたり，特筆
したい事柄の詳細を記録
するには適していないと
される。保育者養成課程
の学生の実習記録に多く
用いられる。

＊＊エピソード記録
特筆したい出来事，子ども
と保育者のかかわり，子ど
もの様子と保育者の思い，
観てとったことなどを主
観，客観を交えて記す方法。

＊＊＊web記録
子ども同士の関係，遊び
の発展状況と他の遊び
との関係などをクモの巣
（web）のような網目状に
図式化して記録する方法。

＊＊＊＊マップ型記録
園内図（マップ）に子ども
たちの活動や特筆すべき
内容を記録する方法。環
境との関係を書き込める。
web記録と組み合わせた
り，時系列に複数の記録
ができ，子どもたちの動
きを記すことが可能。

＊＊＊＊＊個人記録の共
有
各保育者が保育中にかか
わる子どもとの特筆すべ
き内容を記録する。担任
はもちろん，全保育者が
記録を共有することで子
どもや遊びへの共通理解
が生まれる。

だろう。今日の保育を振り返り，記録するなかでおのずから明日の保育がイメージされ，明日の保育の環境設定に向かうだろう。

　また，保育のまっただなかでは通り過ぎた子どもの言動の背景に思いが至ったり，子どもの育ちや子ども同士の関係の変容が見えてくる気づきの時間でもある。さらには，今日の姿に現れた子どもの人生の乳幼児期という季節を俯瞰する時間でもある。

　時間がないときはメモだけでも記す努力をしたい。ふり返り，記録することを自分の業務に位置づけて習慣づけよう。後に，自分の保育者としての成長を確認すると共に，経験の浅い頃の瑞々しい感性や，不器用ながら子どもたちに全身全霊を傾けた初心を思い出し，自らの若き日に励まされるベテラン保育者も多い。

　保育者の成長は，まず自分の保育を省察できるかどうか，つまり，振り返り考

＊＊＊＊＊＊
これらの記録方法は，文章だけでなく，子どもたちの遊ぶ姿や制作物の写真などを用いたりもしている。こうした方法に影響を与えたポートフォリオ，ドキュメンテーションについても参照してほしい（第3章p.70，第8章p.209）。

（p.140）

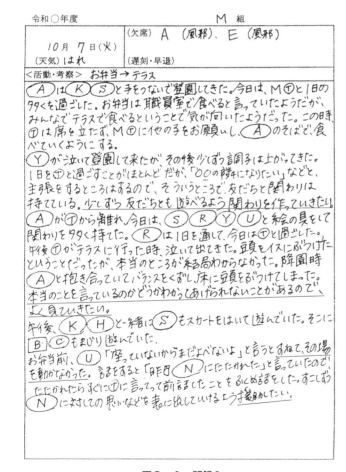

図6−1　記録1

察できるかどうかにかかっているといっても過言ではない。

　客観的な記録なら動画撮影の方が優れている。しかし，1人ひとりの子ども・子ども同士・子どもたちとのかかわりである保育を当事者として振り返り，考察することは保育者にしかできない。

　今日1日をふり返り，考察しつつ記録し，記録しつつ考察し，やがて，明日の子ども・子ども同士・子どもたちへの想いを膨らませて，明日の保育につなげる省察は，子どもの傍らに在って，共に生活する保育者にしかできない行為である。

　図6−1は，保育者になって半年経った10月の，3歳児クラス担任Y先生の記録である。子ども1人ひとりの気持ちを大切にしながら，子ども同士の関係を丁寧に観ていきたいと努めている。その子の今を理解しようと努め，保育者として，子どもとのかかわりを模索している姿が浮かび上がってくる。保育者として，3歳児クラスの10月の子どもの共感者，理解者，支援者としてありたいと懸命な様子がうかがえる。

　日々の記録を1ヶ月後，学期末，年度末，修了時と，時間を経て読み返すことで，1人ひとりの子ども・子ども同士・子どもたちの成長を確認できる。保護者へのおたより，指導要録・保育要録の重要な資料になる。何より，自らの保育者としての成長の記録になる。

＜Y先生と「記録」＞

　ここに事例を提供してくれたY先生は，「1年目は，毎日を子どもと過ごすことでいっぱいで，記録・日案・週案と言われても，子どもとの時間を思い返し，記録するだけで精一杯でした」と当時をふり返る。「園長から日案・週案の様式を渡されましたが書けなかったので，様式にとらわれずに記録を書くことを許可してもらいました。確か，三学期から日案・週案を自分なりの様式を模索しながら書いたような記憶があります。また，記録にも出てくる学年主任のM先生と保育後に話すことで，子どもたちの泣く・すねることの背景にまで思いいたるようになったり，子どもが本当のことを言っているかどうか分からないととらえる自分自身の子どもへの見方の浅さに気づかされたりしました。記録は，私と子どもの成長のエビデンス。記録のおかげで，学期末の保護者への"育ちの報告"や指導要録を記すときに困ったことはありません」と語ってくれた。

❸ 週案に組み込まれた記録「先週の子どもの姿」と保育者の育ち

　記録を保育日誌に位置づけ，形式が保育者に任されている園，園児全員の個人

ノートがあり，かかわった保育者が自由記載する園，保育終了後に園内図の周囲に保育者が集まり，今日の子どもたちの様子を時系列で追い，特筆すべきエピソードを共有しながら記録に残す園など，近年，保育の質の向上に取り組む過程で，園日誌，保育日誌，日案，週案の内容・形式を見直し，整理し，記録方法を再考して，「記録と省察」を勤務時間内に終えられるよう，園務の効率化に取り組む園が増えている。

図6－2は，経験年数6年のS先生の週案の形式である。年長児クラス12月第2週の記録が「先週までの子どもの姿」として週案に組み込まれている。

「先週までの子どもの姿」に，1人ひとりの子ども，子ども同士，子どもたちの姿を記していると，自ずから「今週のねらい」が見えてくる。S先生は，保育

・週案（12月6日～12月10日）　男児9名・女児12名					
先週までの子どもの姿	冷えこみが厳しくなった一週間であったが、太陽が出た日は意欲的に外へ出て遊ぶ人が多かった。アルバムの絵は少人数ずつ行ったため、積極的な人を優先して行い、後半は保育者の意図で頑張ってほしい人にも声をかけ、あまりプレッシャーにならないように進めていった。籾はずしも毎日少しずつ、なるべく全員が行うようにした（かなり遅れています…）。「 K いん」ごっこで男の子がまとまって遊ぶ姿が見られたため、保育者側からもイメージを提供したりしながら遊びが展開していくよう見守った。点々と行われていた女の子たちのままごとが（木）にホールで1つの「大きな家」となった。こんなに大人数で遊ぶのは久しぶり（初めて?!）のようだったが、意見のくいちがいや話の伝わらなさから、少々トラブルも発生した一週間であった。				
今週のねらい	＊自分と向き合う時間を過ごすことで、自分の課題を感じ、乗り越えようとする。 →アルバムの絵、友だち関係 ＊食に関する活動を通して、食べるまでに至るプロセスを体験したり収穫物を味わったりして、多くのことを感じる。				
予想される子どもの活動	日	子どもの自発的な遊び	保育者の意図的活動	課外	環境構成・指導上の留意点
	6日・月	⊙クリスマスグッズづくり ⊙「 K いん」ごっこ ⊙ままごと 保育室	⊙アルバムの絵 ⊙籾はずし、籾殻むき ⊙散歩：図書館へ ⊙ P ㋣とアート活動	E	⊙散歩；数名で 借りているザリガニの本返却 スウィートポテトづくりの本探し スウィートポテトの材料を買う カカシを連れ戻す ⊙籾はずし；お米一粒一粒を大切に扱う ⊙アルバムの絵； 1人の方が向き合える人 友だちと一緒の方が頑張れる人 それぞれの場を確保する ⊙ごっこ遊び； イメージの広がり、 仲間の広がりを大切に
	7日・火	ホール、大型積木 ⊙製作、絵画 ⊙砂場での山、川づくり ⊙砂・土でお料理づくり	⊙散歩：買物 ⊙ P ㋣とアート活動	A	
	8日・水	⊙秋の自然物を用いての製作 etc…	⊙野菜スープづくり		
	9日・木		⊙スウィートポテトづくり ⊙ P ㋣とアート活動	D	
	10日・金		◇誕生会 9：45～		
特記事項	・ウィルス性の風邪（下痢、吐き気）で欠席した人がいる。 →うがい、手洗いをしっかりとする ・アルバム表紙の絵、未完成者はがんばる。 → S、J、E、㋣M、㋘M ・仲良しグループ内の人間関係、仲良しグループとその周囲の人たちとの関係の調整が必要。 →自己主張の折り合い 他者の在り方を認める気持ち、思いやる気持ちを大切にしたい ・言葉遣い→キツイ言い方、汚い言葉etc… 時と場合を考えられるように。				

図6－2　週案

後の同僚との情報交換を大切にしており，明日の保育のイメージの共有に努めている。この例は自筆であるが，現在はコンピューターの活用により，仕事の効率化や共有化がすすみ，保育をひらきあうことが常態化したという。

「先週までの子どもの姿」では，冷え込みが厳しい冬到来のなか，陽光を浴びた意欲的な子どもたちの外遊びの姿は，日本の冬の子どもたちの姿である。

5歳児の12月ならではの，餅つきに向けて収穫した餅米の籾外しはなるべく全員がかかわれるよう，また，卒園アルバムの表紙の絵はプレッシャーにならぬよう積極的な人から少人数ずつ描くなどの配慮が記されている。また，男子たちがまとまって遊ぶ，遊びが展開できるよう保育者側からもイメージを提供して見守ったり，点々と行われていた女子のままごとが「大きな家」となる過程で，意見の食い違いなどのトラブルが発生するという，年長児クラス集団としての課題（保育者が取り組むべき援助）を捉え，5歳児後半の育ちの姿が記されている。

「予想される子どもの活動」として「子どもの自発的な遊び」と「保育者の意図的活動」，そして教育課程以外の課外活動を記して，子どもたちの1週間の生活をイメージし，環境の構成・指導上の留意点が記されている。

「特記事項」としては，この時期の集団生活の配慮としてウイルス性の風邪による欠席者を記し，集団生活で子どもたちが身につけるべき生活習慣としてのうがい・手洗いの励行，ことば遣いへの注意，仲良しグループ内外の人間関係に関する保育者の願いなどを，自分の覚書として記すことを忘れていない。

ここには，中堅として後輩たちのモデルとなり，園の保育力向上に欠かせないS先生の，次のような保育力が見てとれる。

・子どもたちの健康な集団生活への配慮として，気候の変化，欠席者の事由などを重要視する。

・育ちの過程にある子どもたちの姿から，次への発達の姿を見とおす。

・5歳児後半の1人ひとりの子ども，子ども同士，クラス集団の育ちの課題を捉えている[*]。とくに卒業アルバム表紙絵への個々の取り組み方の違いを理解し，留意点としていること，仲良しグループ内の人間関係と，その周囲の人たちとの関係の調整の必要に気づき，自己主張の折り合い，他者のあり方を認めること，思いやる気持ちを大切にすること，ことば遣いへの配慮を特記事項として記し，自らの次週の保育の要としている。

・子どもの自発的な遊びと保育者が体験させたい活動が，効果的に作用するよう，配慮している。

----
*5歳児後半の子どもの姿：幼児期の終わりまでに育ってほしい10の姿
----

3. 同僚と共に，学び続ける

　保育者としての成長を考える時，勤務園に恵まれることは重要な要素であろう。建学の精神に共鳴し，保育観，子ども観，子育て観，人間観，職業観を刺激しあえる同僚と共に，保育に精を出している保育者は多い。

　しかし，離職する保育者も多く，その原因の上位に「同僚性」があることも，残念ながら事実である。考えてみれば，保育観，子ども観，子育て観，人間観は，実際の子どもたちとの生活や保護者とのかかわりのなかで育てていくものであろうし，職業観も鍛えられていくものであろう。

　保育者個々人が「1人ひとりの子どもの育ちを保障する仕事」に同僚と共に携わっていることを意識し，保育者としての力量を高めあうために，同僚それぞれの得意分野を活かして学び合うことを考えたい。

１ 雰囲気：保育者同士の関係性

　わが子が入園する園を決めるために，園を見学している保護者から「この園に入るなり，子どもの方から私の手を振り切って遊び始めました」と，聞かされることがある。初めての場所では母親から離れなかった子が，自ら遊び始める雰囲気とはどのようなものであろうか。

　その雰囲気を醸し出している要素は，建物，園庭の自然，保育室のしつらえなど，さまざまあるだろうが，何より子どもたちと生活する保育者たちであり，保育者間の関係性の質が大きいであろう。

　保育者としての成長を考えるとき，教材・教具・素材などものとの関係性，さまざまな出来事との関係性，そして，子どもとの関係性，保護者との関係性と共に，保育者間の関係性を重要視したい。

　全身で社会を感じている乳幼児が，ここで遊びたい，ここで大きくなりたいと感じ，保護者が安心でき，支えられていると感じ，ここで親として育ちたいと感じられる雰囲気を醸し出せる関係性を築きたいものである。

　保育中に，担任，フリー，支援員が，時には用務員も加わって，目の前の出来事について相談したり対策を練り直したり，子どもが保育者と一緒に事務室に入って，描いた絵を縮小，または拡大するためにコピー機を使用していたり，木工に取り組んでいた年長児が「おじさんに手伝ってもらおう！」と，用務員室を訪れたりと，教職員全員が保育にかかわる園の実践事例も増えている。

２ 園内研修

　保育者としての力量を磨きあっていくために，園の保育の質の向上のために，

園内研修は必須である。しかし，従来から保育所では，会議・研修の時間の確保が難しいことがいわれてきた。昨今は，幼稚園でも預かり保育が常態化し，会議・研修の時間の捻出と効率化が課題となっている。議題や研修テーマの熟考に加えて，経験年数や立場による発言の偏りを生み出さぬよう運営の工夫も試みられている。同僚同士の感性や情緒の交換があり，信頼関係が紡がれるような研修を模索したいものである。

（1）E園の事例　記録をひらいて実践討論

　Kさんが勤めるS園は，園長の他，経験年数20年の主任を中心に新任から経験14年の本務10名，非常勤8名が勤めている。日々の保育，話し合いは和気あいあいと行われており，園長の方針もあって，忙しい職務のなかで協力して研修に参加し，研修で得た知識や気づきを報告し合う土壌がある。Kさんは非常勤の先生方との意思疎通が課題であると考えている。

　ある日，同僚のAさんが，非常勤の先生方を含めた保育者間で保育を深めあいたいと園内研修会を提案した。園長はその意見を取り上げ，非常勤の先生方の参加を保証して，園内研修会を各学期に1回ずつ持つことになった。Kさんは提案者であるAさんと2人で園内研修会の担当となり，ファシリテーターを務めた。助言者として保育現場から講師を招き，クラス担任とフリーの先生から提出されたエピソード記録を資料に意見交換が行われた。

《感想》

　　子どもたちのこと，保育に関することは，今までも先生方とよく話してきたが，今日のように，2人の先生の記録を共有して意見交換を行うことにより，立場が異なるそれぞれの先生の思いや保育への姿勢がより理解できて勉強になった。

　　話題は，資料のエピソード記録にとどまることなく，次への保育の展開や，ほかの子どもの話に発展し，明日以降の保育のイメージを共有でき，有意義であった。レポーターの先生が，過去の記録から引いて，子どもの育ちを語る姿に，日頃の記録の積み重ねが大切であることが身に染みた。

　　講師の先生のご意見は新鮮で，外部からお招きして良かったと思う。園長先生が信頼する先生なので，わが園をよく解っていてくださりながら，課題を示してくださった。

　　次回は私もレポーター。来学期になるが，悩んでいることや，日頃の記録をそのままレポートすればよいことがわかり，気が楽になった。

（2）F園の事例　他クラス他学年の保育を観察

　F園では，担任が行き詰まったときなどに，保育者からの提案で，ひとりの子どもについて，安全管理について，教材についてなどのテーマで，随時，園内研修会がもたれている。

　また，互いの保育をみることが日ごろは不可能に近いため，園として落ち着いてくる11月ごろから保育者ひとりずつが研修日を設け，自園の保育を観察している。以下は，ある日の研修報告からの抜粋である。

《研修報告》

　私のクラスのSくんについての園内研修会は，担任として批評をいただき，辛い点もあったが，保育者全員に私のクラスの課題を意識してもらうことができよかったと思う。園内研修会の後，いつも実感することだが，ひとりの子どもについて全保育者で話した翌日，必ずといってよいほど話題になった子どもに成長やよい展開がみられる。不思議だったが，今回，自分のクラスの子どもについて話してもらって，その理由がわかったように思う。全保育者がその子どもについてもっと知ろう，もっと理解しようとするので，子どもにとっては前よりも自分のことがわかってもらえている，周囲が受け止めようとしてくれていると感じられるのではないだろうか。それはその子どもにとってとても居心地のよいことで，自分を出せることにつながって行くのだろう。私たちもその子どもへの理解が格段に深まったと実感できるし，同僚たちと共通理解のもとで保育できていると信頼感が増し，同僚に支えられていると実感できた。また，日ごろ見られないほかの先生方の保育を見て，とても勉強になった。ことばかけや，集まりのもち方，保護者とのはなしの仕方など，私の課題がみつかった。担任をしているとみえなかった子どもたちの側面も観察でき，子どもは担任には担任に向ける顔があることを再確認できた。いろいろな立場の保育者がいて，子どもたちをさまざまな側面からみることができる自園のシステムのよさに気づくことができた。

　それにしても，何より勉強になるのは，ほかの保育者の保育を批評することだ。褒めるだけでなく，批判するだけでなく，自分も同じ保育者として批評するという行為はむずかしいが，互いに成長していけるよう今後も努力していきたい。

（3）G園の事例　環境としての教材研究

　最近のG園は，教材研究に重きを置いている。「環境を通しての教育」の基本となる「幼児期にふさわしい生活」「遊びを通しての総合的な指導」を具体化するとき，保育者は，子どもをよく観察し，子どもの気持ちを感じ取りながら，子どもの興味・関心に応え得る環境構成とその再構成に力を注ぐことになる。子どもがさまざまな教材・素材・遊具・教具を通して遊ぶなかでの学びを捉え，さらに広げ，深められるようにと，教材研究に取り組んでいる。以下は，「①色・形，②音，③触感，④味・におい」のグループに分かれて話し合った，ある日の園内研修記録からの抜粋である。

《環境としての教材》

① 色・形

　描く・作るにとらわれず，子どもが没頭して遊んでいる事例を出しながら話し合った。クレヨン・絵の具・ポスターカラー・墨・土・花の汁などで，紙・和紙・ダンボール・窓ガラス・板などに描いたり，地面に，水や石や枝で描いたり，砂・紙片・毛糸・小石で形を留めたり，数色の絵の具をタイルの目地に流し込んで偶然の色合いに夢中になったり，子どもたちが没頭して遊ぶ事例が出された。あらためて，子どもたちの描きたい・つくりたい気持ちやイメージを実現するために，さまざまな材料が用意されていること，子どもたちの自由な発想とそれを支える先生方の思いが確認された。

＜年中組担任からの印象深い事例＞

　インクで作った色水，絵の具で作った色水，草花を絞って作った色水を透明な容器に入れて遊んだ色水屋さんの片づけ時に，数人が，窓辺においた容器を並べ替えて楽しんでいた。保育終了後に，この様子が気になり，子どもを倣（なら）って同じことをしてみると，太陽光の通り具合が色水によって異なることを発見し，並べ替えていた子どもの興奮が実体験できた。保育中は太陽光がさらに強く，違いはもっと鮮明であったろう。子どもたちは科学していたのだと気づいた。

［感想から］

　子どもたちは，色・形・におい・音・感触に関して，たとえば園庭の木々が春夏秋冬で色や姿を変えること，雨の日のにおい，風に葉がそよぐ音と大風の日の音，葉・木肌の形や感触が異なることなどを感じとっていると思う。私自身がこの園の環境をもっと意識して，感じたい。子どもが夢中になっている感覚に近づきたい，子どもの感性に学びたいと思った。また

子どもと一緒に図鑑にもっと親しみたい。

② 音

　園にある楽器を確認した。打楽器の音遊び（どの学年も参加できるよう，広場に座ってフリー教師が始めた）のある日の記録を事例に話し合った。

　年少児・年中児が多く参加した。音に敏感な子，打つことに夢中になる子など個性が見えた。それぞれが好きに打つのだが，途中から，教師が誘導してリズムを変えて打ってみたりした。音が重なり響きとなりその余韻に気づいたBくんのなんとも言えない表情が良かった。Mちゃんも気づいたのかふたりが微笑みあう姿に感動した。

　上記以外にも，はだしで泥遊びする子どもたちが，手や足でピチャピチャ，ペタペタと音を遊ぶ事例や，雨の音，雨だれの音，風の音，ブンブンごまの音，笑いながら体を叩きあって音を遊んでいる子など，さまざまな事例が出された。

　［感想から］

　楽器でなくとも，音と響きはこの園の環境にいろいろあると再確認できた。子どもたちは音にとても敏感であるように思う。今後，心地良い音（保育者の声を含めて）意識していきたい。

③ 触感

　硬い・柔らかい，温かい・冷たい，フワフワ・グチョグチョ・ざらざら・ヌメヌメなど子どもたちには，遊びのなかでさまざまな感触を友だちと一緒に体験していることを確認した。また，泥遊びや，水遊びを推奨していることに関連して，園以外ではなかなか体験できない昨今の子どもの生活環境について話した。触覚過敏のCくんについての事例が出され，話しあった。

　［感想から］

　アート講師のD先生が整理してくれる教材室は，色・形だけでなくさまざまな感触が感じられ，教材室が大好きな子どもたちの気持ちがわかる。Cくんについての話しあいは，担任と担当の先生の努力と思いに頭が下がった。私自身の子ども理解が深まり，勉強になった。

④ 味・におい

　O先生から，畑・田んぼ・実のなる木々と，収穫から調理を経て，食べるまでの活動報告があり，年長の担任から，子どもたちが発した，味・においに関することばを中心に報告があった。たとえば，年少児も先生に抱っこしてもらって収穫したヒメリンゴをかじって「まず～い」ことを体感するのだが，木登り名人年長Fくんは，ヒメリンゴのてっぺんで美味しそ

うに食べている。年少児がFくんにお願いして，てっぺんのヒメリンゴをとってもらってかじると「おいし〜〜い」顔になった。Fくん「だって鳥が食べに来てるじゃない！」

　また，O先生から，焚き火をすると，煙の匂いで「やきいもできた？」と集まってくる子どもたち。「今日はお芋入れてないよ」と言い，がっかりする子どもたちに「園長先生にお願いして買いに行こうか！」と，地域へ買い物へと展開する保育の事例が話された。

[感想から]

　子どもたちと干し柿を吊るし，籾（もみ）を外した稲わらで一緒に注連縄（しめなわ）を編むO先生のことば「ここで体感した味とにおいは，子どもたちの根っこになると思う」が心に残った。園長が日頃言う「子どもたちのもうひとつのふるさと」には色はもちろん，味もにおいも触感もあるのだと実感した。

　E園の「記録をひらいて実践討論」，F園の「他クラス・他学年の保育を観察」，G園の「環境としての教材研究」と，ここにあげた園内研修では，保育者たちが同僚たちに自分の保育をひらきながら，気づきを得て，保育者としての互いの理解と信頼を積み重ねている。

　自分の保育の課題，園の課題が見えたときには，その課題を園内研修のテーマとして提案し，園の保育の質の向上につなげたい。たとえば，次のようなテーマでの園内研修はどうだろう。

・手が出やすい最近のAくんの理解と支援について
・行事と日常保育のつながりについて〜事例を持ち寄って
・雨の日の園庭の活用〜提案　備品としてのレインコート
・保護者への連絡帳・おたよりの内容の見直し〜子どもの育ちをいかに伝えるか，保護者との協働を目指して
・園庭植栽計画〜夏季の外遊び・水遊びに関連して
・Bさんの怪我から〜安全管理と，保育での留意点
・避難訓練の見直し〜一番安全な場所とは
・警報発令時の保育打ち切りに伴う課題について

3 チームで保育する

（1）新人の魅力と，経験の落とし穴

　誰もが意見が言える，発言者が偏らない会議・園内研修会の雰囲気は，経験者たちの会議の持ち方への気づきと努力から醸し出され，新人の学ぼうとする姿勢から生まれる。

　ここでは，新人の魅力と，経験の落とし穴について確認しておきたい。

　経験が浅い保育者がもつ向上心を秘めた懸命さは，未熟ささえも初々しさに変わる魅力を持つ。子どもと共に遊び，こころと体を動かし，汗しながら感性を磨いていきたい。

　一方，経験を積んだ保育者は，経験に裏打ちされた観察力，洞察力に富み，保護者の気持ちがよくわかり，信頼を得られることも多い。経験を積むにつれて，職場内の立場と役割を自覚して，後輩にとっての良きモデル，助言者でありたい。しかし，経験知を真の保育力にする前に“上手に”子どもを動かし，自分の経験知のなかでしか子どもを理解できないまま年数を重ねる保育者も少なくない。常に新鮮な感覚を保ち続け，学びの場をつくり，「より良い保育とは」「子どもとは」と向上心を持ち続ける保育者でありたい。

（2）園に働く人々から学ぶ

　園長から，先輩の保育者から，同僚たちから，保育の実際について，子ども理解について，保護者理解や対応などについて学ぶことは多い。園には，他にも各種講師，事務員，用務員，調理士，送迎バス乗務員などが勤務する。地域の人々や，養成校の学生などのボランティア参加もある。

　園で働くおとなたちが，報告・連絡・相談を密にして，チームとしてのネットワークを構築し，学び合うことの大切さを再確認したい。

事例1　Ｊ先生が新任教諭の頃

　私が新任教諭の頃，男性教諭は私ひとりだけで，私以外の男性は朝と夕方に現れる園長と，無口な用務員のＷさんだけでした。Ｗさんの小さな部屋には，手入れされた大工道具と園芸用具がありました。Ｗさんは修理や小物作りはお手のもので，先生方や，とくに木工好きの年長児から頼りにされていました。たとえば，遊びのなかで木で動く車を作りたいと子どもたちの意見がまとまると，材料，道具を準備し，設計図？を書くまでは，子どもたちと私が進めます。が，作業に取り掛かりると「そうだ！Ｗさんに相談に行こう！」といった具合です。私も，Ｗさんから，子どもたちと木工のいろはを教わりました。

　Ｗさんは，保育中に子どもや先生から呼ばれて，子どもたちのなかで作業する時も寡黙で，子どもたちはＷさんの作業にじっと見入り，Ｗさんを真似て釘を打ったり，釘抜きで釘を抜いたりしました。子どもがコツを覚え夢中になると，絶妙な位置どりで見守るといった方でした。

　植栽の手入れも，園長の可能な限り自然のままでという方針をよく理解して，夏場の衛生面や子どもの安全に配慮した仕事をされていました。そんなＷさんが園庭で仕事をしている姿をじっと見入っている子どもが必ずいたものでした。遊ぶ子

事務員さん，用務員さん，調理士さん，運転手さんなど園内の他職種の人たちが，保育者の知らない子どもの姿を知っていることはよくある。保育者にとっても，学ぶことが多い方たちである。

（3）非保育者とのコラボレーションから学ぶ

Ｖさんが勤務する園では，アートで遊ぼう・体で遊ぼう・音遊び・昔遊びの非常勤講師が，月に２日ずつやってくる（課外活動では週に１日ずつ担当）。今年度は，さらに恐竜博士，縄文博士，ロボット博士が遊びにやってきた。地域の織姫，染め者爺じ，虫博士を子どもたちが訪問する日もある。子どもたちはもちろん，保育者たちもその道の専門家から学ぶ日でもある。ときには保護者も参加して専門家の知識や技に惚れ惚れする時間にもなる。

事例２　縄文博士と遊んで

Ｑ先生は，縄文博士が来る日を子どもたちと一緒にワクワクして待つ。縄文博士は，某園でバスの運転手をしながら縄文時代の研究をしている。子どもたちは，博士の火おこしの技を間近で見てから“火つけメイジン”と呼んでいる。囁くように話すメイジンのまわりには子どもたちが群れることになる。

その日は，子どもたちが登園すると，すでに園庭で土をいじっているメイジンがいる。近づくと，園庭の泥んこで何やら作業中，メイジンのまわりには作った土の皿？が並べてある。縄や石や枝で模様もつけている。次は，蔓を綯う。枝で弓矢を作る。土を掘って炉を作るなどなど，メイジンが作業した場所では子どもたちがメイジンの真似をし始める。ついて回る子もいる。やがて，火起こしが始まると，年長児たちの集中力は最高潮になる。

園庭の生り物を採集し，焚き火で蒸したり，焼いたり，メイジンが持ってきた稗や粟の調理が始まる。火に入れた土の椀や皿の焼き具合を見る…。

保育者も，子どもを誘って，あちらこちらで何かしら作業に取り組む。Ｑ先生は，近頃の子どもたちの土遊びへの夢中度が年々下がっていることが気になっている。入園までの体験が少なく，入園して土を触ることを嫌がる子どもが増えている。１学期は，子どもたちが土への興味を高めることに，かなりのエネルギーを注ぐことになる。

メイジンが来た日，Ｑ先生は遠巻きに見ている子どもたちのなかに入って座り，

　おもむろにメイジンの真似を始め，遠巻きの子どもたちを誘って土の作品を焚き火で焼いてみた。園庭の木の生り物を運ぶことを誘ってみた。保育者ではない夢中になっているおとなとの出会いは，子どもはもちろん保育者にとっても新鮮で刺激的な時となる。Q先生は，土に遊びながら，明日の保育につなげることを考えていた。

　この日は，メイジンこと縄文博士が1年ぶりに遊びにきた。メイジンの行動は，子どもたちの興味関心を引き起こし，子どもたちを夢中にしていく。たとえば，メイジンの火おこしを見た年長男児たちは，降園時までメイジンが作ってくれた火おこし器と格闘した。その集中力と，なぜ火がつかないのかと議論し，場所を変えたり，交替しながら試行錯誤する姿が印象的であった。保育者たちは日頃と異なる子どもの姿を発見し，保育者自身が土，火，石，枝，生り物などとのかかわり方を学ぶ時間となった。

４ 課題をもって学び続ける

（1）キャリアステージにあった研修会に参加する

　保育の質を担う，幼稚園教諭・保育士・保育教諭の専門性の向上は，いつの時代も重要課題である。

　子どもが環境（人・もの・こと）の教育力・子ども同士の教育力・子ども自身の教育力で育つように，保育者も環境・同僚・保育者自身の教育力によって成長する。

　各自治体，国公立・私立幼稚園，保育所各団体による研修が企画されており，研修会・研究会を開催する大学もある。ここでは，東京都私立幼稚園連合会が組織する社団法人東京都私立幼稚園教育研修会を例にとり，保育者のキャリアステージごとの研修内容を見ていこう。時代が求める保育の課題が見えてくる（表6−1）。

表6−1　東京都私立幼稚園教育研修委員会主催各種研修会

平成29年度
教育研究大会 　基調講演　「新幼稚園教育要領〜主な改定内容〜」 　対談　「幼稚園・こども園の『砂場』から幼児教育の質の向上を考える」 　記念講演　「狂言は笑いの芸術でござる！」

分科会

第1分科会　園長・主幹（対談）

第2分科会　親子の育ち（2歳児）

第3分科会　園内研修

第4分科会　保育環境

第5分科会　幼小接続

第6分科会　気になる子の支援と保護者理解

第7分科会　幼児理解と記録

第8分科会　預かり保育

第9分科会　表現の営みを，活動のプロセスを，実りあるものとする
　　　　　　ために

教諭研修会

日帰り研修

① 身体知としてのリズムと表現〜小林宗作の総合リズム教育〜

② 指導要録記入のポイント

宿泊研修

講座1　幼児教育の質を高めるということ

講座2　胴体トレーニング

講座3　幼稚園教育要領の改訂〜「幼児期の終わりまでに育って欲し
　　　　い姿」をもとにして〜

第1分科会　子どもをどう捉え，関わっていくか学び合う

第2分科会　幼児理解に基づく保育のデザイン

第3分科会　新教育課程基準をふまえた実践課題の解決

新規採用教諭研修会

日帰り研修

① 幼稚園教諭という仕事
　　保護者との関わり，同僚との連携
　　教員としての心構え，身だしなみ

② ケガへの対応〜救急措置と予防教育〜

③ 保育を楽しむということ

④ 子どもの行為と保育者との関係性

⑤ 講演　求められる「幼稚園教員の資質能力」の向上〜夢中になっ

　　　　　て遊んだ経験は？〜

　　　　　映画　人権問題を考える「私からはじめる人権」

　　　　　コンサート

　　　　　シンポジウム　先輩として伝えたいこと

　　　宿泊研修

　　　　　講座　　　　リーダーシップ / コミュニケーショントレーニング

　　　　　基調講演　保育者の役割を考える

　　　　　野外探索　自然を学ぶ・自然から学ぶ

　　　　　講座　　　　社会人としての心構え

　　園長・主幹研修会

　　①　子どもたちと / 子どもたちが「ともに考え，深めつづけること」を
　　　　ともに考える

　　②　幼稚園教育要領の改訂とこれからの幼児教育

　　出典：平成 29 年度東京都私立幼稚園教育研修会より抜粋

（2）自分の課題と興味関心に取り組む

　P 先生は，子どもを温もりで包み，子どものさまざまな感性を豊かに刺激し，その子らしい発想や発見を見落とさず，自由感ある雰囲気を醸し出せるそんな保育者になりたいと考えている。この 4 月から，環境を通して行う幼児教育の方法に確信を持ちたいと，夜間の大学院に通い始めた。学友には，幼小接続について考えたいという保育士，虐待・いじめ・貧困・障がいなどの子どもの状況を捉え直し，臨床心理士資格を取って支援したいという元幼稚園教諭，外国籍の子どもたちが置かれている現状を改善したいという NPO 法人で働く人など，共に学ぶ刺激的な同志を得て，あらためて保育を学びなおす新しい日々と力が湧いてくる自分自身に少し驚いている。

　事例 3　保護者支援は子ども支援

　　D 先生は，保護者から子育ての悩みや子どもの育ちについて相談されることが多くなり，スキルアップの必要を感じ，教育相談の研修会に通っている。傾聴する難しさなどを痛感し，また，現代の子育て状況や子どもがおかれている環境の改善の課題などを学ぶ中で，子ども理解とともに保護者理解がより深まったと感じている。

　　子育て困難社会，子ども受難時代といわれる現在，子どもと保護者の傍らに寄り添い続ける保護者としての課題や興味・関心に取り組もうとする保育者は多い。

（3）"得意"を育て，保育に活かしあう

事例4　学生からの質問

学生「ピアノが下手です。保育者にはなれないでしょうか」

私　「若いあなたなら，練習すれば上手になれるわよ。養成校からピアノを始めた先輩がいっぱいいるじゃない！！あなたの得意は何？」

学生「楽器ならクラリネットを高校時代に吹いてました」

私　「就職試験にあるのなら，ピアノも頑張って。保育者になったら，クラリネットを子どもたちに聞かせてほしいな。ほかには？」

学生「ダンスが好きです」

私　「ダンスも続けて！子どものリズムに合わせる素敵な保育者になれるね。子どもたちは，あなたの得意から感化を受けるわよ」

　保育者にはそれぞれの"得意"を育ててほしい。走ること，絵本を読むこと，ダンス，生け花，小物づくり，焚き火，料理，掃除などなど，それぞれが自分の"得意"を自覚してほしい。保育者の"得意"は子どもの生活に必ずつながる。おとなたちが自分の"得意"を保育に活かしあい，補いあって園の文化を育んでいけたら，1人ひとりが活かしあうおとなの姿を子どもたちに見せることができたら，子どもにとって嬉しい園に近づけるのではないだろうか。

4. 子どもたちに，保護者に，地域に育てられる保育者

■ 子どもたちに育てられる保育者

　保育者の多くは，初めて担任した子どもたちを忘れない。

　R先生は，初めて担任した年少児クラスでの12月，膝に乗ってきた3月生まれのSちゃんのお尻の重さと温かさを，今でもその日の冬空の青さとともに思い出すという。「Sちゃんは私の保育の恩人です」と次のエピソードを語ってくれた。

事例1　保育者としての原体験

　新任の12月，保育者生活にも慣れた頃，子どもたちへの思いばかりが空回りして焦っていた。隣のクラスが気になって自信を失いそうだった。そんなある日，3月生まれのSちゃんがそっと膝に乗ってきた。その温かさにハッとした。「私は，クラスの何人の子どものお尻の温かさを知っているだろうか。子どもの前にばかり

いて，ことばで子どもたちを動かそうとばかりしていた。子どもにとって嬉しい先生ではなかった。温かい先生ではなかった」

　その日から，ゆったりとかまえ，膝に乗ってきたり，背中にもたれかかってくる子どもを受け止めようと努めた。声をかけるよりも子どもの声に応えるように努めた。遊ぶ子どもたちをよく見ようと努めた。そして，今までの自分はいつもクルクルと動いていて，子どもたちの拠り所になれていなかったことに気づいた。

　気づいた日から6年経った今でも，R先生は保育に行き詰まったとき，Sちゃんのお尻の温かさを思い出し，床に座って子どもたちを観察し，子どもの傍らに座って，その子と同じことをしてみるという。「そうするとね，次に何をすれば良いかがわかるの」素敵な笑顔で話してくれた。

　次の事例は，30年間近く子どもたちと過ごして来たY先生が，特別な支援を必要とするTくんの支援員として過ごした頃の，忘れられないひとコマである。このTくんとの「わからない」時間が，保育者人生の源であったという。今なら「わからなくても，つながることができなくても，傍らに居続けることができると思う」と，Y先生はいう。今なら，あの頃よりもTくんにとって嬉しいおとなになれるかもしれないという。

事例2　蛇口から勢いよく出る水をじっと見つめるTくん

　Y先生は，最近，支援員としてTくんと過ごした数十年前の次のような場面をよく思い出す。

　Tくんは園に来るとすぐに足洗い場に行き，蛇口をひねる。勢いよく出る水を見つめて過ごす。お腹が空くのか，お弁当のときだけは，部屋に入って食事を摂る。降園時までまた足洗い場で水を見つめて過ごす。Tくんの行動が理解できず，若かったY先生は「何かしなければ…」と，水の勢いを弱めてみたり「Tくん，水が好きなんだね」などとことばをかけてみたり，他の遊びに誘ったりと試みるが，いつもTくんは同じ行動に戻る。Y先生は1日中，Tくんのそば，水道端で過ごすことになる。ことばが出ないTくんは，嫌なときには高い声で意思表示した。

　なぜ今，Tくんのこの場面を思い出すのだろう。年齢を重ねた今なら「何かしなければ」とは思わないだろう。Tくんもあの時は，自分をどうにかしようとするY先生とはかかわりたくはなかったであろう。あの頃は「Tくんがわからない」ことだけが気になっていた。今ならTくんを解らなくても，Tくんとつながることができなくても，傍らに居続けることができるように思う。

　あの頃の体験は，Y先生の保育者人生にとってとても大きな出来事で，子どもたちとの生活を続けられる源かもしれないと近頃思う。

若い頃の忘れられない子どもとのひとコマは，Y先生のように「わからない」「なぜ」といつも心に引っかかっていた出来事の場合もある。若い頃は，また保育者には，「自分が何かしなければ」「自分がしてあげたい」と思い，行動する人が多い。Y先生は，経験を重ねるなかで「傍らに居続けること，Tくんにとって嬉しい保育者とは」と考えられるようになったという。

② 保護者に育てられる保育者
（1）保護者の不安を不信にしないように

　「子どもは大好きだけれど，親御さんからのクレーム対応が…」「保護者対応が苦手で…」とする保育者は少なくない。また，若い保育者は，保護者の方が年齢が上でどのように関係を持てばよいかわからないと苦手感を示すことも多い。

　しかし，子どもにとっては，多くの場合，人生の始まりの愛情あふれた基盤を培ってくれた大好きなお父さん・お母さんである。保育者は保護者からの信頼を得られるよう努めなければならない。子どもが家庭から離れて，保育者と共に過ごした時間をどのように過ごしたのか，保護者への報告は，丁寧にしなければならない。また家庭での様子をうかがい，子育てを支え，相談される存在とならなければならない。

　"苦手"と感じてしまったら，意を決して自分からその日の子どもの様子を伝えるために話しかけよう。また，とくに初めての子育てに必死に取り組んでいる保護者には，何でも訊いてもらえるよう，相談しやすい雰囲気に気を配ろう。

　相談されたら，質問をされたら，ときには要求を聞いたら，ひとりで抱え込む必要はない。すぐに答えられないときは「他の保育者とも話してみます。お返事は明日でよいですか」と答えよう。そして，必ず明日，保育者から声をかけることを忘れない。十分な答えを用意できないときは，答えられることを誠意をもって答え，後日の報告を約束する，または，主任やときには園長が答えてもよい。

　相談・質問・要求には，親身になって対応し，必ずその内容を他の保育者と共有しよう。何よりも，保護者からの質問・要求を「クレーム」と受け取らないことである。保護者は，わが子がお世話になっている園との関係，保育者との関係を悪くしたいとは考えていない。クレーマーと取られぬよう，どのように質問しようか，どのように話そうかとむしろ悩んでいることも多い。わが子やときには他のお子さんが関係するデリケートな質問・要求もあろう。そして，保護者からの質問・要求のほとんどは，わが子が通う園が，クラスがよりよくなることを願ってのことである。

　質問・要求は，保護者の不安から始まるものがほとんどである。保育者が，保護者の不安な気持ちを受け止め，初段階での意思疎通を図るためには，対人援助

の能力が求められる。保護者とかかわるなかで，保育者は，保育の専門家としてはもちろんのこと，人としても鍛えられ育てられ，学びを得ていくことになる。

（2）子どもの育ちを保護者と共有できるように　〜たとえば，おたよりちょう〜

　T幼稚園の「おたよりちょう」は，保護者にとっては，「子ども社会で育つわが子」の育ちを確認し，「親」としての成長と喜びを保育者と共有する媒体でもある。また，保育者にとっては，子ども集団のなかでの1人ひとりの子どもの育ちを見てとる力や，保護者に伝達する文章力・表現力を養い，保護者との信頼を築く媒体である。

事例3　子ども集団の中での育ちの報告「おたよりちょう」

　T幼稚園では，入園時に保護者に「おたよりちょう」が配布される。保護者からの連絡や家庭での出来事が記され，各学期末に担任が子どもの育ちを記して，保護者と共有している。

　50年ほど前に，S先生は担任の子どもたちの育ちを小さなノートに記録して，各学期末に保護者に報告することを始めた。保護者からは休み中の子どもの様子が返信され，この小さなノートは子どもの育ちの記録となった。

　その20年後，S先生が園長として同園に赴任すると，学期末ごとに子どもの育ちの姿を保護者に報告する「おたよりちょう」を始め，同時に担任の仕事内容が負担にならないように学期末の職務分担を見直した。

　担任が，日々の記録を読み返しながら，1人ひとりの子どもの育ちを振り返って学期末に「おたよりちょう」を書くことは大変な仕事であった。しかしその過程で担任は，確実に保育者としての力をつけていく。またそのためには，園長であるS先生が指導するし，書き直しもさせる。しかし，記された内容には園長が全責任を負う，という。

　保護者に宛てて書くことは，読み手である保護者の気持ちを考えながら子どもの育ちを表現しなければならず，保育日誌とは異なる。また，保護者からの返信に，保育者として支えられ育てられもする。

　保護者からの返信に保育者に対する疑問や不満が含まれていたとしよう。そんなときは，必ず園長に報告し，一緒に，真摯に対応して信頼を取り戻していきたい。大切な事は「保育者として鍛えてもらっている」と，感謝しながら対処していくことである。

　また，集団として育っていくクラスの様子を「クラスだより」として発信することもよく行われている。その際，子どもの具体的な姿から，それぞれの子どもの育ちがクラス集団の育ちにつながる報告をしたい。また，0歳児から6歳歳児

の育ちのそれぞれの特徴が見えるエピソードを選び，次への育ちを見通しながら，今，ここでの子どもたちの姿を伝えたい。

（3）支えを必要とする人の拠り所となれるように

　保育者には，現代の日本の子どもたちを取り巻く状況へ向けたアンテナを常に持ってほしい。支援を必要とする子ども，保護者，家族はどの園にも在籍している。また，家族の病気，経済状況の悪化，介護，災害など，支援が必要となる状況は，いつでも誰にでも起こる可能性がある。そのような事態になったときには，子どもたちと家族の拠り所となるべく，日頃から備えたい。

　そのような状況下では，保育者にとっても未知の世界が広がるであろうが，持てる力を出し合って行動したい。必ずや人としての学びを得，力を得るであろう。

　次の事例は，急に家族の大黒柱が倒れ，事業をたたんで実家に引っ越すことになり，環境の激変に不安で押しつぶされそうであった保護者Aさんが，園に支えられて，前を向けるようなった回想である。

事例4　保護者の故郷ともなった園　〜保護者Aさんの回想〜

　長男が入園した頃の私は「親」としての未熟さと自信のなさをプライドで覆い隠したような保護者でした。長男は，いま思えば親である私を映したような自分を出せない子でした。担任のE先生はそんな息子を理解し，抱きしめてくださいました。そして私自身もE先生の優しさと園長先生の厳しさとおおらかさに包まれて「"親"として新米なのだから，これから育っていけばいい」と素直に思えるようになり，子育てを楽しめるようになりました。

　息子が卒園し，娘が在籍中に，夫が倒れて家業が立ち行かなくなり，私と子どもたちは，私の実家に引っ越すことになりました。私は，その状況を受け入れることができず，人に会う幼稚園の送りお迎えが負担でした。園長先生は，そんな私を見て，「お子さんのことは園に任せてください。Aさんは，今やらねばならないことをひとつひとつ片づけなければ，ね」と，娘を登園時間前から夕方まで預かってくれました。息子も小学校から幼稚園に帰り，E先生が受け止めてくださいました。おかげで，私は，次から次へと出てくる諸々の事を済ませることができました。

　お別れのとき，園長先生は「幼稚園は，あなたにとってももうひとつの故郷です。いつでも帰っていらっしゃい」と，E先生たちは「お子さんたちの様子を教えてね」と言ってくださいました。「これからも子育てで悩んだときは相談しよう。」と，前を向けました。新しい土地での毎日も，子どもたちと園での思い出話をしては，笑って乗り越えられたように思い出します。

　「子どもたちのことは任せてください，あなたは今やるべきことがたくさんあ

るでしょう」と，子どもたちを預かってくれた園は，Aさんにとって，頼りになるありがたい存在であったろう。

E先生たちにとっても，保育者としての働きがいを実感できたであろう。

安全に，安心して生活できて初めて，子どもは安定して主体的に生きられる。そのためには，保護者の安定が必須である。保護者が不安定な時，園の力では及ばない時は，他の専門機関とつなげ，連携して支えたい。もしも，園にできることがあるのなら，子どものために，実行して保護者を支えたいものである。

2011（平成23）年3月11日に発生した東北地方太平洋沖地震，および当地震に伴い発生した福島第一原子力発電所事故による災害（東日本大震災），とりわけ，放射能の拡散は，東京の保護者たちにも大きな不安を与え，引越しする家庭も出た。

次の事例は，我が子たちの健康への不安を保護者たちが共有しながら，福島の子どもたちへ，福島の保護者たちへ，福島へ「何かしなければ」の思いを，支援行動へと繋げていく。自発的，自主的，主体的に「解らないことを解りたい」と，学びの活動が生まれてくる。

園長が回想する，幼い子どもの保護者たちの思いの集約の場，行動の場，学びの場として機能し始めるある園での2011年度PTA活動の様子である。

事例5　保護者たちの力に学ぶ

東日本大震災直後，東京のある園では，放射能の幼い子どもへの影響に関する情報収拾と対応に尽力し，子ども病院と繋がったPTAは「被災地の子どもたちに野菜ジュースを運ぼう」と，園を集約拠点にして，支援活動を始めた。

春休みに入った頃，入園を控えた女児の保護者から「放射能が怖くて，不安で，子どもを外へ出すことができません。入園を遅らせます」と電話があった。園長は保護者の気持ちを汲みながら，園で行なっている対応策と現状を話した。その8日後，同じ保護者から「子どもの様子がおかしい。大声や奇声を出して部屋の中を走り回ったり，夜泣きをします…」と，再び不安を訴える電話があった。園長は，保護者の思いを聞き，保護者の不安と外に出ていないことが影響していると思うと話し，心配だろうが園に遊びにこないかと誘った。

園長は「目の前の保護者の不安にできる限り寄り添って，不安を少しでも軽くしていこう。保護者が『さあ，思い切り遊んでらっしゃい』と子どもを送り出せる状態にしよう。子どもにはお日さまと友達が絶対に必要なのだから」と，全教職員に協力を願い出た。PTAは，福島のへの支援（野菜ジュース，スーツ・靴などの仕事用衣類，相馬馬追い祭りの馬小屋建設，ボランテイア活動など）を継続していた。園は，年度始めに行う園庭の土入れを土替え作業に変更し，園舎外壁清掃をより入

念に行い，対策を話し合った。

　新年度が始まって，保護者へのアンケート「あなたの3.11〜園への要望〜」を実施し，書かれた内容をもとに，教職員たちは話し合い，行動した。雨が降れば子どもたちの登園前に雨水をすくい，入手した放射能測定器で毎朝8時から園庭・園舎・屋上を観測し，数値によって対策を施した。飲み水は水筒持参にし，砂場の砂と園庭の土は定期的に検査に出した。「うちの子は園庭で遊ばせないでほしい」という保護者には，個々に対応して意を汲み，保護者の不安に考えられる限りの対応をした。関係諸団体に勤務する保護者が情報を寄せてくれたり，朝の登園前の環境整備作業に加わる保護者も出てくるようになった。やがて，保護者の中から「園の危機管理の姿勢に甘えていないだろうか。わが子たちの安全を考えて，私たちにできることをしていこう」と声があがり，「3・11募金活動」「放射能・内部被曝に関しての講演会・勉強会」などのPTA活動が始まった。

　園長は当時を振り返り，「誰にも特別な支援が必要なあの様な状況の時，園が，子どもたちの安全・安心のためにできることをしようという保護者たちの思いの拠り所として機能できたのは，保護者達の思いの純粋さと教職員たちの理解と働きのおかげです。私どもこそ，親御さんたちの思いの強さと行動力，そして福島の親御さんたちへの共感力など，多くを学ばせていただき，力をいただきました。このような親御さんたちと共に行動できたことを誇りに思います」と話し，「でもね…」と，一人の保護者からの手紙を見せてくれた。その方は故郷が震災にあい，近い親戚を亡くされていた。手紙は震災から1年後，長女の卒園式の後に届いたという。要約して記載する。

　「私は，皆さんの様には行動できませんでした。アンケートに書いて以来，故郷ではことばにできないほどのさまざまなことが起こりました。身内のことなのでお話しできませんでした。娘の送迎で園に来ると，震災に向けられている皆さんの思いに触れました。掲示板を読むと，"福島"につながることができました。ありがとうございました。」

　園長は，「この方のような保護者はまだまだいらしたと思うのね…。私たちは親御さんたちのおかげで成長できたのよ…でもね…ありがとうなんて言われちゃうと…辛いわよ…」と手紙を胸に収めた。そして，あの時から何年かが経ち，改めて「忘れまい，そして体験を伝えよう」と思っている。

③ 地域に育てられる保育者
　子どもたちは地域で生活し，地域で育っている。園も地域の資源を基盤に運営され，地域から愛されてこそ存在価値がある。在園児や卒園児たち，やがて入園

してくる子どもたちが，産まれ，生活する地域に視野を広げたい。

　次の事例は，保育者の反省に基づいて次回からの改善を期待したい例である。下見のときにはなかった工事が始まっていたり，路上駐車の車のために子ども集団での歩行に支障が出たり，園外保育や散歩では，その時々で判断と対応を迫られることが多い。都会の歩道事情は，安全と安心の確保の観点から考えると，幼児集団が歩くには適していない道路ばかりである。さらに，園外保育中に地震などの災害が起きたら，果たして保育者は子どもたちの安全を守れるのだろうか。災害時の避難経路にも関係してくる。

事例6　子どもの生活の場を知ろう

　U先生とW先生は支援員の先生と，4歳児18名と園外保育に出かけた。広い公園なので遊ぶ場所を限定し「先生が見えるところで遊ぶこと」を子どもたちに伝えた。途中，ZくんとFくんがいないことに気づき青くなる。が，すぐに，死角になっている，限定した場所ではないところで遊んでいる2人を発見し，ことなきを得た。

　実は，2人はこの公園のすぐ近くに住んでおり，毎日のように兄たちと遊びに来ており，彼らにとってはわが家の庭のような場所であった。遊ぶ場所を限定したが，2人にはいつも遊ぶ場所に行ってしまったのであろう。4歳という年齢と，子どもの日ごろの生活空間を想像しきれなかったことを重く受け止めて，深く反省したU先生とW先生であった。

　保育者は地域を歩いて，子どもたちの安全と安心のために想像力を働かせ，地域を知り，地域の資源を知り，子どもの声を代弁して行政に届けて子どもの健全な育ちに還元したい。

　一方で，園外保育や散歩では，警察官，公園の清掃員など，地域で働く人々への挨拶を怠らないようにしたい。地域の人々が子どもたちを育て，守ってくれている。また保育者も地域の人々に支えられ，育てられていることを忘れてはならない。

　U先生は「生活の営みを，私は地域の方々から教わった。子どもたちにとって，園での生活はもちろん大切な育ちの場であるけれど，園の行き帰りの地域のおじさんやおばさん，お店での店員さんとの触れ合いの大切さを痛感します。子どもたちにとって，人の温もりを感じられる地域の人々とのかかわりは，懐に抱かれているような安心感を生んでいます。子育て中の若い保護者たちにとってもそうでしょう。しかし，最近は，八百屋さんや魚屋さんが消えて，大きな店舗ばかりになり，さみしい限りです。子どもたちが店員さんとの触れ合いを育めるといいですね」と話してくれた。

こうした危機感からであろうか，子ども・子育て・子どもの遊びを核にした"まちづくり"が始まっている。園と保育者は，このような身近なまちづくりに興味・関心を持ち，連携したいものである。

5. 人として魅力ある保育者に

■1 社会に広く興味・関心を持ちながら，専門性を深めよう

保育者として成長するために，専門職としての誇りを持てるように，子どもの健やかな成長と子育てへの社会の理解がさらに深まるように，乳幼児期の子どもについての知識，1人ひとりの子どもへの理解力，洞察力を深め，実践力につながる保育技術にも磨きをかけてほしい。子育て困難社会と言われる現代社会に生きる保護者たちにも意識を向け，共に育ち合える関係性を保ちたい。加えて，時代を鋭く感知し，未来社会*を生きる子どもたちの乳幼児期の今を共に生きる姿勢を持ち続けて欲しい。

また，人として育つ子どもたちと生活を共にする保育という営みは，世の中のすべてとつながっている。専門分野に限らず，社会に広く興味・関心を持ち，切磋琢磨し語り合える仲間を持ち，子どもから，保護者から，学ぶ姿勢を持つ人として魅力ある保育者になりたいものである。

保育に関していうならば「保育の原理」を，学び，考え続けて欲しい。歴史に学びながら「子どもにとって嬉しい保育」を求め続けて欲しい。諸外国の保育を学びながら，見えることを真似するのではなく，その思想から学び，自分の保育観に生かしてほしい。

*OECD, Education 2030「予測できない世界を生き抜く持続可能な世界を創造する人材」

■2 自分自身の体感で考え，自分を高めよう

考える時は，いつも，必ず，子どもとかかわった時の感覚に立ち返りたい。子どもの反応に違和感を覚えたら「なぜだろう」と考えよう。子どもと通じ合えた感覚を持てたら，その子との，そのときの，その感覚を忘れまい。

また「この子は〜だ」と，安易にことばにして子どもを表すことには慎重になりたい。自分が発したその子に付したことばに，自分自身がとらわれてしまう。負のことばで表すことには，とりわけ臆病になりたい。ことばにして発する前に，かかわったときの感覚を思い起こしながら，その子の行動を「なぜだろう」と自問し，その行動の背景を出来うる限り情報収集し，その行動の理解に努めて対応したい。

保護者のなかにも，情報から得た知識や有名な先生のことばにとらわれて，わ

が子との間に通っている情感に鈍くなっている人が多くいる。自分と子どもとの間に流れる感覚に敏感になり，豊かに育てたい。そのためには，もっとのんびりと，ゆるやかな時間の流れを感じながら子どもとの時間を紡ぎたいものである。

3 子どもに導かれて，世界に広く深く関心を持とう

保育は感受性豊かな乳幼児期の子どもたちとかかわる仕事である。人間と人間の深い情感が行き来する仕事である。保育者には，豊かな感性が要求されるとともに，体力，気力，知力が，何よりバランス感覚が大切である。

子どもは園と家庭だけで育つのではないことを知っている人は，社会環境にも関心が向くだろう。世界の子どもにも関心が向くだろう。その一方で，私たちの周囲には，国境を越えてきた外国籍の子ども，国際結婚した家庭の子ども，外国で育ち帰国した子どもなど，言語や文化背景がさまざまな子どもたちがいる。2017（平成29）年度改訂（改定）の幼稚園教育要領，保育所保育指針，幼保連携型認定こども園教育・保育要領には，多文化共生，異文化理解教育，帰国子女への配慮が含まれるようになった。私事で恐縮だが，娘は小学生・高校生をオランダで過ごした帰国子女である。娘が小学5年に帰国した頃の日本の社会は，無言で「適応」を強要してくる雰囲気があった。私は娘に「"適応"なんかしなくていい。あなたにしかない，あなたの10年を土台にして，あなたにしか築けない一日一日を築いてほしい。」と願ったものである。

グローバル時代が言われる昨今，改めて子どもの権利条約[*]をはじめとする，子どもに関する諸法令，諸研究論文にも視野を広げたいものである。

子どもの感性に感動を覚える人は，美しい色，音，形，美味しい食事，心地よい感触，安らぐ匂い，自然の大きさ，小さな命，ありふれた生活の営みのなかのささやかな感動にも関心が向くだろう。

*2019年11月20日は，子どもの権利条約制定30周年の日。日本が批准して25年

事例1　子どもの興味・関心に導かれて

J先生は，年長クラスの担任である。小惑星探査機「はやぶさ」の帰還が引き金になり，子どもたちは宇宙への関心が高い。年長の子どもたちは，クラスを超えて「ウチュウカガクケンキュウジョ」に夢中である。ここには「IDカード」でケンキュウインとして入室でき，無ければ見学ツアーに並べば入室できる。箱で作ったコンピューターや大画面を操ってさまざまな「ケンキュウ」に取り組んでいる。

J先生は子どもたちの宇宙への興味関心の広さ・深さにびっくりしながら，子どもたちのイメージを一緒に考えて具体化するために必死に子どもについていく毎日である。子どもたちが，土星や金星の絵を描き始めれば大きな紙を用意し，「大きさ違うんだよね」「どうして色が違うの」と疑問が出れば，一緒に図鑑を読んだり，

子どもの，とりわけ年長児の興味・関心に惹かれて，電車・鉄道の魅力を知り，愉快な実践を展開する保育者，恐竜が大好きな保育者，泥団子作りなら誰にも負けない保育者，煙を出さない焚き火の術を持つ保育者…，子どもと，子どもが遊ぶ世界に導かれ，子どもと一緒に夢中になって遊ぶ保育者たちが，大勢いる。

子どもの生活につながる世界に興味・関心を持とう。そこには，子どもたちに伝えたくなる美しさと共に探求したくなる不思議がある。

未来を生きる子どもたちの傍らで，視野を広げ，深め，共に人として成長していきたいものである。そして，未来において子どもに支えが必要となる出来事が起こった時にも傍らにいる者でありたい。保育者とはその覚悟を迫られる職業である。

メッセージ ＜学生のみなさんへ
～若いあなたへ，遊びに遊びましょう！応援しています‼＞

平成26年冬，東京に45年ぶりの大雪が降りました。何人の東京の子どもが雪合戦に興じたでしょう？何人のおとなが子どもたちに，さあ，雪と遊んでらっしゃいと送り出したでしょう？一緒に遊んだでしょう？

少子化ならばなおさら，遊びに遊ぶ子どもの時間と子どもの空間を保障できる国にしましょう。未来そのものである子どもの笑顔が溢れる国は，おとなも笑顔です。

人間を知りたくて学んだ学生時代から50年，遊ぶ子どもたちの育つ力の魅力にどっぷりと浸り，内18年の園長時代は，子どもが自ずから遊びかかわりたくなる環境づくりのおもしろさに魅せられ，子育てとオランダ在住中は，子育て仲間と共に日本語で遊ぶ子どもたちの環境づくりに夢中でした。古希間近い今は，90年前の戦前期の日本で「夢中に愉快に遊ぶ中で年齢相当の発達をさせる」を理想の保育とし，自由遊びを最も大切な時とした保育者「坂内ミツ」について研究しています。

遊びに遊ぶ子どもたちが育ちあう力は，おとなの育つ力を引き出してくれます。

ⓔ演⃝習⃝問⃝題⃝

Q1 園外にもある学ぶ場を調べてみよう。

Q2 保育者として「人間力」を高めていく必要があるが,具体的に「人間力」とは何だろうか。また,どのようにして養っていけばよいのだろうか。あなた自身の考えをことばにしてまとめ,意見を交換しあってみよう！

【参考文献】

内田千春「Crossing borders ～多層的複視的な価値観と共に生きる～」日本保育学会会
　　報 No.176 所収, 2020

西本絹子『教師のための教育相談』萌文書林, 2018

関口はつ江編著『保育原理』萌文書林, 2013

無藤隆『幼児教育の原則』ミネルヴァ書房, 2009

倉橋惣三『育ての心（上）（下）』倉橋惣三文庫3・4, フレーベル館, 2008

佐藤学『教師たちの挑戦』小学館, 2003

ヘルムート・エラー『人間を育てる』トランスビュー, 2002

津守真『保育者の地平』ミネルヴァ書房, 1997

川崎千束『子どもは自ら育つ力をもっている』家政教育社, 1992

津守房江『育てるものの目』婦人の友社, 1984

津守真『保育の体験と思索』大日本図書, 1980

坂内ミツ『幼稚園と生活』賢文館, 1939

現代社会の課題と保育者

第**7**章

〈学習のポイント〉　①現代の子育てにおいて，保護者のかかえる課題を知ろう。
　　　　　　　　　②「子どもの問題」を，子どものまわりの人や環境，社会との関係でとらえ
　　　　　　　　　　てみよう。
　　　　　　　　　③子どもと保護者，園，社会とをつなぐ保育者に求められる役割を理解しよ
　　　　　　　　　　う。

1. 現代の保護者の課題と向きあう

■1 現代の保護者の課題

　近年，核家族化や少子高齢化の進行，都市化と過疎化の二極化，児童の遊び場・自然の減少，地域コミュニティの弱化，家庭や地域の子どもの養育機能の低下，「子どもの貧困」の問題など，子どもや家庭をめぐる環境の変化がいちじるしい。これらは，子どもや保護者の抱えるさまざまな問題に大きな影響を及ぼしている。

（1）少子化の子育て環境への影響

　少子社会の現在，乳幼児のいる家庭では，同年代の子どもとその保護者が出会う場を意識してつくらなければならない。交通の安全や治安にも配慮が必要である。安全な出会いの場を考え，子育て支援センターや児童館，保育所や幼稚園の園庭開放などの公共の子育て支援の場を活用する人も増えている。ほかにも，子どもと保護者の友だちづくりと実用の両得を狙って習いごとに通うなどの，出会いのための工夫もみられる。保護者同士の仲間関係も保護者にとっては大きな関心事となっている。

　乳幼児をもつ保護者同士がなかなか出会えない孤立した育児環境では，保護者は子育ての悩みや体験をわかちあうことができず，子育て不安につながりやすい。また，子どもにとっても，きょうだい数が減少し，同年代の子どもと地域で出会う機会が少ないと，適切に自己主張したり，協力したりするなど，人間関係の力が育ちにくいことが懸念される。

　現在，子どもとその保護者がともに安心して交流できる場として，子育て支援拠点等が設置されている。

（2）家庭の養育機能の低下と子育て不安

　生活リズムを整えることや，健康に配慮した食生活を送ることは，いずれも家庭生活の基盤であるが，遅寝遅起きなどの生活リズムの乱れ，外食産業に頼った食事，孤食[*]，朝食欠食などの食習慣の乱れなど，家庭の養育機能は低下している。

*孤食
ひとりで食事をすること。孤食の増加により，食を通じた家族とのコミュニケーションの減少は，子どもの健康的な心身を育み，豊かな人格を形成する場としての家族機能が低下していることを意味している。

子育てと家事の両立は，「子どもがかわいい」という思いだけではむずかしく，育児・家事の知識やスキル，マネージメント力も必要である。また，保護者自身の人間関係の狭さや閉塞感，さらに，子ども自身の個性との葛藤は，育てにくさや育児ストレスとなり，親子関係にも大きく影響する。保護者が自分の時間や余裕をもてるように，親子を温かく見守り，必要に応じて助言や相談に応じる場が必要とされている[*]。

（3）価値観の多様化

保護者の価値観も多様化している。「子どものためにいま何が必要か」という「子どもの最善の利益」より保護者の都合がしばしば優先される家庭もある。また，保護者としては「子どもの将来のために」と考えた結果，偏った子どもへのかかわりにより，のびのびと遊び交流するなどの生活体験や直接体験が十分にできず，子どもの発達や人格形成に悪影響を及ぼすこともある。何が子どもにとってもっともよいことなのかという判断はむずかしい。

保護者自身も多くの人と交流し，さまざまな考え方，価値観を知り，子どもの目線でも物事をとらえられるように，学びの機会が必要となる。

（4）労働形態の多様化

現在，共働き家庭が一般化し，労働形態や労働時間帯も多様化している。

小さい子どもを抱える家庭は，比較的若い世代であり，近年，非正規労働者が急増している。安定した雇用が確保できないと，経済的にも余裕がなくなってしまう。

保育所等における保育の需要は多く，病児保育や夜間保育^{**}の需要もある。

ひとり親家庭の場合には，より非正規労働者の割合が高いが，夜間保育が利用できれば正規労働者としての就業が可能になる人もいる。しかし，夜間保育を行っている保育所は，まだまだ少ないのが実情である。また延長による長時間保育が子どもに及ぼす影響も懸念されている。

（5）子どもの貧困

現在，経済的な格差が広がっており，子どもの相対的貧困率^{***}は，2015（平成27）年には13.9％（およそ7人に1人が貧困）となっている^{****}。

2015年にOECD（経済開発協力機構）が発表した格差是正に関するレポート^{*****}では，経済的格差が家計における教育への過少投資を引き起こし，それが各国の経済成長を阻害すると指摘している。すなわち，子どもの衣食住の生活に余裕がなく，その結果，義務教育の学校内での学習以外の場面での経験の不足や大学進学率の低下を招き，その後の所得の格差につながる。格差の解消のためには，低所得層に焦点を当てた改善，たとえば子育て，教育，健康，住居などの公的サービスを利用しやすくすることや，包括的な雇用の促進が重要であるこ

*児童虐待の児童相談所への相談

対応件数は，統計を取りはじめた1990（平成2）年より毎年増加しており，2018（平成30）年は159,850件にのぼった。また，虐待による死亡件数も減少していない（図7－1，p.186参照）。

**夜間保育

夜間，保護者の就労などにより保育を必要とする児童を対象に22時ごろまでの夜間の保育を行う。開所時間は概ね11時間となっている。

***相対的貧困率

世帯収入から国民1人ひとりの所得を試算し順番に並べたときの真ん中の人の所得の半分（貧困線）に届かない人の割合。

とが示唆されている。

　現在，生活面の支援として，子ども食堂*や子どもの居場所作り等の民間からの活動が盛んになりつつある。しかし，子どもの貧困の問題は，食事の問題だけでなく，学習の環境や生活全体の問題をはらんでいる。とくに乳幼児にとっては，保護者の経済的余裕だけでなく，心理的な余裕，文化に対する関心等が子どもの養育環境に大きく影響する。子どもの貧困の問題とは，子どもたちの健康で文化的な生活が脅かされるということである。

（6）家族形態の多様化

　家族形態からみても，家族のあり方が多様化してきている。

　核家族化のほか，子育てや介護，経済的な事情などから三世代が同居，あるいは近所に住むケースもある。子育てをきっかけに協力体制ができる反面，祖父母世代と親世代の価値観や養育方針の違いなど，子育てにおける世代間の連携の課題もみられる。離婚によるひとり親世帯も増加している。また，新しい家族と出会い，子連れ再婚による家庭（ステップファミリー）も増えている。

　グローバル化に伴い外国籍の保護者をもつ子どもも増えている。また日本から海外へ転出し現地で子どもが育って，日本に戻ってくる家族も増えている。そのため，保育現場では多文化化が進み，英語以外の言語を母国語とする子どもも増えている。子ども同士のみならず，保護者同士の関係づくりにおいても，慣れない土地，異文化のなかでの生活で，誤解や混乱，不安が生じることもままある。現在，各地の保育現場で，互いの文化について，歌や遊び，食文化を通じて交流する機会を設けたり，園だよりや掲示物の翻訳や通訳の活用等，さまざまな試みが進められている。その一方で，各自のルーツとなる文化へのアイデンティティ形成や母国語の保持も課題となっている。

　それぞれの家庭の事情は多様化しており，保護者の抱える課題もさまざまである。個々の家庭内での努力だけでは困難も多い。それぞれの家族の置かれている状況を受け止めつつ，まわりの人びととの橋渡しをしていくといったサポートが必要とされている。

　保育者は，多文化を尊重し，保護者と共に子育てを考える「共育て」の立場から，さまざまな事情や文化，価値観をもった保護者を受け止め，理解し，ときには家庭環境の調整を図る役割や，保護者と地域社会との仲立ちの役割をすることも必要となる。

（7）子ども・子育て支援新制度

　子育てにおけるさまざまな問題を家庭の中だけで解決しようとすることは難しい。また，保護者の雇用環境や子どもの貧困の問題，孤立した子育てや多文化化に伴う問題など，社会の仕組みにおいて改善すべき点も多い。社会全体で子ども

****子どもの貧困率
18歳未満で「貧困線」を下回る経済状態の人の割合を指す。
　厚生労働省の「国民生活基礎調査」によると，子どもの貧困率は1985（昭和60）年は10.9％，2012（平成24）年は過去最悪の16.3％（およそ6人に1人が貧困），2015（平成27）年には13.9％（およそ7人に1人）となっている。改善傾向ではあるが，OECD諸国の平均13.5％にはまだ達していない。また，いわゆるひとり親家庭（大人が1人で子どもがいる現役世帯）の貧困率は50.8％となり，前回の54.6％と比べて3.8ポイント改善しているが，ひとり親家庭の半数は貧困線を下回る状況であるということになる。
　「子供の貧困対策に関する大綱」（2014（平成26）年策定），2015（平成27）年12月の「子どもの貧困対策会議」での「すくすくサポート・プロジェクト」（すべての子どもの安心と希望の実現プロジェクト）の決定等，さまざまな施策が講じられている。　　　　（p.170）

*****OECD "In it Together : Why Less Inequality Benefits All" (2015)　　　（p.170）

----
*子ども食堂
地域のボランティアが子どもたちを対象に無料または安価で栄養のある食事や団らんを提供する取り組み。子ども以外の，その他地域の住民を対象とする取り組みを含む。

を見守り，子育てを支える姿勢が必要である。

　2012（平成24）年8月に成立した子ども・子育て支援新制度は，「子ども・子育て支援法」「認定こども園法の一部改正」「子ども・子育て支援法及び認定こども園法の一部改正法の施行に伴う関係法律の整備等に関する法律」の子ども・子育て関連三法に基づく制度のことをいう。この制度は，すべての子育て家庭を対象に地域のニーズに応じた多様な子育て支援を充実させることを目的に，社会保障・税一体改革の1項目として，消費税率の引上げによる財源の一部を得て実施されるものである。2015（平成27）年4月の新制度の施行と併せ，内閣府に子ども・子育て本部が発足した。

　新制度では，「保護者が子育てについての第一義的責任を有する」という基本的な認識の下に，幼児期の学校教育・保育，地域の子ども・子育て支援を総合的に推進することとしている。また，教育・保育施設を利用する子どもの家庭だけでなく，すべての子育て家庭を対象に地域のニーズに応じた多様な子育て支援を充実させることとしている。

　社会に開かれた子育てにより，保護者は多くの人と子どもの成長の喜びを分かち合うことができ，子育ての不安も軽減される。また，子どもも多くの人と触れ合い，互いの存在や文化を尊重し合う豊かな体験の中で成長することができるのである。

　また，互いが尊重し合い平和的に共存する社会をかたちづくる方向に導いていく保育や保護者支援という保育者の働きは，ESD（Education for Sustainable Development: 持続可能な社会の担い手を育成するための教育）ともいえる，社会的にも重要なものである。

2 子どもの問題の背後にある保護者の課題

　この項では，保育者が園や子育て支援の場で出会った子どもたちの典型的な事例をいくつか紹介する。子どもの問題は，実は子どもとまわりの人との「関係の問題」であること，関係をよりよい状態にしていくために，保育者が子どもや家族にどうかかわるかについて，事例を通して考えてもらいたい。そのため，ここでは，各事例ごとに「どのようにかかわるか」を，ポイントを押さえながら考える「演習問題」を設けた。そのうえで，各事例を総括した解説を行うこととした（なお登場人物はすべて仮称である）。

（1）嘘をつくゆうちゃん——ひとり親家庭の事例

事例 1-①
　A保育園の月曜の朝，あきちゃんがおとうさんと手をつないで登園してきた。

あきちゃんが「今日さー，おとうさん休みなんだー。日曜日，お仕事だったから」と言うと，ゆうちゃんも「オレのおとうさんも，今日は家にいるんだ」と言う。

また，まさちゃんが「オレ，昨日，○○レンジャー，見に行ったんだ」と言うと，ゆうちゃんも「オレは，おじいちゃんと遊んだ」と言う……。

何気ない子どもたちの会話に耳を傾けながら，A先生はゆうちゃんの表情をそっと見守った。ゆうちゃんは競いあうように，笑顔で友だちと話をしている。

実はゆうちゃんの両親は離婚していて，ゆうちゃんは父親とは，その後，会っていない。祖父はすでに亡くなっている。しかし，ゆうちゃんはそんなことを少しも友だちの前では見せようとせず，明るくふる舞う。そして，こんな風によく，ありえないようなことを口にしてしまうのである。

演習問題

Q1 ゆうちゃんはなぜ嘘をつくのだろう。

Q2 嘘をついているゆうちゃんを，A先生がそのまま見守っているのはなぜだろう。あなたがA先生だったら，どうするだろうか。話しあってみよう。

事例1-②

ゆうちゃんは，休み明けには気持ちが荒れて，友だちにも当たってしまうことが多い。明るく友だちと遊んでいたと思ったら，いつもなら何ともないようなちょっとしたことが譲れなかったり，口で言えずに手が出てしまったり。何かちょっとしたことでも荒れてしまうゆうちゃんに対して，おかあさんがやさしく受け止めて接してくれたら，とA先生は思うのだが，母親にはとても言い出せる雰囲気ではない。

ゆうちゃんの母親は，保育園の送り迎えのときも表情が暗く，疲れていることが多い。ゆうちゃんにも始終，「早くおしたくしなさい！」「何やってるの！」「お友だちに謝りなさい！」と怒鳴っている。先生が話しかけようとしても，挨拶もそこそこに，忙しそうに帰っていく。

母親の仕事と育児で疲れきっているようす，ひとり親だからといって後ろ指をさされまいと気を張り詰めている姿にもこころが痛み，子育て相談といわないまでも，園で愚痴をこぼして元気になってもらえたらと思うが，なかなか母親との会話の糸口をつくれないでいる。

Q1 ゆうちゃんの母親は，どんな心境で生活し，子育てをしているのだろうか。想像してみよう。

Q2 保育者が，ゆうちゃんの母親と，ゆうちゃんのことについてもっと一緒に話したり考えられたりするためには，どのような方法があるだろうか。

（2）笑顔が消えたそうちゃん——再婚家庭の事例

事例2-①

そうちゃんは今年に入って笑顔がない。ほかの子どもたちは，登園すると，自分の楽しみにしていた遊びに早速取り掛かるのに，そうちゃんはみんなを遠目に眺めながらすごしている。何かに夢中になることがない。友だちを求めるのでもなく，保育者を求めるのでもない。遊びに誘っても，ちょっとつきあっただけで，すっと離れていく。

1年前のそうちゃんは，とてもいたずらっ子だった。保育者に始終ついてまわり，甘えた。保育者がしばらく目を離すと，廊下を水浸しにしたり，トイレにおもちゃやトイレットペーパーの塊を投げ入れたりして，「先生，先生」と呼びにくる。先生が大慌てで飛んでくるのを期待してのことだった。それはそれで困ったことだったが，ある意味では子どもらしい，人を求める姿であった。

しかし，このごろのそうちゃんは，騒ぎを起こさなくなって手はかからなくなったが，抜け殻のようになってしまったようだった。何だかこころから保育者や友だちを信頼していないようにB先生には感じられた。

Q1 そうちゃんは，なぜ，元気がないのだろう。進級，仲間関係，保育者との関係，遊びへの興味，家庭環境など，いろいろな視点から，考えられる理由をいくつもあげてみよう。また，どの理由が主になるものかについて，どうしたら確かめられるのか，考えてみよう。

Q2 B先生は，そうちゃんのどのようなところを，心配をしているのだろう。また，その心配はどこからくるのだろうか。

事例2-②

　ある日，いつものようにお迎えに来たそうちゃんの母親に，B先生は思い切って，「去年のそうちゃんはやんちゃ盛りだったけど，今年のそうちゃんは大きくなったからなのか，おとなしくなりましたね。何だかあまり元気がないように思うのは気のせいかしら。おうちではどうですか」と尋ねてみた。

　母親は，顔を曇らせて，話した。

　「去年は本当にいつもいたずらばかりして。でも，いまでは，弟をよくかわいがってくれる，いいお兄ちゃんですよ。赤ちゃん返りを心配していたけれど，そんなこともなく。父親は仕事が忙しくてなかなか家にいないんですけれど，休みの日を心待ちにして，よく遊んでいます。再婚した2度目の父親とは思えないくらいよくなついていて。でも，確かに家でもあまり元気がないんです。

　気がかりなのは，同居している祖父母のことです。夫の両親なのですけど，やはり血がつながった孫がかわいいのか，下の子ばかりかわいがるんです。下の子と上のそうちゃんの2人を保育所から連れて帰ると，おじいちゃんもおばあちゃんも下の子を取り囲むように『おかえり，おかえり』と話しかけ，上の子が横で『ただいま』とあいさつしても，返事もしてくれないんです。祖父母と一緒に食卓を囲むと，上の子は緊張して食が進まず，食べたものを戻しそうになることもたびたびで，そんなようすを見ると，余計に祖父母は上の子をかわいく思えないようで……。

　それで，このごろは，祖父母とは別々の部屋で過ごすようにしています。上の子には私しかいない，私が守らなきゃと，私も祖父母の一挙一動にぴりぴりしてしまって。それもこの子に影響しているのかもしれません。何だかだれにもこころを開かなくなってしまったようで，そうちゃんのこころからの笑顔をずっと見ていないような気がします……。経済的なこともあって同居したんですけれど，このままではいけない，できれば親子水入らずで暮らしたいと思っています」。

　B先生は，「そうなんですか。おかあさんからは，おじいちゃん，おばあちゃんの態度がとても気にかかるのですね。父方のご両親ですから，いろいろ気を使うことも多いでしょうしね。よく話してくださいました」と応じた。

Q1 そうちゃんの母親は，どのような心境で生活し，子育てをしているのだろうか。想像してみよう。

Q2 そうちゃんの母親に話を切り出すとき，B 先生はどのような配慮をしているだろうか。

事例2-③

　さらに，B 先生は続けて，「ところで，そうちゃんがいま一番楽しそうなのは，どんなときですか？」と尋ねた。

　「おとうさんと遊んでいるときが，一番嬉しそうですね。それから，このごろ興味をもち出した字を教えてと私のところに来るときかしら」と母親。

　「そうちゃんにとって，こころのよりどころになっているのは，きっと，おとうさんとおかあさんなのですね。これからも，ご両親がそうちゃんのことを大事に生活の方向を考えていけば，きっといい方向がみえてくるのではないかしら。園でも，そうちゃんに仲よしの友だちができるように，いろんなきっかけをつくりながら見守っているところです。そうちゃんがこころから安心して過ごせるよう，人を信頼してくれるよう，一緒に見守っていきましょうね」。

　母親と B 先生は，そう話してうなずきあった。

演習問題

Q B 先生は，事例2-②で母親の気になっていることを傾聴した後，事例2-③で話題を変えて，そうちゃんの楽しそうなときについて尋ねている。なぜだろうか。

（3）無気力なすみちゃん──親と祖父母の連携に課題のある事例

事例3-①

　すみちゃんは，登園しても午前中は調子が出ない日が多い。部屋でごろごろしていたり，友だちが遊んでいるのをボーッと眺めていたり。C 先生がクラス活動でゲームの説明をしても，聞いているのかいないのか，はた目にはよくわからない。給食になるとよく食べて，おかわりもする。午睡の後はやっと少し元気になって，友だちと遊びはじめる。朝ごはんや生活リズムはどのようになっているのだろう，とC

先生は心配だった。

　すみちゃんはいつも祖母と登園する。すみちゃんは両親との3人家族で，祖母は自宅から徒歩30分ほどの距離に住んでいる。

　ある日，C先生は，すみちゃんを送ってきた祖母に，「すみちゃんは，午前中はあまり調子が出ないようですが，何かお心当たりはありますか」と尋ねてみた。

　すると祖母は，「さあ，私は孫を朝，家まで迎えに行って，保育園に送ってくるだけなので，家でのことはよくわかりません」と答え，「私もこれから仕事がありますから」と，急ぎ足で去っていった。

　夕方になり，迎えに来た父親にも，心当たりがないか尋ねてみた。父親は，「さあ，私は朝早く出勤するので，登園前にどうしているかわからないんですよ。妻は家にいるはずですが……」という。

　「おうちに帰ってからは，どうなさっているんですか？」とC先生。

　「私が子どもに夕飯を食べさせて，風呂に入れています。妻が帰ってくるのが夜中近くになるので，駅まで私が迎えに行きます」

　「すみちゃんはどうしているのですか？」

　「ご飯や風呂が済むとだいたい9時ごろで，その後は，子どもは私がテレビを見ている横で，ごろごろしています。妻を迎えに行くときには，子どもだけひとり家に残すわけにもいかないので，一緒に車に乗せて迎えに行くんです。戻ると12時過ぎといったところでしょうか」

　「じゃあ，すみちゃんは，毎日12時過ぎに寝るのですね。朝は，どうしているんですか」

　「だから，最初に話したように，私は朝早く出勤するので，妻に任せてあるんです。どうしているかはわかりません」

　さらに，別の日の朝，C先生はもう一度，祖母に話しかけてみた。

　「登園の送りがおばあちゃんで，お迎えはおとうさん。おばあちゃんも毎日すみちゃんの家まで迎えに行って園まで送り届けてくださるのは大変でしょう。おかあさんの顔をお見かけすることが余りありませんが，お元気なのですか？」

　「娘も仕事が遅くまであって疲れているらしくてね。朝，家に寄っても，たいていは奥で寝ていて顔を見せません。私が孫を起こして，遅れないように慌ててしたくをさせて，そのまま出てくるんです。孫も起き抜けであまり食べたがらないし。私だって仕事に遅れちゃいけないから，朝は忙しいんですよ」

　「じゃあ，すみちゃんは，朝ごはんを食べずに登園しているのですか？」

　「いえね，何にも食べさせないのもいけないと思って，来る道々，ジュースを飲ませたり，飴玉をくわえさせたりはしているんですよ。娘がちゃんと孫に朝ごはんを食べさせればいいんですけど，困ったものです」

Q1 すみちゃんの生活リズムについて，まとめてみよう。

Q2 すみちゃんの生活リズムを，子どもの心身の成長にとって，より好ましい生活リズムにするためには，何に配慮して改善するとよいだろうか。

事例3-②

C先生は，午前中なら母親が家にいるだろうと，電話をしてみた。

「お久しぶりです，お元気ですか。このごろお顔を見ることがあまりないので，どうしていらっしゃるかと思って，お電話しました」

母親は，無愛想な声で答えた。

「うちの子，どうかしましたか？ 朝は実家の母にみてもらっているし，私は帰りが遅いので，子どものことはよくわからないんですけど」

「すみちゃん，朝ごはんをあまり食べずに登園することが多いようですね。夜も寝るのが夜中過ぎだそうですね。園で午前中調子が出ないことが多いのは，生活のリズムが整っていないことも関係しているのかな，と考えているんですが……」

「まったく，おばあちゃんもおとうさんもちゃんと子どものことをみてくれてないんだから。私は精一杯遅くまで働いているんです。みんなもっと協力してくれてもいいんじゃないかしら。ね，先生！」

祖母も父親も母親も，最後のところはみんな人任せで，だれもすみちゃんの生活に責任をもってかかわろうという心持ちがみえないことが，C先生にはとても気になった。

「おとうさんも朝早いのに，すみちゃんのお迎えから晩御飯，お風呂までよく面倒をみてくれていると思いますよ。おばあちゃんも，毎朝，おうちに寄って，すみちゃんを登園させてくださっているのは大変なことだと思います」

「じゃあ，先生は，母親は何もしていない，とおっしゃるんですか？」

「いいえ，みんなそれぞれ一生懸命やっていらっしゃるのはよくわかります。でも，すみちゃんにとっては，きちんと睡眠をとること，生活リズムを整えること，朝ごはんを食べることは，大事なことだと思いませんか。今度，おばあちゃんと，おとうさん，おかあさん，みんなすみちゃんにとってどうしたらいいか，どう協力しあっていくといいか，考えてみたらと思うのですけれど。一度，みなさんでお話しする機会をつくりましょう」

　電話をおえたC先生は，困ってしまった。祖父母世代と親世代が，協力しているようにみえながら，互いにたらいまわしにしているようで，C先生にはすみちゃんをしっかりと受け止めてくれる人がみえてこないのであった。

演習問題

Q1　すみちゃんの両親と祖母は，どのように育児を協力して進めているのだろうか。a.工夫している点，b.課題となっている点，c.改善に向けてのアイディア，の3点について，話しあってみよう。

Q2　保育者として，すみちゃんの両親，祖母と一緒に，共に子育てを考えていくには，これからどのような話しあいをしていくとよいだろうか。話しあう内容，機会のつくり方や話しあいの進め方について，ロールプレイなどを活用しながら考えてみよう。

（4）ひとり遊びばかりのけいちゃん──子育て不安の事例

事例4−①

　子育て支援グループで保育士としてスタッフに加わったDさんは，親子グループでけいちゃん母子と出会った。

　けいちゃんは，なかなか人と目をあわせない，マイペースな子どもだった。ほかの子どもたちのそばまで連れて行っても，ひとりで高いところに上ってしまったり，走り回ったりしていて，子ども同士で遊ばない。途中で母親が席をはずしても，後追いもしない。母親は明るく振舞っていたが，どこかさびしそうな，うつろな目をしていることがあった。

　Dさんが，「けいちゃん，あんなに走り回って，元気ですね」と話しかけると，母親は，「ほんとに走り回ってばかりいて。もっとお友だちと遊んでくれたらいいのに。家でも，時間をつくってせっかく公園まで連れて行っているのに，ちっとも滑り台やお砂場でも遊ばず，友だちのところに近寄るでもなく，連れて行ったかいがないんです」と嘆いた。

　Dさんが，「おかあさん，一生懸命やっているのね」と受け止めると，母親は，それまでこころのなかにためていたことを，ポツリポツリと話し出した。

　「よその子は，たくさんおしゃべりをするのに，うちの子はことばが出ないんです。おじいちゃんやおばあちゃんは，うちの子が少しおかしいんじゃないか，と言うんです。あからさまには言わないけれど，私の育て方が悪いというような目で見られているような気がします」

「何か欲しいものがあるときだけ，私の手をつかんで物をとらせるのですけど，それだけで，あの子には私がいてもいなくても関係ないんじゃないか，とときどきひどくむなしくなります」

「友人に相談しても，みんな，『心配ないんじゃない？』とか，『大丈夫，大丈夫』とか言って，まともに聞いてもらえないし……」

「友人に会いに出かけたい，実家に里帰りしたい，と思っても，祖父母の体の調子があまりよくないので，出かけることもままならないし……」

「おとうさんは，帰りが遅いし，この子が甘えてきたり一緒に遊びたがるようなそぶりを見せたりしないので，どうつきあっていいかわからないらしくて，何もしてくれません」

いつも明るそうに振舞っているように見えた母親から，不安なこころのうちをみせられて，Dさんはどう応えようか，と迷った。

「ここで走り回っているけいちゃんは，とっても楽しそうね。公園にもよろこんで行くのだから，きっと，けいちゃんにとって楽しいことがあるんでしょう。けいちゃんには，自分のやりたいことがちゃんとあるのね。それって大事なことね」

「子どもにとって，やりたいこと，楽しいこと，ですか……」

「1人ひとり，もち味があるから。おかあさんは，けいちゃんのいいところって何だと思います？」

「この子のいいところ，ですか……？」

演習問題

Q1 Dさんは，けいちゃんの母親に話すときに，どのような配慮，工夫をしているだろう。また，それはなぜだろう。

Q2 けいちゃんの母親が困っていること，不安に感じていることはどういうことだろう。できるだけあげてみよう。

事例4-②

それからしばらくたって，母親がその後の家庭でのようすを報告してくれた。

「このごろ，自分のお気に入りの動物や魚の絵本を私のところに持って来るんです。開いて眺めたりもするんですが，その後必ず，『冷蔵庫にしまえ』という身振りをするので，冷蔵庫にしまってあげるんです。でも，1日に10冊くらい，次々に持って来てはしまえ，というようなので，冷蔵庫は絵本でいっぱいです。いったい何なんでしょうね」。

　Dさんは考えながら答えた。

　「何でしょうね……。おとなにとって冷蔵庫は食べ物を入れるものだけれど，けいちゃんにとっては，『大事なものを入れるところ』なのかもしれないですね。それにしても，おかあさん，ちゃんとけいちゃんのリクエストを受け止めてあげて，えらいですね」。

　「ああ，これが，いま，この子にとってやりたいことなのかな，それなら，一緒につきあってみよう，と思って。こだわりがある，困った，と思うより，やりたいことが出てきた，私を求めてきてくれた，これがこの子のいいところかな，と思うようにしたんです」。

　それから2カ月ほどたって気づいてみると，けいちゃんは母親にまとわりついていることが多くなり，母親の姿が見えなくなると泣き出して，後追いすることも増えてきた。けいちゃんは以前よりもずっと，おかあさんをこころの支えにするようになり，何かあるとおかあさんに見せに来たり，片言で訴えに来るようになった。

　そんなある日，母親はDさんに言った。

　「前に，『この子の楽しいことは，いいところは？』とおっしゃったでしょう。あのとき，実は，『この子にいいところなんてあるかしら』と思ったんです。でも，それから，気をつけていると，この子なりに楽しんでいる遊びがみえてきました。ああ，こんなことも楽しいんだと，私もちょっとこの子がわかりかけた気がして。それに応じてあげているうちに，私になつくようになって来ました。前は，私がひとりぼっちで子育てして，それもちっとも報われない気がしていました。このグループでほかのおかあさんや子どもたちと知りあいになって，ほかの人も何でもなさそうにみえて，それぞれ悩みや心配を抱えているんだな，私もひとりじゃない，と思えるようになりました。気持ちに余裕が出てきたから，この子の遊びにもつきあえるようになったのかな。このごろやっと，この子がかわいい，母親なんだ，という実感が湧いてきました」。

　Dさんは，グループの母親同士のなかで，また，スタッフのちょっとしたひと言をきっかけに，大きく成長していく母親自身の力を感じた。また，親の変化が子どもの成長をうながし，それがまた，親子の絆を強くしていくという相乗効果を実感したのだった。

（演）（習）（問）（題）

Q1　けいちゃんの母親が，子育てに前向きに向きあえるようになったのは，なぜだろう。

（5）小さなちいちゃん──子どもの貧困とネグレクトの事例

事例5

　家庭児童相談室の心理相談員のEさんは，1歳6か月児健診の会場で，弟の健診についてきていた女の子と出会った。午前中の健診に幼児のきょうだいが園を休んで一緒に来ることは珍しい。母親に尋ねると，ちいちゃんは5歳，どこの園にも通っていない子どもだった。5歳と聞いて，Eさんは2度驚いた。ちいちゃんの体格は，3歳児くらいだったからである。保健センターの保健師も，ちいちゃんの健康を心配した。そこで，月1回，3か月間保健師が家庭訪問を行い，弟とちいちゃんの身長体重を測定して，母親の相談にも応じた。その結果，弟の身長体重は伸びていたものの，ちいちゃんはほとんど身長も体重も変化が見られなかった。幼児で身長体重に変化が見られないということは，何らかの理由で正常な成長が止まっているということを意味する。病気か栄養不足の可能性が考えられた。

　家庭訪問での母親からの話では，大家族なので大鍋のまま食卓にどんとおかずが出され，きょうだいたちは食卓に着いた順に食事をする。ちいちゃんはいつも部屋の隅にいて後から来るから，どれくらいの量を食べているかは分からないという。

　また，ちいちゃんの表情も母親への愛着も乏しいのも気になる点であった。きょうだい1人ひとりは明るいが，ちいちゃんが目の前にいると邪魔者扱いにするようにつらく当たっている様子だった。父親は，きょうだいの誰彼を区別する様子はないが，ちいちゃんをかばう様子もない。母親は臨月でしんどそうにしていて，子どもたちが自分で自分のことをせざるを得ないという家庭状況であった。

　文化的な環境としては，きょうだいは多くても子どもの玩具があるわけではなく，ぼろぼろになった月刊絵本が少しあるくらいであった。またテレビはあるが，時計のない家だった。

　一方，近所付き合いはあり，料金未納でガスが止められてしまったときは，近所のお風呂を借りることができていた。ちいちゃんは，午後になり近所の子どもが園や学校から帰ってくると，一緒に近くの路上や公園で遊ぶこともあるようだった。

　ちいちゃんの発達の心配をした保健師の勧めで保護者からの依頼があり，心理相談員のEさんは，発達検査とともに知能検査を行った。対人関係や基本的なこと

ばのやり取りはできるものの，語彙が少ないのが特徴的であった。たとえば，時間の観念は「昨日」は「過去」，「明日」は「未来」という大雑把な捉え方で，曜日の観念はまだ確立していなかった。何時という時間の表し方は分からず「お昼の時間」という捉え方で，その手掛かりはテレビ番組であった。また，桜の花びらの枚数を尋ねる問題では，「桜」自体を知らなかった。また，5までの数を数えることも難しかった。一方で，基本的生活習慣はかなり自立していた。

体格の小ささについては，病院に検査入院して，2週間様子を見ることになった。その結果，2週間，3食しっかり摂っている間に順調に身長・体重は増加した。身体的には具合の悪いところは見つからなかった。家庭での栄養失調が示唆された。

心身の状況，養育環境，保護者との面談から，ネグレクトが疑われた。また，母親が臨月で，養育環境をすぐに改善することは困難と判断され，保護者の同意のもと，ちいちゃんは児童養護施設で生活することになった。退院の日，ちいちゃんは，児童相談所の職員と市役所の職員からこれから児童養護施設で暮らすことを告げられ，黙ってうなずき，児童養護施設へ向かったのだった。

演習問題

Q1 「子どもの貧困」という家庭状況では，乳幼児にどのような影響があるだろうか。できるだけ多く挙げてみよう。

Q2 あなたが児童養護施設の保育士として，これからちいちゃんを受け入れるとしたら，どのような配慮をしていくとよいだろうか。また，どうしてそのように考えたのだろうか。お互いに話し合ってみよう。

（6）＜解説＞事例1～5を考えてみよう！

①子どもの理解を深める

事例1では，嘘をつく，ということについて，よくないこと，というとらえ方もあるかもしれない。しかし，この事例の場合は，悪気があっての嘘というより，子どもの願いの表れの想像の話，ととらえるべきであろう。子どものこころの傷が回復していくプロセスのなかで，体験したことや恐れや願いが遊びや想像のなかに表れることが，しばしばある。子どものことばや行動の奥にある心情に思いを馳せながら，保育者として子どもに向きあいたい。

事例2，事例3では，子どもは目だって困った行動をしているわけではない。しかし，子どもの生き生きした姿がみられないことに気づく保育者としての感性，

観察眼をもちたい。

　なぜ，生き生きとしていないのか。その遊びに気が乗らないのか，仲間関係の問題なのか，その日の機嫌や体調によるのか，長期的にそのようなようすなのかなど，さまざまな条件を考慮しながら，子どもの状態を読み取っていきたい。

　また，そのようななかでも子どもが時折見せる楽しげな明るい表情，ほっとした表情のなかに，実は解決のためのヒントが隠れている。どのようなときに，生き生きとしているだろうか，それは何がよかったのだろうか。それらを保育に活かすとともに，保護者にも伝えながら，子どもの姿をともに考える関係や環境を築いていこう。

　事例4と5は，発達の心配も伺われる事例である。発達に心配があると，つい，保育者にとって困る行動や，心配な行動や癖に目が行ってしまいがちである。しかし，そのようなときも，子どもに障がいがあるかどうか，と判断を下そうとして観察するのではなく，まず，子どもにとってどのような思い，喜びや不安が，行動や表情に表れているかを，子どもの側にいて感じ取ってみよう。子どもにとって嬉しいとき，楽しいときは，成長の芽が伸びるときでもある。子どもの何気ない行動や遊びのなかに成長の芽をみつけて，それを保護者に伝えてみよう。家庭でのようすと照らしあわせれば，保護者にも保育者にもその子どもについての理解が深まり，子どものことを一緒に考えていく信頼関係も培われるだろう。

②保護者への理解を深める

　保護者が子どもにしっかり向きあっていると感じられないとき，また，保育者が好ましいと思うようなかかわり方を保護者がしていないと感じるとき，保育者は，つい，保護者を批判的なまなざしでみてしまうことがある。しかし，保護者も，さまざまな事情を抱え，複雑な思いのなかで生活をし，子育てをしていることを，しっかりとこころに留めておこう。保護者の大変さに思いを馳せるのは，保護者理解の第一歩である。

③保育者としてのかかわりの可能性を探る

　保育者という立場からは，子どもに保育場面でかかわる，保護者に連絡帳や登園・降園時の挨拶などでかかわる，子どもや保護者がほっとできる機会をつくる，など，いろいろな場面をつくることができる。子どもへの理解を深め，また，保護者ともそれを共有していくには，保護者に一方的に伝えるのでなく，保護者の思いもキャッチすること，お互いの思いや考えを交流することが大事である。思いが通うところから，保護者と保育者の共同の子育てがはじまるのである。

演習問題

Q それぞれの事例では，保護者は，どう感じているのだろう。保護者の視点，立場からも，物事をみてみよう。また事例1では，ひとり親家庭という家庭の事情も考慮してみよう。

2. 虐待問題と保育者

1 子どもの虐待

（1）現在の動向

　現在，児童虐待が大きな問題になっている。「児童虐待の防止等に関する法律」（2000〈平成12〉年制定，最終更新2017〈平成29〉年改正）では，虐待の定義として，保護者および保護者以外の同居人による児童への行為の4つの類型，すなわち身体的虐待，性的虐待，保護の怠慢（ネグレクト），心理的虐待が明記されている*。なお面前DV**も心理的虐待に含まれる。

　児童相談所において対応した虐待相談の処理件数は年々増加の一途をたどり，2000（平成12）年度17,725件，2005（平成17）年度34,472件，2010（平成22）年度56,384件，2018（平成30）年度159,850件（速報値）となっている。実際に虐待件数が増えているととらえられる一方，度重なる虐待による子どもの死亡などの報道によって社会の関心が高まり，相談・報告がうながされて児童虐待処理件数の増加につながったとも考えられている。また，ここに表れている数字は氷山の一角に過ぎないとする見方もある。

　児童虐待は，家族の社会的・経済的・心理的背景が複雑に絡みあって生じると考えられている。たとえば，親自身が虐待された体験をもっている，生活が経済的・心理的に困難に陥っている，困ったときに助けを求められる援助者がいない，望まぬ妊娠から生まれた子どもである，などである。

　厚生労働省を中心に，児童虐待の予防，早期発見・早期対応，子育てに関する相談・支援体制の整備，児童相談所の体制の強化および関係機関との連携の強化，児童へのケアの充実などの取り組みも行われているが，まだ十分とはいえない。保育の現場では，児童相談所にまだ通告していない虐待傾向が疑われるケースもみられることから，統計に表れていない虐待傾向の家庭は，かなりの数に上ることが想像される。

（2）虐待の早期発見・早期対応

　保育者が虐待傾向の親子に出会うのは，大きくわけて，保育所・幼稚園・認定

---

* 「児童虐待の防止等に関する法律」（平成29年改正）第2条（児童虐待の定義）この法律において，「児童虐待」とは，保護者がその監護する児童について行う次に掲げる行為をいう。1　児童の身体に外傷が生じ，又は生じるおそれのある暴行を加えること。2　児童にわいせつな行為をすること又は児童をしてわいせつな行為をさせること。3　児童の心身の正常な発達を妨げるような著しい減食又は長時間の放置，保護者以外の同居人による前2号又は次号に掲げる行為と同様の行為の放置その他の保護者としての監護を著しく怠ること。4　児童に対する著しい暴言又は著しく拒絶的な対応，児童が同居する家庭における配偶者に対する暴力（配偶者（婚姻の届出をしていないが，事実上婚姻関係と同様の事情にある者を含む。）の身体に対する不法な攻撃であって生命又は身体に危害を及ぼすもの及びこれに準ずる心身に有害な影響を及ぼす言動をいう。）その他の児童に著しい心理的外傷を与える言動を行うこと。第6条（児童虐待に係る通告）児童虐待を受けたと思われる児童を発見した者は，速やかに，これを市町村，都道府県の設置する福祉事務所若しくは児童相談所又は児童委員を介して市町村，都道府県の設置する福祉事務所若しくは児童相談所に通告しなければならない。

**面前DV
児童が同居する家庭において配偶者の暴力があること。

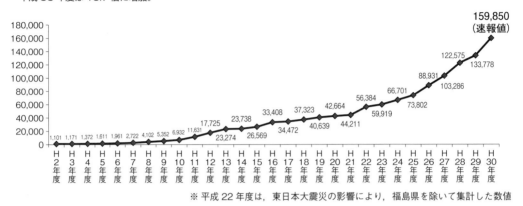

図7-1 児童虐待相談の対応件数及び虐待による死亡事例件数の推移

○全国の児童相談所での児童虐待に関する相談対応件数は，児童虐待防止法施行前の平成11年度に比べ，平成30年度は13.7倍に増加。

※ 平成22年度は，東日本大震災の影響により，福島県を除いて集計した数値

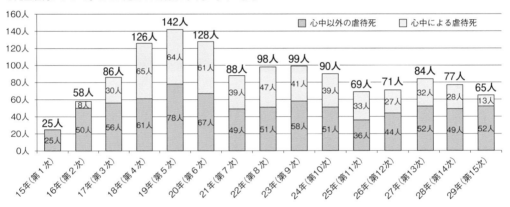

○児童虐待によって子どもが死亡した件数は，高い水準で推移

（注1）平成15年～平成19年までは暦年。平成20年度以降は年度、（注2）平成15年はH15.7.1～H15.12.31の6か月間、（注3）平成19年はH19.1.1～H20.3.31の15か月間

出典：厚生労働省「子ども虐待による死亡事例等の検証結果等について（第15次報告）及び児童相談所での児童虐待相談対応件数」（2019（令和元）年8月間）

こども園，子育て支援センターなどに通ってくる子どものなかに虐待問題を発見する場合と，児童相談所を経て乳児院，児童養護施設，障害児入所施設などに措置入所してきた子どもの生育歴に虐待問題をみる場合であろう。

　保育所保育指針では，虐待などへの対応として，「保護者に不適切な養育等が疑われる場合には，市町村や関係機関と連携し，要保護児童対策地域協議会*で検討するなど適切な対応を図ること。また，虐待などが疑われる場合には，速やかに市町村又は児童相談所に通告し，適切な対応を図ること」**としている。

　具体的には，「保護者に不適切な養育等や虐待が疑われる場合には，保育所と

保護者との間で子育てに関する意向や気持ちにずれや対立が生じうる恐れがあることに留意し，日頃から保護者との接触を十分に行い，保護者と子どもの関係に気を配り，市町村をはじめとした関係機関との連携のもとに，子どもの最善の利益を重視して支援を行うこと」*である。それにより，保護者の養育態度が変化し，虐待の予防や養育の改善につながることが期待できる。

また，園や保育者などによる対応では不十分であったり，限界があると判断される場合には，児童相談所などの関係機関との連携，協力が必要となる。虐待の通告義務は，園や保育者にも課せられている。

通園する子どものなかに虐待傾向を認めた場合，保護者との信頼関係を築きつつ，園ぐるみで協力して子どもの保護と親の養育態度の改善に向けての支援を行うこと，また，早期に児童相談所などの専門機関と連携をとり，虐待防止のネットワークをつくりながら対応していくことが必要である。

一方，入所施設では，子どもの保護と心身のダメージの回復に力を注ぐことが重要であり，さらに，将来，家庭に帰り，家族と幸せに暮らせるように，家庭環境の調整もしていく必要がある。

２ 保育者が出会った子どもに厳しい保護者

ここでは，子育て支援グループと入所施設でのふたつの事例を紹介したい。なお，ここでは，ポイントとなる視点を示しつつ，「どのようにかかわるか」を考える「演習問題」を事例ごとに設けている。そのうえで，保育者が担うべき役割について解説を行うものとする。

（1）狭い人間関係のなかでの誤った知識と偏った育児

事例5-① — 子育て支援親子グループでの事例

プレイルームに着いて，たくちゃんは，おもちゃ棚から電車やレールの入った箱を取り出した。保育士でグループスタッフのEさんがレールをつないでみせると，たくちゃんはそこに電車を置き，走らせる。Eさんは，レールをつなぎながら，たくちゃんの電車にあわせて「しゅっぱーつ！」「がたんごとん」と声をかける。そんなことをくり返すうち，たくちゃんは小さい声ながら「しゅっぱーつ」「ウィーン，がたんごとん」などと言って，電車を走らせはじめた。手を添えて一緒にレールをはめると，嬉しそうにしている。「やったー！ できたー！」とEさんが拍手すると，ニコニコして今度はひとりでレールをはめようとするが，なかなかうまくはまらない。

横で見ていた母親は，「ほら，貸してごらん！ やってあげるから。こうやるんだよ！」と残りのレールを全部はめてしまった。たくちゃんはしゅんとして，下を向いて電車を走らせはじめた。レールをはめてあげるときには優しそうに見えた母親

＊要保護児童対策地域協議会
虐待を受けている子どもをはじめとする要保護児童の早期発見や適切な保護を図るために，市町村レベルで，保護が必要な子どもにかかわる関係機関（児童相談所，保健センター，保育所，学校，警察ほか）によって構成される協議会。その子どもや保護者に関する情報や考え方を共有し，支援内容の協議を行う（5章p.134 参照）。
（p.186）

＊＊「保育所保育指針」（平成29年）の第4章2 保育所を利用している保護者に対する支援（6）
（p.186）

＊「保育所保育指針解説」平成30年，p.354「保育所や保育士等による対応では不十分，あるいは限界があると判断される場合には，関係機関との密接な連携がより強く求められる。特に児童虐待防止法が規定する通告義務は保育所や保育士等にも課せられており，虐待が疑われる場合には，市町村又は児童相談所への速やかな通告とともに，これらをはじめとする関係機関との連携，協働が求められる。不適切な養育の兆候が見られたり虐待が疑われたりする場合の対応については，児童福祉法第21条の10の5において，保護者の養育を支援することが特に必要と認められる児童及びその保護者等を把握した場合の市町村への情報提

は，怖い顔でたくちゃんを見つめた。そして，「私がこんなにやってあげているのに嬉しそうな顔もしない。ほんとに嫌になっちゃう！」とＥさんにぼやいた。

　そこにひろくんが来て，電車のひとつに手を伸ばした。たくちゃんは困った顔をして，電車を持っていかれないように手で押さえた。たくちゃんもひろくんも，まだ，ことばが十分でなく，お互いに，「貸して」「嫌だよ。僕が使っているの」といったことばでのやり取りはできない。2人が無言で電車を引っ張りあっているのを見たたくちゃんの母親は，「たく！ お友だちに電車を貸してあげなきゃだめでしょ！」と強い口調で言った。それでもたくちゃんが手を離さずにいるのを見ると，「貸してあげなさい！」という怒鳴り声と同時に，ばしっ！とたくちゃんの頭をたたいた。たくちゃんは身を縮めるようにして上目遣いに母親を見上げ，ひろくんはその怒鳴り声にびっくりして泣き出してしまった。母親は，「ほら！ あんたが貸してあげないから，お友だち，泣いちゃったじゃない！ 仲良くしなさいって言ってるでしょう！」と，強い口調で言った。そして，たくちゃんの手から電車を取り上げると，ひろくんに「ごめんね。はい，電車」と渡したが，ひろくんは受け取らず，おびえるようにその場を立ち去ってしまった。

演習問題

Q1 小さな声ながら「しゅっぱーつ」などと言いながら電車を走らせはじめたとき，たくちゃんはどんな気持ちだったのだろうか。考えてみよう。

Q2 Ｅさんが手を添えて一緒にレールをはめると，たくちゃんは嬉しそうだった。このときのたくちゃんの気持ちを考えてみよう。また，それを見ていた母親の気持ちも考えてみよう。

Q3 母親が残りのレールをはめてしまったとき，たくちゃんはどんな気持ちだったのだろうか。また，母親はどんな気持ちだったのだろうか。それぞれの気持ちを考えてみよう。

Q4 母親に電車を友だちに貸すように言われても，手を離さなかった場面のたくちゃんの気持ちを考えてみよう。また，そのときの母親の気持ちも考えてみよう。

供について，同法第25条において要保護児童を発見した場合の通告義務について規定されている。『子ども虐待対応の手引き（平成25年8月改正版）』においては，保育所が組織的対応を図ること，虐待に関する事実関係はできるだけ細かく具体的に記録しておくことなどが記載されている。」(p.187)

Q5　たくちゃんが，のびのびと遊べるようになるように，どのような援助ができるだろうか。

Q6　たくちゃんの母親に，こころを開いてもらえるように，どのような援助ができるだろうか。

Q7　たくちゃん親子の関係を改善していくために，この親子グループの場では，どのような援助ができるだろうか。

Q8　社会資源の活用や関連機関との連携を活用して，たくちゃんの親子に対してどのような援助ができるだろうか。

事例5-②

　母親が家のなかにこもり，親子関係がさらに悪くなってしまうことを心配したEさんたちグループスタッフは，母親との信頼関係をつくりながら，子どもへの接し方を変えていってもらうことを当面の目標とした。そして，遊びのなかでみえた，たくちゃんの成長や，母親のかかわり方のなかで適切だと感じたものを拾い出し，「おかあさんが褒めてあげると，たくちゃんは嬉しそうですね」「おかあさんが見守ってあげると，たくちゃんは，やる気が出るみたいですね」と褒めながら伝えていった。

　ある日，母親がEさんに，「毎日毎日，この子を叱るたびにギャアギャア泣かれて，近所の人から虐待だって思われるんじゃないかとハラハラしちゃう」と話しかけてきた。「そうなの」と話をうながすと，「うちの子，歩きはじめが遅かったんです。ハイハイをいっぱいするのが大事だって知りあいから聞いて，この子がいっぱいハイハイできるように，この子専用の部屋までつくったんです。テレビ以外は何も置かず，コタツも何もかも片づけて，いくらハイハイしてもぶつからないようにしたんです。よその部屋に行くと危ないから仕切りをして，ハイハイの部屋だけで過ごさせるようにしました。だけど，気がついてみたらつかまり立ちもできない。テレビ台以外につかまるものが何もなかったから，つかまり立ちをしたことがほとんどなかったんです。健診で歩きはじめが遅いと言われて，私がハイハイ用の部屋で過ごさせてるって話したら，それは子どもをほったらかしにしていることだって言われて。養育放棄，虐待と思われてるって，そのときに感じたんです。子どもを放っているんじゃない，後ろ指を指されたくない，こんなに子どもの面倒をみていますって証明するつもりで，ここに来ることにしたんです」。

やっと，踏み込んだ話ができるまでに母親との信頼関係ができつつあることを感じたEさんは，いまならば言えると思った。

　「おかあさんがニコニコ見守っているときの方が，たくちゃんも穏やかで，素直で，お友だちとも楽しそうにしていますね。お友だちとのおもちゃの取りあいも，子どもには大事な経験。『お友だちと仲良くして！』っておかあさんに叱られながらたたかれると，『怒ったときは，叩いていいのかな』と受け取って，余計にお友だちを叩くことが増えたりして逆効果。『貸して，って一緒に言おう』って，一緒にやってみせるほうがいいみたいですね」

　母親は答えた。「そうですね。叩いて教えようとしていたら，このごろ，この子，小さい子を叩くようになっちゃったんです。それで，私も，たたいたらまずいかな，って思いはじめて。父親にも，知りあいにも，子どもはたたかなくちゃしつけられないって言われてたから，そんなものかなと思ってやってたんです。でも，もうやめようと思います」

　その後，母親がたくちゃんに手をあげることは減ってきたようだった。ときどき，子どもを見る目が三角になっていることがある。そんなときは「おかあさん，今日はちょっと元気ないんじゃない？ 大丈夫？」と，Eさんは話しかける。「そんなこともないけれど……。ああ，昨日，おとうさんとけんかしちゃって。ストレスたまってるかなあ」

　そうやって胸のうちを話した後は，母親の目も，子どもにかけることばも，いくぶんやわらかくなる。そして，たくちゃんも笑顔が増える。子どもの笑顔に，母親の表情もまた，和らいでくるのである。

演習問題

Q1 Eさんたちグループスタッフは，どのような援助方針を立てたのだろうか。その理由および具体的な援助方法についても整理してみよう。

Q2 たくちゃんについて，グループのなかでどのようなことを大事に援助していきたいか，スタッフになったつもりで考えてみよう。

Q3 たくちゃんの母親が，自分の気持ちや，親子グループに来るようになった理由をEさんに話してくれる気になったのは，なぜだろう。

Q4　この事例のようなケースの保護者に活用を勧める社会資源として，どのようなものがあるとよいだろうか。また，実際に，どのようなものがあるだろうか。スタッフの見守りのある遊び場，子育てに関する相談，保護者が自分の気持ちを話せる場，いろいろな人から子育てについての考えや方法を聞くことのできる場，などの視点から検討してみよう。

Q5　もし，保護者の子どもへの暴力が減らなかったり，逆にエスカレートしていくような場合には，どのような援助，手立てが必要になるだろうか。関連機関との連携も視野に入れながら，検討してみよう。

（2）わが子がかわいく思えない──障害児入所施設での事例

事例6-①

　F先生は，障がい児の入所施設で働いている。ここで生活しているのは，何らかの障がいをもち，親元を離れて療育や職業訓練をしている子どもたちである。

　F先生がここで働きはじめて3年目の春，かっちゃんという子どもが入所してきた。

　「ここがかっちゃんの部屋だよ。僕の隣のベッド」。

　子どもたちや職員がかっちゃんを温かく迎えようとするなか，かっちゃんは上目遣いにまわりの人をにらみつけ，けんかを売るような目つきをしていた。そして，まわりを見回しながらお漏らしをした。

　「あらあら，トイレに行こう。パンツとズボンを換えようね」

　F先生が近寄ると，かっちゃんは，ぱっと自分の頭を守るように手で顔を覆った。そして，その指の間から，冷ややかな目でこちらを見つめていた。それはまるで，「お前，ぶつつもりだろう，ぶってみろ！」とでも言っているようだった。

　それから，毎日毎日，日に何度も何度も，お漏らしをした。ほかの子どもに手を上げることもたびたびだった。そして，そのたびに，「どうだ，これでも怒らないのか，叩かないのか⁈」と，挑発するような目で，上目遣いににらみつけるのだった。「おとななんか信用しない！」と，こころのなかで叫んでいるようだった。

　「よっぽどいままでひどく怒鳴られたり，叩かれたりしていたんだね。ここでは安心していいことをかっちゃんにわかってもらえるといいね。絶対に怒鳴らない，叩かない。根気よく，しっかり受け止めてかかわろう」と，職員は話しあった。

F先生も，ほかの職員も，かっちゃんに根気よく穏やかに話しかけ，一緒にパンツを換え，ほかの子どもたちとの仲立ちをした。しかし，いま換えたばかりのパンツにまたお漏らしをして，そのうえ，挑発的な目でにらみつけられることがたえ間なくくり返されると，かわいげのない目つきについ「カッ」となってしまい，大声をあげそうになることもあった。我慢も限界に来たと思ったときには，怒鳴ってしまう前にほかの職員と交代し，また新鮮な気持ちで穏やかにかっちゃんに接することを，日々くり返していった。

1カ月ほどたったころ，気がつくとかっちゃんの目から挑発的な光が消えていた。そして，にっこり笑うことや，職員に甘えてくることが増えてきた。やっと職員を自分の味方と認め，信頼してくれたのである。「かっちゃん，笑うとあんなにかわいかったのね」と，だれもが思うほどに，子どもらしく，生き生きとした姿をみせるようになった。

(演)(習)(問)(題)

Q1 かっちゃんの行動から，子どもの気持ちを想像してみよう。
　①周囲が温かく迎えようとするなか，上目遣いにまわりの人をにらみつけ，見回しながらお漏らしをする場面
　②F先生が近寄ると，ぱっと自分の頭を守るように手で顔を覆った場面
　③日に何度もお漏らしをしたり，ほかの子どもに手を上げて，挑発するような目でにらみつける場面
　④にっこりと笑うことや，職員に甘えてくることが増えてきた場面

Q2 かっちゃんの行動から，これまでの親子関係を想像してみよう。

Q3 F先生やほかの職員は，かっちゃんへの援助方針をどのように立てたのだろうか。また，それは何のためだろうか。また，その結果は，かっちゃんのどのような変化となって現れているだろうか。

事例6-②

　夏休みが来て，かっちゃんも自宅に10日ほど戻ることとなった。

　子どもたちと職員は，お出かけ用の衣類をコーディネートしたり，新しい下着を用意してバッグに詰めたりし，その日を楽しみにしていた。

　かっちゃんの母親が迎えに来た。母親はとても表情が固かった。かっちゃんが「おかあさん」と手を伸ばすと，ぐいっとその手を引っつかむように握った。それまで笑顔だったかっちゃんの表情は引きつり，こわばった。

　F先生がおかあさんに夏休み中の連絡事項などを伝え，バッグを渡そうとすると，「うちに洋服くらいあります！」と，はき捨てるように言い，玄関にバッグを投げ捨てるように置くと，挨拶もせずにかっちゃんを引きずりながら早足で帰っていった。F先生はこころが痛んだ。そして，「何でかわいがってくれないんだろう」と母親への怒りがこみ上げてきた。

　夏休みがおわり，自宅から戻ったかっちゃんからは，あのかわいい笑顔が消え，入所してきたころのような，上目遣いの挑発的な硬い表情になっていた。職員は，また，穏やかに根気よくかっちゃんにかかわり続けた。これまでの積み重ねがあったからか，今度は2週間ほどで笑顔が戻った。

　冬休みがきて，また，母親に引きずられるようにしてかっちゃんが家に帰り，休み明けに施設に戻ってきたときには，再び笑顔が消えていた。またしばらく笑顔を取り戻すのに時間を要し，春休みが来て，また同様のことがくり返された。

　それでも少しずつかっちゃんの笑顔が戻るまでの時間は短くなっていき，2年ほど経つと，母親の前でも笑顔をみせるようになった。F先生には，かっちゃんの笑顔と母親の固い表情のちぐはぐさが目についたが，それも，さらに1年ほど経つうちに変わってきた。とうとう母親にも笑顔が戻ったのだ。

　かっちゃんが4回目の夏休みを迎え，仲よく手をつないだ母子を見送るF先生は，かっちゃんの人への信頼が揺らぎないものとなったことを確信した。そして，人を信じる笑顔が，母親の硬く閉ざしたこころも溶かしたのだと思った。

Q1 かっちゃんの母親の気持ちを想像してみよう。
①生まれた子どもに障がいがあることがわかったとき
②頑張って育てようとしても，障がいによる心身の発達の遅れが明らかとなってきたとき
③親子関係がうまくいかない，障がいをもつわが子を，施設に預けることになったとき
④半年ぶりにわが子と対面し，これから10日間をどう過ごそうかと考えるとき
⑤子どもが施設でみせる楽しそうな表情と自分の前でのこわばった表情のギャップに気づいたとき

Q2 保育者が期待しているようなかかわりを，保護者がしていないときに，保育者のこころのなかは穏やかではいられないことがある。このようなとき，保育者はどうしたらよいのだろうか。

Q3 入所している子どもの保護者と保育者が，信頼関係をつくり，共に子どもについて考え，向きあえるようにするには，どのような方法が考えられるだろうか。

Q4 親子関係の修復，家族の再統合に向けて，施設のなかでできる援助はどのようなことだろうか。子どもと離れて暮らす保護者への援助については，どのような方針を立てたらよいだろうか。また，その具体的な援助方法についても考えてみよう。

Q5 親子関係の修復，家族の再統合に向けて，関係機関と連携して行うことのできる援助には，どのようなことがあるだろうか。どのような機関と連携を取りながら進めていくかも考えてみよう。

（3）＜解説＞事例5，6を考えてみよう！

　虐待傾向が疑われるケースに出会ったとき，保育者には，いくつかの役割が求められている。

①子ども自身への直接的支援を担う役割

　一つ目は，子どもの健康，安全を守ること，子どもの心身の傷を回復させること，発達の遅れへの援助を行うことなどといった，子ども自身への直接支援をする役割である。虐待されてきた子どもは，心理的，身体的にダメージを受けており，とくに，人に対する信頼感が薄い傾向がある。また，自己肯定感も低く，人との適切な距離をとれずに人を拒否したり，逆にべたべたと甘えたりするなどの行動がみられる。さまざまなトラブルを起こし，目の前の人が信用できるかを試そうとすることもある。

②保護者支援を担う役割

　二つ目は，保護者への支援を通して，親子関係や家庭環境を改善していくという役割である。虐待傾向のみられる保護者には，保育者に対しても拒否的であったり，みずからに都合の悪いことは話さなかったりなど，コミュニケーションの取りにくさを感じさせられることがたびたびある。子どもを熱心に保育するほど，保育者には保護者への反発が強く感じられるようになり，冷静に保護者の支援をすることがむずかしく感じられることもある。しかし，保護者もまた，何かしらの困難さ，怒り，悲しみ，不安を抱えていることに思いを馳せ，保護者の思いを受け止めることが子どもの幸せにつながっていくと信じて，保育者として保護者を支援していきたい。

③子どもの代弁者となる役割

　三つ目は，子どもに代わり，子どもの立場から発言していく役割が求められる。子どもは，自分の立場がきちんとひとりの人間として尊重されているのか，知る由もなく，また，不満，不自由を感じても，それを訴える方法や相手を知らないことがほとんどである。子どもの主張が，正当な権利の主張なのかも，おとなからあやふやにされがちな現実がある。保育者は，みずからが子どもにかかわるだけでなく，保育のなかで子どもが１人ひとり尊重されているか，家庭のなかで子どもの権利が守られているかに目を配り，それを，子どもに代わって相手や社会に発言していくことが必要である。保育者は，子どものSOSを身近にキャッチできるポジションにいるのである。

3. これからの保育者の役割

　これまでみてきたように，子どもや家族を巡る状況は，保育者に望まれる役割の多様化という形で，保育の場にも大きな影響を与えている。そのなかでとくに注目されるのは，保護者を支援する役割と，子どもの立場を代弁し，子どもの権

利を社会に訴えていく役割である。

■ 子どもを介して保護者とかかわる，保護者と 子どもの関係に働きかける ——カウンセリング・マインド

これまでの事例にみられるように，保育場面で出会う子どもたちの問題には，その背後に保護者自身や家族の問題を抱えていることがある。こういった場面で保育者に求められるのは，相談を受ける人として，子どもや保護者，家族とかかわる，いわば，カウンセラーとしての役割である。保育者にも，カウンセリング・マインドの重要性が強調されるゆえんである。

このとき大事なのは，子どもの問題行動は，「子どもの問題」としてとらえるのでなく，子どもとまわりの人，保護者，家族の「関係の問題」としてとらえることである。「人間は関係的存在である」*ということばに表れているように，人はみな，まわりの人や物とかかわりながら生きている。だから，一見，「その子ども自身の問題」のようにみえても，子どもとまわりの人，保護者，家族との関係がうまくいっていないということであったり，子どもと生活リズム，集団や社会のルールとの関係がうまくいっていないという「関係の問題」なのである。子どもの保育は，子どもだけでは語れない。

保育者は，子どもの問題をとらえるときに，「Aちゃんは問題児」と子どもに原因を求め，子どもの行動を正そうとするのでなく，まず，「子どもとまわりの人やものとの関係のどこがうまくいっていないのか」をとらえるように心がけたい。また，家族に問題があると感じられたときにも，家族を非難する前に，家族も「だれかと，何かとの関係がうまくいかず，大変な思いをしている」ことに目を向けたい。

何か問題がみえてきたとき，子どもの視点からは，物事がどう感じられているのか，みえているのか，また，保護者の立場からはどう感じられているのか，子どもと保護者，家族，それぞれに寄り添った視点でとらえ，その思いを感じ取ってもらいたい。これが，いわゆるカウンセリング・マインド（共感的理解）である。どんな適切なアドバイスであったとしても，相手との気持ちの交流がないままでは，聞き入れたり，実行したりしてはもらえない。

そして，保護者と子どもの関係がよりよく変化していくには，相手の思いや行動に善し悪しをすぐに伝えるのではなく，どうしたらよいか，何ができるかを一緒に考え相談しながら工夫したい。保護者，子どものそれぞれにはたらきかけるというよりは，むしろ，子どもを介して保護者にかかわったり，保護者と子どもの関係そのものにはたらきかけるという発想が必要になってくるのである。

*関係学会編『関係学ハンドブック』関係学研究所，1994

❷ 子どもの立場からの社会への発信──チャイルド・アドボカシー*

子どもにとって，よりよい生活，遊び，学びの環境を与えたい，という願いは，多くの保育者に共通のものであろう。「子どもの最善の利益を考慮する」という子どもの権利条約の理念は，つねに尊重されるべきである。しかし，子どもたちはおとなや組織，社会に向けて発言する力が弱く，発言する術を知らないことも多い。そこで，子どもの身近にいるおとな，たとえば，保護者や近隣の人びと，そして保育者が子どもの目線で物事をとらえ，子どもに代わって発言していく必要がある。

（1）子どもの目線で物事をとらえ，子どもの立場から発信する

子どもの保育環境を例にあげると，毎日が単調な日課のくり返しで，子どもたちが何となく時を過ごしているというように，子どもの生き生きとした姿がみられない場合，保育者は，どうしたら子どもたちが目を輝かせ，活発に活動できるだろうかと保育内容や環境設定に工夫を凝らすだろう。また，保育活動のあり方について，話しあいを行うかもしれない。これらは，子どもたちの表情や行動から子どもの気持ちを推測し，子どもに代わって発言しながら，保育のありようを模索している保育者の姿といえるだろう。

一方，園の管理上の問題で，「外に出ないで，部屋のなかで，走り回らずに静かに遊びなさい」「けがをするといけないので，一輪車は禁止にします」など，子どもの外遊びや活動範囲が制限されることがあるとしよう。「子どもの安全を守るため」という名目で，子どもにとって本当に必要な活動までも制限されることがあるとしたら，それは，子どもの最善の利益が考慮されているとはいえないであろう。このような場合，保育者は，子どもの安全を確保しつつ，子どもの充実した生活のために必要な活動が保証されるよう，子どもの立場に立って，発言していく必要がある。

また幼稚園や保育所，認定こども園，子育て支援センターといった保育の場で，さまざまな家庭の事情を抱えた子どもたちと出会うこともまれではなくなった。保護者が子どもの気持ちを読み取れず，関係がこじれかけている親子が，子育て支援センターに紹介されてくることもある。虐待傾向が強いが，親子を離して児童養護施設に入所措置をとるほどには子どもに生命の危険が迫っていない場合に，親子関係や生活の建て直しを図る意味で，保育所などに入所することもある。

このとき，保育のなかで子どもの生活を保障することはもちろんであるが，保育場面のなかだけでの子どもへの対応を考えるだけでは，根本的な解決にはつながらない。保育者が，保護者に子どもの立場からの発言を伝えていくことも必要である。そのなかで，家庭の状況や親子関係，家庭環境の調整も含めて対応をしていくことが要求される。

*チャイルド・アドボカシー
「アドボカシー」とは，代弁，権利擁護とも訳される。社会的に弱い立場の人間の権利擁護活動をさす。アドボケイトは擁護する（動詞），あるいは代弁者・擁護者（名詞）である。この項の表題に掲げた「チャイルド・アドボカシー」とは，子どもに代わって社会に向けて発信し，子どもの権利を守ることを表している。

また，子どもたちのなかには，まだことばが話せない子ども，行動や表情で表現する子ども，話せても十分には言いたいことが表現できない子どももいる。そういった子どもたちの目線でも世界を眺め，子どもの気持ちを察し，保育環境を整えるとともに，まわりの人や社会に向けて子どもの気持ちを伝えていきたい。

（2）社会に向けての発信

　子どもの権利については，1994 年に国連で採択された「子どもの権利条約（児童の権利条約）」に詳しく規定されているが，簡単にいえば，「子どももひとりの人間として尊重される」ということである。子どもの権利が守られている状態とは，男女，年齢，障がいの有無，出自などにかかわらず，子どもがひとりの人間として大事にされているということである。たとえば，家庭や保育場面で衣食住などの適切な世話をされているか，子どもの成長・発達のために適切な環境が用意されているか，しつけや体罰の名の下に暴力を振るわれていないか，子どもの気持ちや意見に耳を傾けてもらっているか，というようなことを考えてみてほしい。

　保育者は，保育のなかで子どもの人権がしっかり守られているか，また，家庭においても子どもの人権が守られているかに気を配らなくてはならない。そして，子どものうちなる声に耳を傾け，子どもの人権の尊重を目指して，社会に向けて子どもの立場から子どもに代わって発言し，すべての子どもが幸せに暮らす社会をつくっていくことに力を尽くすことを求められているのである。

メッセージ　＜学生のみなさんへ ～子どもとうまくかかわれないときに＞

　保育者として子どもたちと出会うなかで，ときには，なかなか打ち解けてくれない子どもとどのように接したらよいか，悩むこともあるかも知れません。一生懸命かかわっても手ごたえが感じられない，ということが続くと，保育者も悲しくなるし，あの子に何か発達や情緒的な問題があるのかも，と思いたくなることもあるかもしれません。そんなときには，この子は何がお気に入りなのだろう，どういうときに安心するのだろう，と思いながら，ゆったり子どものそばで一緒に過ごすと，必ず，その子とつながりを感じる瞬間がやってきます。どんな小さな子どもも，ことばでの表現をしない子どもも，何かを感じ，どこかにそれをあらわしています。あせらず，気長に，子どもたちそれぞれの個性と出会い，向きあってくださいね。

演習問題

Q1 本章でとりあげた事例からひとつを選び，保育者としてのかかわり方のバリエーションを 3 つ以上あげ，話しあってみよう。

Q2 Q1 で考えたように保育者がそのようにかかわった場合，子どもや保護者としては，どう感じるだろうか。保護者と保育者が，共に子どもや保育に向きあい，理解を深めていくためには，どうしたらよいだろうか。ロールプレイなどを活用しながら考えてみよう。

【引用・参考文献】

NPO 法人びーのびーの編『おやこの広場　びーのびーの』ミネルヴァ書房，2003

厚生労働省『子ども虐待対応の手引き（平 25 年 8 月改正版）』http://www.mhlw.go.jp/seisakunitsuite/bunya/kodomo/kodomo_kosodate/dv/130823-01.html

厚生労働省『子ども虐待による死亡事例等の検証結果等について（第 15 次報告の概要）及び児童虐待相談対応件数等』http://www.mhlw.go.jp/stf/houdou.html

厚生労働省『児童虐待相談の対応件数及び虐待による死亡事例件数の推移』http://www.mhlw.go.jp/file/06-Seisakujouhou-11900000-Koyoukintoujidoukateikyoku/0000108127.pdf

厚生労働省『平成 29 年　国民生活基礎調査』『平成 28 年　国民生活基礎調査』

厚生労働省『保育所保育指針解説』https://www.mhlw.go.jp/file/06-Seisakujouhou-11900000-Koyoukintoujidoukateikyoku/0000202211.pdf

厚生労働省『厚生労働白書　平成 25 年版』『厚生労働白書　平成 30 年版』

許斐有『子どもの権利と児童福祉法—社会的子育てシステムを考える—増補版』信山社，2001

斎藤学『児童虐待［危機介入編］』金剛出版，1994

斎藤学『児童虐待［臨床編］』金剛出版，1998

新澤誠治『子育て支援　はじめの一歩』小学館，2002

仲村優一他編『社会福祉英和・和英用語辞典』誠信書房，1981

永井憲一他編『新解説　子どもの権利条約』日本評論社，2000

日本社会福祉実践理論学会編『社会福祉基本用語辞典』川島書店，1996

日本弁護連合会子どもの権利委員会編『子どもの虐待防止法的実務マニュアル［第五版］』明石書店，2012

原田正文『子育て支援と NPO』朱鷺書房，2002

関係学会編『関係学ハンドブック』関係学研究所，1994

野沢慎司・茨木尚子・早野俊明・SAJ編著『Q＆A　ステップファミリーの基礎知識
　　－子連れ再婚家族と支援者のために－』明石書店，2006
山田千明『多文化に生きる子どもたち』明石書店，2006

第8章

さまざまな国における保育者
ー世界の保育について考えるー

〈学習のポイント〉　①海外における保育者の役割は，どのようにとらえられているかを学ぼう。
　　　　　　　　　②学びを支えたり，プロジェクトを進めたりする際に，保育者に求められて
　　　　　　　　　　いるものを知ろう。
　　　　　　　　　③日本の保育者のありよう（特徴）について理解しよう。

　だれもが気軽に海外旅行ができるようになった昨今，保育者も海外を訪れて，普通の町並みを歩いていると，幼稚園や保育所らしきものに出会うことがある。そこで，その国の保育者はどのような思いをもって保育をしているのであろうか。

　たとえば，アメリカのチャイルドケアセンター（保育所）*に足を踏み入れると，こぎれいな保育室のなかで，衣服に水がかかって濡れることのないように，ウォーターテーブル**でおとなしく水遊びをしている子どもの姿に出会う。水がかからないように，ビニール製の派手な色あいのエプロンをつけて，2〜3人で仲良く遊んでいるようすを見ると，園庭を水浸しにして全身泥まみれで遊んでいる，日本の子どもたちの姿と対比してみたくなる。またそこでの保育者のかかわり方も，日本とはまったく異なっている。アメリカでは，少しでも子どもたちがトラブルを起こしそうになると，即座に保育者が介入して，その場をおさめてしまう。

　一方，日本の保育者であれば，園庭での泥水遊びに積極的であると同時に，けがなどの危険がない限り，そのようすを見守ることがひとつのアプローチであったりする。ところ変われば，保育のあり方も，その考え方も変わるのである。

　この章では，さまざまな国における保育のあり方と，そのなかでの保育者の役割に目を向けることで，その視点から日本の保育者について考えていくことにする。

*チャイルドケアセンター
日本でいう保育所にあたり，0歳からキンダーガーテン就学前までの保育を担うが，ほとんど公的な補助などはないのが普通である。

**ウォーターテーブル
水遊びや砂遊びができるように天板がトレー型になったテーブルのこと。Sand & Water Table ともいわれる。アメリカの保育施設や家庭でよく見られる。

1. 世界における保育をめぐる課題

■ 世界における保育の重要課題

　世界における保育をめぐる関心は，次の三つの要素にまとめられる。

　一つ目は，保育や就学前教育の量的拡大である。とくに開発途上国における課題は，これまでは学校教育を整備してきたが，これからは対象とされてこな

かった乳幼児にも，保育・教育の機会を提供することである。

　二つ目は，保育システムの統合化や改革である。日本のように保育所と幼稚園が分かれており，さらに統合施設としての認定こども園を整備しようとするという動きは，各国に見られるものである。

　三つ目として，先進国などでとくに関心が高いのは，保育の質の向上である。ほとんどの子どもたちが何らかの形で保育を受ける経験をもつなかで，それが質的に高いものであることが，重要と考えられている。質の高い保育を受けられるかが，子どもたちの将来を左右するということが研究[*]で明らかになっているため，質の高い保育を確保するための予算と制度をどのように組み立てるのかが，どの国にとっても大きな課題となっている。

　2015 年に国連サミットで採択された「持続可能な開発のための 2030 アジェンダ」で出された「持続可能な開発目標（Sustainable Development Goals: SDGs）」では，17 のゴールのうち，教育は第 4 の目標としてあげられている。その下位項目 4.2 として，「2030 年までに，全ての子どもが男女の区別なく，質の高い乳幼児の発達・ケアおよび就学前教育にアクセスすることにより，初等教育を受ける準備が整うようにする」ことがうたわれている。このように，保育の質の向上は，さまざまな国際機関が注目して取り組んでいる課題なのである。

② OECD における保育の質改善に向けての取り組み

　経済開発協力機構（OECD）は，PISA[**]をはじめ，さまざまな教育調査を実施しており，参加各国の教育への関心が高いことで知られている。日本においても，教育や社会政策に関する事項については，メディアで大きく取りあげられている。この OECD においては，教育局のなかで特別設置委員会が二つ設けられていて，ひとつは「いじめ問題」，そしてもうひとつが「乳幼児の保育・教育問題」について調査・議論する委員会である。ここでの議論は，「保育の制度はどのように各国のニーズに応えているのか」，また，「小学校への連携接続にはどのようなことが考えられるか」，そして「質の高い保育とはどのようなものか」ということが取りあげられている。とりわけ，保育の質については，イタリアのレッジョ・エミリアや，アメリカの High/Scope，スウェーデン，ベルギーのフランダース地方，ニュージーランドのテ・ファリキの 5 つのカリキュラムを，成功例としてあげている（OECD, 2004）。

　OECD からは，乳幼児教育・保育に関する 5 つの報告書（Starting Strong I, II, III, IV, and, V）が出されているが，日本は 3 冊目の報告書から参加している。そのなかで，日本における実情が各国と比較されながら，保育政策に対する提言がなされている。さらに，2018 年には保育者や管理職を対象とした調査

*たとえば，
ヘックマンらの論文：Heckman, J.J. & Masterov, D. V. (2007). The Productivity Argument for Investing in Young Children. NBER Working Paper No. 13016.
チェティらの論文：Chetty, R. et. al (2011). How Does Your Kindergarten Classroom Affect Your Earnings?: Evidence from Project STAR. NBER Working Paper No. 16381.

** PISA
OECD が行っている，国際学習到達度調査（Programme for International Student Assessment）のこと。OECD 生徒の学習到達度調査。

について「質の高い幼児教育・保育を提供するために」という報告書が出されている[*]。

　これらの報告書では，保育の質がいかに保育者の養成・研修にかかっているか，そして保育の質の向上が保育者の質の向上によってもたらされるものであるということが述べられている。

[*] Engaging Young Children "Lessons from Research about Quality in Early Childhood Education and Care" OECD, March, 2018

2. 各国の保育と保育者のあり方

■1 学びを支える存在としての保育者

(1) ニュージーランドのカリキュラムと保育者

　OECD の 5 つのカリキュラムにも選ばれたニュージーランドの保育では，1996 年に制定されたテ・ファリキというカリキュラムが採用されている[**]。このカリキュラムによって，学びを支える者としての保育者の役割がより明確に規定されてきた。たとえば，子どもたちを保育することが，どのような目的で行われるかについては，次の目標声明が物語っている。

[**] 現在は学びの成果を 20 項目に精選し，子どもの言語・文化・アイデンティティに留意するように改訂された 2017 年版が採用されている。

> 「子どもたちが心身ともに健康で、ゆるぎない帰属感をもち、自分たちは社会に対して価値ある貢献ができるという知識をもち、自信にあふれた有能な学び手および話し手として成長するために」
> -----
> 出典：ニュージーランド教育省『テ・ファリキ（Te Whāriki）』2017
> 　　　https://education.govt.nz/assets/Documents/Early-Childhood/Te-Whariki-Early-Childhood-Curriculum-ENG-Web.pdf

　テ・ファリキの根本理念には，子どもの学びはホリスティック（全体論的）なものであるということ，社会的・文化的な文脈のなかで起きるものであること，そして保育が学びを通して子どもに自ら学び生きる力を与える（エンパワメント）ものであるということが含まれている。そして保育者は，子どもが自ら学ぶことを支え，力を与える存在であることが示されている。子どもたちが成長するために，保育と保育者が存在するという，いわば当たり前のことが，カリキュラムの冒頭で述べられている。「子どもは有能な学び手および話し手である」という，保育者がもつべき子ども観が，ここに示されているのである。

　ところで，このカリキュラムの名称にある「ファリキ」というのは，ニュージーランドの先住民族であるマオリの言葉で「織物」という意味である。この名称にはじまって，カリキュラムの記述は，できる限りマオリ語が使われている。

なぜなら，このカリキュラムそのものが，子どもたちに，先住民と共生する社会，ひいてはさまざまな人やものとの共存する社会を目指してほしいという願いを基盤として編纂されているからである。これを拠り所とする保育者にも，先住民族との共生という哲学が浸透しているといえる。

テ・ファリキは，健康・所属感[*]・貢献・探求・コミュニケーションという5つの保育の原理と，全人格的発達・エンパワメント・関係性・家族／コミュニティという4つの領域が，その名の通り，織物のように紡がれてできている。これらの原理と領域を念頭におきながら，総合的な探求活動が行われているのである。

テ・ファリキの策定とともに，評価方法の確立を目指して出されたものにケイ・トゥア・オ・テ・パエ[**]がある。ここには，どのようにすれば，効果的かつ理解可能な形で，子どもがもっている力とその成長が保護者に伝えられるか，という視点が入っている。このアプローチでは，学びを記録するために，評価項目を設定して記録するのではなく，語り（Narrative）もしくは物語（Stories）を使うのである。この評価法については，「ラーニングストーリー[***]」として日本でも紹介されている。

ケイ・トゥア・オ・テ・パエに事例としてあげられているもののひとつをみてみよう。これは「地域の歴史を探求する」というテーマで実践されたもので，ここではその一部を紹介する。

事例1　地域の歴史を探求する：グループのラーニングストーリー

10月，ヒネモアとツタネカイの恋の物語[****]を読んだ後，ツタネカイの家（whare）の彫刻についてと，家のなかのものがマオリ語でどのようにいわれているかを話しあった。グレーソンが，「特別な彫刻師が，金槌とナイフでつくったのよ！」というと，みんな納得した。エイジアは，「自分もマオリの家をつくれるか」と聞いてきた。私（保育者）は「もちろん！　じゃあそれをつくるために何が使えると思う？」と尋ねた。グレーソンは，「私がやったみたいに，アイスの棒を使えるんじゃないかしら？」と言った。彼女は，彼女とジョエルやテッサがつくったツタネカイの家の壁を指した。

エイジアは，「そうね，でも私は自分のがつくりたいの」と言った。

グレーソン，ジョエル，テッサは，自分たちのマオリの家をつくって，お話の本でみつけた絵を見せながら，どんな風につくるべきかを話していた。

・次は何につながるか？

地域の博物館に園外保育に行く計画をたて，マオリの芸術や工芸品を見ること。マオリの集会所に掲げられている彫刻がほどこされた欄間を見ること。というのは，子どもたちがたいへん興味をもったから。近くにあるマオリの聖地に行くことも，

*所属感
集団や場に対して，自分がそこに属している，あるいはその一員である，という感覚。帰属感や帰属意識ともいわれる。

**ケイ・トゥア・オ・テ・パエ
『ケイ・トゥア・オ・テ・パエ（乳幼児教育保育のカリキュラムの評価基準）』は，2004年にニュージーランド教育省から出された，テ・ファリキに沿ったカリキュラムの評価のための手引書である。この評価法については，ラーニングストーリー（学びのストーリー）として，日本でも紹介されている（保育・子育て総合研究機構研究企画委員会，『保育園における「子どもの育ちと学びの分かちあい」への招き』2008）。

***ラーニングストーリー
子どもたちの活動について，その学びの過程を中心にちいさな物語として記されたもの。実践の評価として使用されるほか，保護者にも個別に渡される。

****ヒネモアとツタネカイの恋の物語
マオリ族の聖地，ロトルア湖のモコイア島にまつわる伝説。湖岸の村に住む酋長の娘・ヒネモアと，島に住むツタネカイという青年が身分の差を超えて結ばれた物語。

子どもの興味や議論への刺激になる。

　子どもたちと集会所の建物のいろいろな部分やその名前について話しあう。この
ことは，聖地について物理的な側面の理解を子どもたちがもてるので，マオリの聖
地に行く前の，たいへんよい導入となる。

・グレーソンのラーニングストーリー

　最近，私たちはニュージーランドの伝説について子どもたちと話しあっている。
みんなの興味は毎日続いていて，子どもたちは何度も話をするように聞いてくる。
保育者は，コーワイワイ（ペイズリーや唐草のような抽象的な模様）をアート・エ
リアに飾って，その美しさに気づけるようにした。

　今日，私たちはヒネモアとツタネカイのお話を聞いた後，ツタネカイの家をつ
くった。そのとき，グレーソンがすばらしい興味と集中力をみせてくれた。彼女
は，自然物とアイスの棒で彼女のマオリの家をつくった。彼女はおわって私に笑顔
で言った。「この中にはマオリの人たちがいるの」。また，グレーソンは，「本によっ
て情報を知ったり心躍らせることができる」という期待を膨らませている。同時に，
ニュージーランドの伝統の一部として価値のあるお話に親しんでいる。

・何が起きているか？

　このドキュメンテーション[*]は，この園での現在進行形の記録であり，この地域
にとって大切な人びとや場所・ものについて探求している経験を書き留めている。

出典：ニュージーランド教育省『ケイ・トゥア・オ・テ・パエ（乳幼児教育保育のカリキュラムの
　　　評価基準:Kei Tua o te Pae Assessment for Learning: Early Childhood Exemplars）』5巻，
　　　「評価と学び：コミュニティ（Assessment and Learning: Community）」p.10，2004

*ドキュメンテーション
「レッジョ・エミリア」の
ドキュメンテーション
（p.209）を参照。

　ニュージーランドのカリキュラムと一体となった，ラーニングストーリーを
用いた評価法では，子どもたちの活動がどのようにしてはじまり，展開していっ
たか，また保育者がどのように関与し，それよって子どもたちの学びにどのよう
な深まりがみられたのかを意識して記録するものある。物語としての記録をとる
ことで，保育者は自分たちの進めている保育を客観的に評価することができるの
である。

(2) ベルギーにおける「経験による教育（EXE：Experiential Education）」

　ベルギーにおける保育の中心的な考え方は，「経験による教育」であり，同時
に保育者による保育の自己評価が確立されている。

　「経験による教育」は，教育プロセスにおける質の向上を目指したもので，子
どもたちが活動に夢中になることの大切さを訴えている。その基本的な理念と
して，どのような教材，アプローチにおいても，子どもたちが活動に「集中す
ること」によって，より高い質の学びを引き起こすことができる，というもの

がある。このカリキュラムのなかでいわれているのは，保育者が「子どもの学びについて理解し，その学びを支えるために，どのような改善を行う必要があるか」ということをつねに考え続ける存在であるべきだということである。

次にあげるのは，保育者が保育を考えるためのポイントである。

【経験による教育を行う保育者のための 10 のポイント】

1　教室を魅力的なコーナーやエリアにする。

2　コーナーの内容をチェックし，魅力的な教材を増やす。

3　新しく，かつ型にはまらない教材と活動を導入する。

4　子どもたちを観察し，彼らの興味をみつけ出し，彼らの興味の方向性に即した活動をみつけ出す。

5　刺激を与え，豊かなかかわりを通して，継続中の活動をサポートする。

6　子どもが自由に主導権を握ることへの可能性を広げ，健全なルールや約束により，その可能性をサポートする。

7　子どもたち同士の関係を探り，改善しようとする。

8　子どもたちが，行動・感情・価値観の世界を探求するのを助ける活動を導入する。

9　感情の問題をもつ子どもたちを認識し，かかわりつづける。

10　発達の課題を抱える子どもたちを認識し，そのもっている課題のなかで，できるだけなかに入れるようにかかわる。

出典：OECD『5つのカリキュラム（Five Curriculum Outlines）』p.6，2004

教室を魅力的なものにしたり，教材研究をしたりといったことは，日本の保育者にとっても大切とされることである。子どもたちの興味・関心を見出して，遊びを広げ，主体性を発揮できるような自由な雰囲気を保つことも，同様に理解できる部分であろう。また，子どもたち同士の関係性を育むこと，情緒的なニーズに応えると同時にそれを表現できるようにすること，そして1人ひとりの発達に寄り添いながら，集団への参加をうながすことなどがあげられている。こうしてみると，ベルギーで実践されていることや保育者として目指すべきところは，日本と共通する部分が多いのに気がつく。

このベルギーの実践が注目されているのは，保育者が成長するための自己評価の方法が確立されているからである。ベルギー・リューベン大学のF. ラーバース教授を中心にして開発されたSICS（A Process-Oriented Self-Evaluation Instrument for Care Settings）*は，保育の質の向上のための自己評価法で，活動のプロセスに着目して，保育者自身が保育の見直しをしようとするものである（Laevers et. al, 2005；「保育プロセスの質」研究プロジェクト，2009）。この方

＊ SICS
SICS の評価法の詳細については，日本語版として出された『子どもの経験から振り返る保育プロセス：明日のより良い保育のために』（「保育プロセスの質」研究プロジェクト，2009）を参照。

法では，子どもの実際に活動している姿を，どれだけ心地よく過ごしているか（安心・安定＝安心度）という点と，どれだけ活動に没頭しているか（夢中・没頭＝夢中度）という点から，5段階で評定していく。その評定に基づいて，「豊かな環境」「子どもの主体性（自由と参加）」「支援の方法（保育者の感性とかかわり）」「クラスの雰囲気（集団内の心地よさ）」「園・クラスの運営」という5つの視点から，原因と改善策を保育者同士で話しあっていくのである。この評価法を使うことによって，保育者が子どもの活動の「プロセス」に焦点を当てることができ，保育の場で子どもたちがその瞬間瞬間をどのように過ごしているのかという，「子どもたちの経験」に注目することができるようになるのである。「経験による教育」の保育理念を掲げるだけでなく，SICS を基礎とした保育者の自己評価によってこの保育理念が実践に根づいたことで，他の国々の保育関係者からベルギーが認められることになったといえる。

(3) イギリスにおける EPPE の試み

　イギリスでも，保育の質の向上についてはさまざまな研究がなされている。その主眼となるのは，「いかに保育が子どもの学びを支えるか」という点である。イギリスで行われている効果的な研究のひとつである「就学前・学校教育プロジェクト（EPPE）[*]」が探ろうとしているのは，全体としての保育の質がどのように子どもの将来に影響するかということである。そのなかでも，子どもの思考力を高めるような対話的な保育者のかかわりが，小学校以上の子どもたちの学力の伸びにつながるということが，シルバらの研究（Sylva et. al, 2008[**]）で明らかになっている。それは，小学校の学年が上がるごとに，伸びとして現れているという。

　シルバらのいう，質の高い保育者のかかわりとは，いったいどのようなものであろうか。シルバは，講演のなかで以下のような事例をあげている。

事例2　「光る靴」

　4人の子どもたちが一緒に遊んでいた。そのうち，3人はスニーカーを履いていたが，ひとりの子が履いている靴は，ときどき光っていた。

保育者：わぁ！　あなたの靴を見てよ！　カッコいいわね。足を踏むと光るのね。

子ども1：そうだよ，光るんだよ。（数回，ジャンプする）

保育者：どうやったらそうなるの？　どうやって光るのかしら？

子ども1：だって，これ新しいのだもん。

保育者：ふうん。私のも新しいんだけど，光らないわよ。

子ども2：ちがうよ，足を踏むと光るんだよ。（数回，強く足踏みする）

保育者：（数回足踏みして）おかしいわね。足を踏んでも光らないわよ。

＊EPPE
効果的な就学前と初等教育に関する研究プロジェクト（Effective Pre-School and Primary Education Project）のこと。主なものは1997年から2008年にかけて，3歳から11歳を対象に行われた。

＊＊Sylva, K., Melhuish, E., Sammons, P., Siraj-Blatchford, I., & B. (2008) Final Report from the Primary Phase: Pre-School, School and Family Influences on Children's Development during Key Stage 2 (Age7-11). DCSF-RB061, Department for Children, Schools, and Families, England.

子ども3：違う，違う。（靴にあけられた穴をさして）こんな穴がなくちゃいけないんだ。

保育者：（自分の靴の穴をさして）私のにも穴はあるけど，でも光らないわよ。ジョッシュ君のスニーカーにも穴はあるけど，光らないわ。どうしてかしら？

子ども4：きっと電池がいるんだと思う。ねえみんな，電池がいるんだよ。

子ども1：そう，光るためには電池がいるんだ。（少し考えて）でも，靴を履くときに電池は見えないなぁ。

子ども4：きっと，つま先の下にあるんだよ。

子ども2：でも，つま先の下に電池があるとは感じないよ。

保育者：そうね，どうやったらこのことについて調べられるかしら？

出典：Sylva, K. (August 2013) Quality in Early Childhood Education – Can it be International? Key Note Speech at the Annual Conference of European Early Childhood Education Research Association, Tallinn, Estonia.

この事例で，子どもたちは踏むことによって発光するスニーカーについて，なぜ光るのかを話しあっている。会話のなかで，子どもたちはさまざまな仮説を提示するのであるが，それは保育者によってことごとく覆されていく。そのうち，会話は子ども同士のやりとりとなって，最後には「どうやったら調べられるか」という，学び方をかんがえる方向へと保育者が導いているのである。もし，ここで保育者が単純にその構造を話してしまったら，子どもたちの考える力は伸びなかったであろう。保育の流れそのものが，子どもたちの探求活動へとつながり，ひとつの大きな目的に向かって共同でものごとを進めていこうとする望ましい姿が導かれたのである。

２ 子どもと共に創る保育～プロジェクト型の保育をすすめる保育者～

(1) レッジョ・エミリアの実践

OECD が事例としてあげた5つのカリキュラムのなかで，もっとも世界的に影響を及ぼしていると考えられるのが，レッジョ・エミリアの保育実践である。人口14万弱の北イタリアの町で行われているこの実践は，ローリス・マラグッチ（Loris Malaguzzi, 1920-1994）の教育思想[*]に基づいて，芸術をもとにしながら子どもと共につくりあげている保育である[**]。

レッジョの保育は，アトリエリスタと呼ばれる芸術専門官とペダゴジスタという教育専門官との協同で成り立っており，子どもたちが個々の興味・関心を大切にしながら，ひとつの長期的プロジェクトに従事することが特徴となっている。子どものイメージから紡ぎだされる総合的プロジェクト活動は，大人を圧倒する

*マラグッチは，子どもの表現を，子どもには100の言葉があるととらえ，その可能性を最大限に伸ばそうとしたのである。

**日本でも，以下にあげる著書のほか，多くの論文等で紹介されている。
・Edwards, C., Gandini, L. & Forman, G. 編，佐藤学，森眞理，塚田美紀 訳『子どもたちの100の言葉―レッジョ・エミリアの幼児教育』世織書房，2001
・佐藤学，秋田喜代美 監編集，ビデオ『レッジョ・エミリア市の挑戦：子どもの輝く創造性を育てる』小学館，2001
・レッジョ・チルドレン 著，田辺敬子，木下龍太郎，辻昌宏 訳『子どもたちの100の言葉―イタリア／レッジョ・エミリア市の幼児教育実践記録』学習研究社，2001
・Hendrick, J. 著，石垣恵美子，玉置哲淳 監訳『レッジョ・エミリア保育実践入門―保育者はいま，何を求められているか』北大路書房，2000

芸術性をみせる。こうした実践は，戦後，保護者が集まって設立した保育施設が，市の運営する公立園となって市全体に広がり，さらに保護者や市民の熱心な支援のもとで良質のものへと，高まっていったのである。

　ここで行われる保育は，自治体・ペタゴジスタ・アトリエリスタ・職員・保護者・評議会などからなる共同体でその方針が策定される。そして何よりも，子どもたちとの時間をかけた協議*のうえで，その日の活動や長期的なプロジェクトが決められているのである。そこでの保育者の役割は，話すことよりもまず子どもの声を聴くことである。レッジョにおいては，保育の主役は子ども・保育者・そして保護者なのであり，保育者はその三者を仲介し，統合していくことが求められている。

　ここでの保育者の役割は複雑である。まずは子どものそばにいる学び手であるということ，実践研究をする研究者であること，子どもたちの学びに対する情報源であることなど，多くの立ち場をとる存在である。さらに，保育者はよい記録者でなければならない。レッジョでは，「記録＝ドキュメンテーション」がもっとも重要な要素のひとつであり，そのドキュメンテーションを通してみずからの教え方と学び方について省察することも保育者としての役割なのである。このドキュメンテーションの手法は，ニュージーランドのラーニングストーリーにも影響を与えている。

　レッジョ・エミリアの実践は，世界各地で注目され，その考え方が影響を与えているのをみることができる。次はそのなかで，アメリカで行われている実践について紹介する。

＊具体的な子どもたちの話しあいのようすなどは，以下のビデオで見ることができる。
レッジョ・チルドレン，ワタリウム美術館 制作，東京大学佐藤学研究室 訳『レッジョ・エミリアの幼児教育：驚くべき学びの世界［モノとの対話］』ISSHI Press

(2) アメリカ・アリゾナ州・ツーソン市での実践

　アメリカ・アリゾナ州のツーソン市では，レッジョ・エミリアの実践に学び，プロジェクト型の保育を行っている。筆者が訪れたツーソンの幼稚園には4・5歳児が通っているが，その地域ではスペイン語を母語とした家庭が多く，半数近くの子どもたちが英語を話すのに少し困難を感じている。また，経済的にも恵まれているとはいいがたく，幼稚園や学校での教育が学びのすべてである子どもが多かった。

　ここでは，子どもたちの興味があることを，実体験をともなった学びへとつなげていくことが保育者の役割である。たとえば，4歳児クラスのある子どもは，発達に遅れがみられ，集団での活動にもなかなか入れないでいた。しかし，その子は自動車に興味があることに気づいた保育者は，それをなんとかクラス全体の活

▲ツーソンの幼稚園の保育室環境

▲小グループでピックアップトラックの取材

▲まずは車の絵を描くところから

動へとつなげられないかと考えた。

　その男の子は，絵もあまり得意ではなかったが，車の描かれた絵本をお手本にして，自分で車の絵を描くようになった。それに気づいた保育者は，「今度は実際の車を見て絵を描いてみよう」と，クラスのなかでその活動に興味をもった子どもたちとのグループ活動につなげていった。隣の小学校の先生のトラックを見せてもらい，子どもたちはめいめいに画板と紙とマーカーとをもち，特徴的なフロントグリルや，大きなタイヤ，荷台など，くまなく取材した。帰ってきた子どもたちは，早速クラスメイトに取材結果を報告し，自分たちが経験したことへの理解を深めていった。こうして得た情報を，さらに具体的に形にしていくために，子どもたちは車の模型づくりを始め，見事なトラックが完成した。

　この活動の発端となった男の子は発達が遅いために，いろいろなことを十分に理解できていなかったのだが，自分の興味・関心のある題材で，具体的な活動を通してさまざまな体験をし，それを伝えあい，形にしていくことで「学ぶこと」を実感してきている。保育者は，これらの学びの流れを，その子に寄り添いながら組み立て，さらにその過程を記録し，ドキュメンテーションとしてひとつの冊子にまとめた。それは「Car/Carros」と英語とスペイン語で表記され，保護者の目につくところに展示してある。ここでの保育者の役割は，学びになかなか向かうことのできない子を，その子の興味・関心の向かう先を見出すことによって活動へと引き入れ，体験を通した学びへと組みあげていくことである。同時に，子どもたちと共につくってきた学びのありようを，保護者や地域に伝える役割も担っているのである。

③ 保護者・地域と共に生きる保育者
～ドキュメンテーションと説明責任～

　これまで見てきた保育実践のなかで，保育者が果たさなければならない役割の

ひとつとして，ドキュメンテーションの作成について取りあげてきた。レッジョ・エミリアの保育実践や，ニュージーランドの評価方法などにみられるように，ドキュメンテーションの果たす役割はますます重要となってきている。説明責任（アカウンタビリティ）*という意味でも，保育を担う側として社会的投資を受けている園は，その活動内容や結果，すなわち子どもの育ちについて，保護者や地域社会に公表説明する義務があるということである。

　現在の日本の幼稚園・保育所・認定こども園では，学校評価や自己評価の結果を公表する**，という形で行われているが，保育者としては，まずは保育のねらいについて説明し，ねらいにしたがった日々の保育活動の内容と，それにともなって子どもが育ったことについて，何らかの形で保護者や地域に伝えていかなくてはならない。このことは，小学校以上の学校も含め，「開かれた」学校や園を目指すために，ますます必要となっているのである。

3. 日本の保育とは

　ここで，視点を日本に移してみよう。

　日本の教育は，かつては海外から注目されることが多かった。とりわけ，1980年代にはじまった自動車や電化製品をはじめとする輸出産業の隆盛がきっかけとなり，その成功の秘訣のひとつとして，日本の教育が海外メディアに取りあげられるようになった。しかし，アメリカなどで報道されたものの多くは，制服で一糸乱れずに並ぶ中高生の姿や，幼いころから受験勉強に励むようすなどを，画一性や非人間的なものというように描かれたものだった。そこに表現された日本人像は，感情というものがあまりない，個人の意志に関係なく集団に服従するものだったのである。その奥に感じられるのは，個人の自由を犠牲にしてまで得られた成功ならばうらやむに値しない，という隠れたメッセージである。

　こうした固定的な観念でとらえられた日本の教育像があたかも真実のように報道されることが多かったが，J. トビン，C. ルイス，D. ウォルシュなど，実際に深く現場に入り込んで日本の保育をみつめた研究者たちもいた。

1 寛容な日本の保育者

　ルイスは，日本の幼稚園と小学校の実践をつぶさに観察して，その著書***のなかでどのように子どもたちが人と人とのつながりや，集団のなかで責任ある個人として成長していくかを描いている。この彼女の著書は，「詰め込みの勉強

*説明責任とは，政府や企業・団体などが，市民や消費者に対して，また間接的に関係のある利害関係者すべてに，その活動や結果などを説明する責任のことである。

**幼稚園は，2002（平成14）年4月に施行された幼稚園設置基準において自己評価の実施とその結果の公表に努めることとされている。詳しくは『幼稚園における学校評価ガイドライン（2011（平成23）年改訂）』を参照のこと。

保育所は，保育指針において「当該保育所の保育の内容等について自ら評価を行い，その結果を公表するよう努めなければならない」（第1章3（4））とされている。詳しくは『保育所における自己評価ガイドライン』が2009（平成21）年3月に出されているので，参照のこと。

***Lewis, C. (1995) Educating Hearts and Minds: Reflections on Japanese Preschool and Elementary Education. New York: Cambridge University Press.

ばかりしているのでは」という，アメリカのメディアがつくりあげた日本の教育像に対する先入観を打ち破るものであった。彼女は実際に訪問した数々の園から集計したデータをあげ，ほぼ50％近い時間が自由遊びに使われていることや，一斉に文字指導などをしていないことを訴え，文字や数の指導が主体になっているアメリカとはまったく異なっていることをあらためて強調した。ほかにも，いたずらをする子どもについて，日本の保育者は性善説をもって対応していることなども報告している。水槽の魚に爆弾だといって粘土の粒を投げつけている子に，先生が「それはえさではないのだからね」とさとす場面を見た彼女は，保育者が立っている思想の違いに気づいている。西欧的な考え方からすれば，子どもはそのままでは悪くなってしまう存在で，矯正されなければならないものなのである。ほかにも彼女は，班などで自発的に活動させ，つねに反省する機会を与えて自分で考えさせる，という日本の小学校での実践にも，自国とはまったく異なる雰囲気を感じ取っている。

　トビンは，アメリカと中国，日本の保育を比較している。1986年に彼らが出版した書籍[*]では，ハワイのチャイルドセンターと中国の幼稚園，日本の保育所のそれぞれの1日をビデオに撮り，それをほかの2カ国の保育者にお互いに見せあい，その反応を含めて比較している。その結果，日本の保育所は自由遊びの時間が長く，3カ所のうちではもっとも保育者の指導が少ないことがわかった。また保育者の保育観の違いについての比較では，整然と机が並んだ中国の園で，先生の指示にしたがって積み木を積んでいったり，トイレで用をたすのにも一斉にしたりする場面について，ほかの2カ国の保育者は不快感を覚えていた。日本の保育者は，アメリカの実践のなかで子どもたちの言い争いにすぐに保育者が仲裁に入るのを見て，おせっかいだと感じていたようである。しかしほかの国からは，日本の保育者に対して，クラスを乱すような行動をする男児に寛容な態度をとり，彼がほかの子どもたちに迷惑な行為をしても「自分たちで解決しなさい」と言っているのを見て憤慨していたのである。子ども同士で解決するということを，日本の保育においては最終的な目標とするのに対し，ほかの国では，それは保育者の怠慢であるとしか見えないからである。

　日本の保育現場を観察した際に，保育室でふざけたり，他人をたたいたりする子どもについて，トビンらが「この子は頭がよくて飽きているのではないですか」とたずねると，園長先生は「そんなことはない。もしこの子の頭が本当によかったら，いま自分は何をすべきか分かっているはずです」と答えている。

　ほかにもトビンらの研究では，日本の保育者はある程度のクラスサイズを保つことが子どものためによいと感じているという点が指摘されている。アメリカのキンダーガーテンクラスや小学校では，1クラスあたりの人数は18人から

* Tobin, J., Wu, D., & Davidson, D.(1989) Preschool in Three Cultures: Japan, China, and the United State. New York: Teachers College Press.

22人くらいまでが標準であり，少なければ少ないほどよいとされているのに対して，日本ではあまり人数が少ないと，子どもの成長によくないのではないかと考える傾向にあるとしている。アメリカでは1クラスあたり22人以上の人数を教師がもたなければならない場合，教育環境が劣悪といわれる。それは，個々の学習成績の向上を主な目的としているため，目が届き，細かな指導ができる少人数の方が好ましいと考えるからであろう。逆に，社会性の発達に重きを置く教育の場合は，さまざまな友人に接することができ，集団での活動が活発になる方がよいということから，ある程度の人数を確保した方がよい環境と考えられるのである。日本では園や学校を選ぶ保護者からも，人数が少ないところでは「子どもがかわいそう」という声を聞くことがある。つまり，子どもたち同士の教育力に大きな期待をしており，教える側に求められる役割は，それを自然な形で最大限に引き出すことなのである。

　1986年からほぼ20年経ったところで，トビンらは再び3カ国の園を訪れている[*]。その著書において，上海の園は，レッジョ・エミリアやほかの国々の実践の影響も受けながら，もっとも進歩的な保育が行われていた，という中国の躍進が描かれている。どちらかといえば，アメリカの保育が3カ国のなかで一番保守的にみえた，とトビンは述べている。日本については，20年超経った現在も，やはり集団に根ざした保育を行っており，保育者は子どもたちの人とかかわる力を伸ばすことが最大の関心事になっていることが指摘されている。反面，中国もアメリカも，保育者は子どもの個人的な（主に認知的な）能力を伸ばすことを最大の目標としており，その違いは，以下で述べるようなさまざまな形となって感じられることがある，としている。

2 長い目をもって子どもの成長を見通していること

　アメリカの教育のなかで日本との違いを感じる点として，「リテンション」の制度があげられる。これは，成長発達に遅れがあると認められる子どもに，5歳児の幼稚園段階をもう一度履修させる，いわば留年の制度のことである。このリテンションはほかの学年においても可能であるが，キンダーガーテンクラス[**]を2回くり返したり，保護者の選択でキンダーガーテンに入れるのを1年遅らせることが行われている。知的な側面や手先の器用さが遅れているような場合は，リテンションを奨められる。時間とともにその子どものレディネス[***]ができあがるのを待つのがこの制度である。

　このような対策の是非について日本の保育者に尋ねてみると，子どもの成長を「長い目で見て」いくべきだという声を，何人かに共通して聞くことができた。そのような子どもたちも，集団の教育力によってやがて適切な発達を遂げる，と

[*] Tobin, J., Hsueh, Y., & Karasawa, M. (2009) Preschool in Three Cultures Revisited: China, Japan, and the United States. University of Chicago Press.

[**] アメリカにおけるキンダーガーテンクラスは，一般的には5歳児の1年間で，小学校のなかに併設されている。最近では4歳児クラスを有する学校も増えている。

[***] レディネス
発達的にみて，学習者が学習を行うための準備ができている状態にあることである。たとえば，キンダーガーテンでみるレディネスとは，ハサミが使えるか，文字を書けるだけの器用さをもっているか，ということである。

いうのが保育者たちの考え方であった。経験を積んでいるか否かを問わず，日本の保育者は子どもを「長い目」で見ることをひとつの価値観としてもっているようである。

　そのような違いがみられるもうひとつの要因として，日本が年功序列を尊重する環境にあることが考えられる。そのため，同年齢や同期が大きな意味をもつ日本では，入園の区切りを柔軟にとらえることは難しいのかもしれない。その反面，日本の保育者は子どもに自由を保障している側面ももっている。

❸ 子どもに寄り添う保育

　D. ウォルシュは，7カ月の日本滞在の間，自分の息子を幼稚園に通わせながら日本の保育をみてきたなかで，保育者や教師たちは何ができるかではなく，その子がどんな子で何をしたいのかを中心にとらえていると述べている。そのため，おとなは子どもたちに時間的にも空間的にも広いスペースを与えていると指摘した。トビンらがいうように靴を脱ぐという習慣に象徴されるウチとソトとの区別は存在しているが，子どもたちは挨拶という儀式をおえて園のなかに入ってしまうと，保護者からも解放された自由な空間を得ているとウォルシュは述べている。そこではアメリカとは比べものにならないほどの身体的活動が盛んに行われ，「遊び込む」ほどの長い自由遊びの時間が保障されているのを，彼はうらやましく思ったと言っている。彼がアメリカに持ち帰った日本の幼稚園や保育所の映像には，子どもたちが運動場で走り回ったり，一輪車に興じたり，また，水浸しにして遊んだりしている場面があり，現地の保育者を驚かせた。

　日本とアメリカの保育者を比較すると，子どもが従事している活動に対して，日本の方がかなりの自由度と許容範囲を認めている[*]。その背景には，ルイスもみていたように，保育者が子どもに全幅の信頼を置いていることがあるだろう。アメリカでは，保育中はすべての子どもが保育者の目の届く範囲にいなければならないと法律で決めている州もあるというが，日本の保育者は園舎の裏に秘密基地をつくっている子どもたちを，「あの子たちが何をしているか分かってますから」と監視するまでもなく理解しているのである。

　時代が平成になるころから，1人ひとりを大切にすることの重要性がいわれるようになってきたが，子どもの興味・関心に沿っているという点では，日本は誇れる保育をしているのではないか，とウォルシュは論じている。彼は日本の園のなかに，子どもたち1人ひとりに寄り添う保育者の姿をみていたのである。歴史的にみても，子どもを大切にする文化というのは，長く日本にあったと考えられる。山上憶良の時代から江戸時代にかけて，日本人は伝統的に子どもを子どもとして育ててきた。小さなおとなとして扱ってきた西洋的な考え方とは対照的

* Suzuki, M. & Boomer, E. (1997) Relationships between Teachers and Students in American and Japanese Kindergartens. 学校教育学研究, Vol. 9, pp.11-21

であり，それが子どもに寄り添う保育を日本に培ってきた基となったのではないだろうか。

4. 文化の上に立つ保育

　ある日本の保育者がアメリカの幼稚園に研修に出かけたとき，参加した現場で子どもたちを騒がせてしまったことがある。部屋のなかでは極力静かな環境をこころがけているアメリカの現場では，日本の保育者がするように，何かに興味をもたせるときに子どもたちに歓声をあげさせるようなことは少ない。とくに日本と違い，おとなである保育者は子どもとの絶対的な上下関係のもとで指示を与えることが必須なのである。子どもの目の高さで接するというのは，文字通り姿勢を低くして話をするということもあるが，日本の場合はそこに子どものものの見方や考え方に近づくという意味も含まれる。若い保育者に対して，子どもと共に遊ぶことが奨められるのは，そういった理由からである。

　元気で生き生きとした子どもに育てたい，と常日ごろ思っている日本の保育者にとって，アメリカの現場は少々息苦しく感じられるかも知れない。そのとき研修に参加したのは，かなりの現場経験を積んだ保育者たちであり，その場の雰囲気はよく分かっていたのだが，いざ子どもに接したときに，つい折り紙か何かで子どもの喜ぶようなものをつくり，結果的にクラスが少し騒然としてしまったという。その日本の保育者は，日本でしていたように子どもの目に輝きをもたせるようなことをしてしまったのである。ただ救いであったのは，現地の先生たちが「そんな接し方もあるのですね」と理解を示してくれたことである。子どもとの絶対的な距離を保つアメリカと，子どもの思いに沿っていこうとする日本では，保育者が目指すものが異なっている。しかし，自分とは異なった考えに触れることで，保育者は「なぜ違うのか」「そこに新たな可能性はみつけられないか」と考えることができる。

　さまざまな国のさまざまな保育をみるにつけ，「日本ではどうだろうか」「そこから学べるものは何だろうか」と考えてしまう。これまでみてきたように，未来に向かう子どもたちを育む際には，子どもの学びを支えること，子どもと共に生きること，保護者や地域と共に生きること，そして保育者自身が学びつづけることが必要であるということが浮かびあがってくる。そこに至るまでのアプローチはさまざまであるが，国内外でのいろいろな取り組みについて学ぶことで，保育者としての質を高めることが望まれるのである。

＜学生のみなさんへ　～成長する保育者であるために～＞

　保育をしていると，いろいろな課題にぶつかります。話を聞けない子，うまく表現できず手が出てしまう子，なかなか自分を出せない子。私は，できるだけその子の身になって考えるようにしています。一緒になって砂を投げてみたり，同じ姿勢になってすねてみたり。なぜそのような行動をするのかを考えることで，解決の糸口がみつかります。

　人間や動物は，自分が見たり聞いたりできる波長でしかものを知覚することはできません。保育者も同じで，自分のレベルにあった課題しか目に入りません。自分が成長すると，その分だけむずかしい問題に直面します。そんなとき，自分の目の前にいる子どもたちに感謝しましょう。その子らなしには自分の成長はありませんし，あなたなしにはその子たちの成長はないのですから。

演習問題

Q1　海外の人に日本の保育者のありよう（特徴）について伝える場合，あなたはどのようなことを知ってほしいと考えますか。一緒に学習している人たちと，お互いに考えを出しあってみよう。

Q2　海外の保育について紹介されている書籍や文章を読んで，お互いに紹介してみよう。その際，もし自分が保育者として現地の園に赴任したとき，どのような感動や戸惑いがあるだろうか。想像しながら話してみよう。

【引用・参考文献】

Edwards,C.,Gandini,L. & Forman,G. 編，佐藤学，森眞理，塚田美紀 訳『子どもたちの100の言葉 ― レッジョ・エミリアの幼児教育』世織書房，2001

佐藤学・秋田喜代美 監編集，ビデオ『レッジョ・エミリア市の挑戦：子どもの輝く創造性を育てる』小学館，2001

保育・子育て総合研究機構研究企画委員会『保育園における「子どもの育ちと学びの分かちあい」への招き』2008

「保育プロセスの質」研究プロジェクト『子どもの経験から振り返る保育プロセス：明日のより良い保育のために』幼児教育映像制作委員会，2009

レッジョ・チルドレン 著，田辺敬子，木下龍太郎，辻昌宏 訳『子どもたちの100の言

葉—イタリア / レッジョ・エミリア市の幼児教育実践記録』学習研究社, 2001

レッジョ・チルドレン, ワタリウム美術館 制作, 東京大学佐藤学研究室 訳『レッジョ・エミリアの幼児教育：驚くべき学びの世界 [モノとの対話]』ISSHI Press, 2011

Hendrick, J. 著, 石垣恵美子, 玉置哲淳 監訳『レッジョ・エミリア保育実践入門—保育者はいま、何を求められているか』北大路書房, 2000

Chetty, R. et. al (2011). How Does Your Kindergarten Classroom Affect Your Earnings?: Evidence from Project STAR. NBER Working Paper No. 16381.

Heckman, J.J. & Masterov, D. V. (2007). The Productivity Argument for Investing in Young Children. NBER Working Paper No. 13016.

Lewis, C. (1995) Educating Hearts and Minds: Reflections on Japanese Preschool and Elementary Education. New York: Cambridge University Press.

New Zealand Ministry of Education (2017) Te Whāriki

New Zealand Ministry of Education (2004) Kei Tua o te Pae Assessment for Learning: Early Childhood Exemplars. No. 5 Assessment and Learning: Community.

OECD (2004) Five Curriculum Outlines.

Suzuki, M. & Boomer, E. (1997) Relationships between Teachers and Students in American and Japanese Kindergartens. 学校教育学研究, Vol. 9, pp.11-21

Sylva,K., Melhuish, E., Sammons, P., Siraj-Blatchford, I., & B. (2008) Final Report from the Primary Phase: Pre-School, School and Family Influences on Children's Development during Key Stage 2 (Age 7 -11) . DCSF-RB061, Department for Children, Schools, and Families, England.

Sylva, K. (August 2013) Quality in Early Childhood Education – Can it be International? Key Note Speech at the Annual Conference of European Early Childhood Education Research Association, Tallinn, Estonia.

Tobin, J., Wu, D., & Davidson, D.(1989) Preschool in Three Cultures: Japan, China, and the United State. New York: Teachers College Press.

Tobin, J., Hsueh, Y., & Karasawa, M. (2009) Preschool in Three Cultures Revisited: China, Japan, and the United States. University of Chicago Press.

第9章

保育者のこれまでをふり返る

〈学習のポイント〉　①海外や日本で幼稚園の発展に力を尽くした教育者や保育者の思想と実践に
　　　　　　　　　　ついて理解しよう。
　　　　　　　　　②日本で保育所の設立と発展に努めた人びとや保育者の願いと保育活動につ
　　　　　　　　　　いて知ろう。
　　　　　　　　　③戦前の保育者たちが保育実践をどのように高めていったのかを把握しよう。
　　　　　　　　　④保育者たちは，なぜ，子どもの身体の問題に取り組んできたのを理解しよう。

1. 幼稚園の設立と発展に力を尽くした保育者たち

■ 幼稚園の礎を築いた人びと

（1）F.W. フレーベル：世界に幼稚園を誕生させた教育者

　フレーベル（1782～1852）は，1782年にドイツの自然豊かなチューリンゲン地方に生まれ，19世紀半ばに，世界ではじめて「幼稚園」という施設をつくった。イェナ大学で数学・物理学・建築学などをおさめたフレーベルは，ペスタロッチの設立したイヴェルドン学園をたずね，彼の教育法を熱心に学んだ。

　フレーベルの教育学は，子どもの「遊び」に注目したことで，新しい幼児教育の未来を切り開いたといえる。彼の著書『人間の教育』（1826）では，教育のはたらきは，人間のうちなる本質（神性）を発揮させることとされている。そして，幼児の発達段階での教育は，子どものうちなる本質の表現である創造的な「遊び」のなかで行われるものであると述べられている。彼が考案した恩物（Gabe）[*]は，子どもが遊びながら神について知るためにつくられた教育遊具であり，神の創造した自然の姿を象徴的にあらわした形をしている。フレーベルは，「幼児期と青少年期の作業衝動を育てるための施設」で恩物の製作と普及をはじめ，「遊びと作業の施設」で恩物を用いた幼児教育と遊びを指導する保育者の実習を行った。

　1840年には，これらの施設をあわせて「一般ドイツ幼稚園」が創設され，ドイツ語で「子どもの庭」（kindergarten）という名前がつけられた。「子どもの庭」という名にふさわしく，フレーベルの幼稚園には花壇や菜園が設けられ，さまざまな草花や野菜が植えられていた。園庭の敷地は，子どもが協同で世話をする共通の庭と，子ども1人ひとりの名前がつけられた個人の畑にわけられ，植物の世話を通して子どもが自分と仲間との関係を知るための工夫がなされた。

　また，フレーベルは，子どもの「遊び」の指導者となる保育者の養成にも力を

資料9－1
フレーベル

＊恩物
恩物は20種類で，立体的，平面的なものがあり，代表的なものは以下である。
第一恩物：赤・青・黄・緑・橙・紫の6色の球
第二恩物：球・円柱・立方体の3種の立体
第三恩物：8つの立方体
第七恩物：正方形，三角形の色板
第九恩物：金属製の全鐶半鐶

資料9－2　第2恩物と第5恩物

出典：小原国芳・荘司雅子監修『フレーベル全集』第4巻，玉川大学出版部，1977

注いでいた。彼はドイツ各地をまわって保育者の養成講座を開き，幼稚園の普及
につとめた。ちょうど女性解放運動が盛んになってきて，保育者が女性の職業と
して社会に受け入れられるようになった時代である。フレーベルの『母の歌と愛
撫の歌』（1844）という歌集は，もともと家庭の母親の子育てのためにつくられ
たものであるが，のちに保育者養成のテキストとして広く読まれるようになった。
たとえばこの本には，次のような指あそびの歌がある。

> これがやさしいお母さん　これが元気なお父さん　これがのっぽのお兄さん　これ
> がお姉さん　膝に人形抱いてます　そしてこれがぼうや　まだちいさくてかわいい
> ね　これがおうちの人たちです　なかよく元気で力をあわせ　楽しくりっぱなしご
> とをしています*

＊フレーベル著，荘司雅子，
藤井敏彦共訳「母の歌と
愛撫の歌」『フレーベル全
集　第5巻』玉川大学出
版部，p.100，1981を引
用修正

　このように，乳幼児と指を動かしながら楽しく歌をうたう遊びのなかで，保育
者は，子どもと心地よい関係をつくることを期待されていたのだろう。
　このようなことから，保育者と子どもの関係は，家庭の親と子どもの関係と同
じように愛情に満ちあふれたものであると考えられるようになったことがうかが
い知れる。

（2）東京女子師範学校附属幼稚園：わが国，最初の幼稚園における試み

　1876（明治9）年に，日本ではじめての官立幼稚園として東京女子師範学校附
属幼稚園が設立された。この幼稚園に通ってくる子どもたちは，豊かな家庭の子
どもが多く，自宅の使用人に送り迎えをしてもらっていた。西洋の進んだ教育を
国内に導入する役割と女子教育の役割をになった幼稚園での保育は，初期はフ
レーベルの恩物による教育を中心にしていた。同幼稚園の初代監事となった関信
三は，海外の書物を翻訳して幼稚園を紹介し（『幼稚園記』），フレーベルの恩物
の使い方を図入りで説明した（『幼稚園法二十遊嬉』）。それらの書物にでている

資料9-3　恩物をあつかう子どもたち

出典：倉橋惣三，新庄よしこ『日本幼稚園史』臨川書店，1980

資料9-4　東京女子師範学校附属幼稚園の遊戯

出典：倉橋惣三，新庄よしこ『日本幼稚園史』臨川書店，1980

保育に必要な用具や恩物は日本にはなかったので，本のなかの恩物の挿絵をもとに何度もやり直しながらつくってもらったという[*]。

東京女子師範学校附属幼稚園の最初の保育者は，松野クララ，豊田芙雄，近藤浜の3人だった。幼稚園では何もかもがはじめての試みであり，保育者たちの試行錯誤の努力が保育を支えていた。

松野はドイツ人で，ドイツの保育者養成学校でフレーベルの幼児教育を学び，同幼稚園の主任になった。おもに保育者や保育者となる学生の指導をしながら，保育室のピアノを弾いて園児たちに遊戯を教えたようだ[*]。

豊田や近藤は，自分たちの作詞した「家鳩」「風車」「民草」に雅楽の曲をつけてもらい，当時，ひとつもなかった幼児の歌う唱歌をつくって，子どもたちに教えた。色紙も，洋紙はほとんどなかったので，和紙を染めてもらって使っていたようである。ふたりは幼児用の教材・教具をそろえるのにも苦心しており，豆細工の細丸木[**]の代わりに竹ひご[***]を用いるというような工夫をしながら保育にあたっていた。お話の時間には，漢語調で書かれたイソップ物語などを，幼い子どもにもわかりやすく話していたという。

（3）A.L. ハウ：日本のフレーベル理解とキリスト教保育につくした保育者

日本のキリスト教保育の基礎をつくり，フレーベルの幼児教育に対する理解を広めた人物は，アメリカ女性宣教師のハウ（1853～1943）だった。ハウは，アメリカでフレーベルの幼稚園の普及につとめたE.ピーボディの影響を受け，シカゴのH.A.パットナムの設立した養成所で保育を学んで保育者となった。来日して1889（明治22）年に神戸で頌栄幼稚園を設立し，フレーベルの教えにしたがった保育を日本に根づかせようとした。

このとき彼女は，フレーベルの恩物の形式的な使い方にこだわる保育を批判し，フレーベルの基本精神に立ち返ることを主張している。ハウが幼稚園で実践し，保育者に伝えようとしたのは，自然界の神のはたらきについて幼児に気づかせ，神への愛を抱かせること，よい話と音楽を与えること，人はお互いに助けあ

*氏原鋹「女子高等師範学校附属幼稚園ニツキテ」，2-3丁（芦屋大学附属図書館竹村文庫蔵）

**豆細工の細丸木
大豆などの豆をつなぎ合わせるために，木材を細く丸く削って棒状にしたもの。

***竹ひご
竹を縦に割って細長い棒状にしたもの。

うことを教えること，よい習慣を身につけさせることなどであった。アメリカでは，頌栄幼稚園での保育を，家庭での幼児の生活が十分に再現されていると紹介し，次のように伝えている。

> 園庭には各子どものために自分の花壇が定められ，各自は種まきのときから草花の世話をする。……子どもたちはまた小鳥の世話も行い，その世話を通して，こぎれいさとやさしさを学び，あるいは蚕の世話をし，その成長過程を観察している。*

*日本保育学会『日本幼児保育史 第二巻』フレーベル館，p.78, 1968

またハウは，頌栄保母伝習所を設立して保育者を育て，キリスト教主義の保育者養成の基礎を築いた人物だといえる。彼女は，フレーベルの『人の教育』『母の歌と愛撫の歌』などを日本語に訳してテキストとして使用し，フレーベルの思想を保育者となる学生たちに広く伝えていった。1906（明治39）年には，キリスト教保育連合（後の日本キリスト教保育連盟）を組織して会長となり，関西を中心に当時の日本の幼児教育界をリードしていった。

② 幼稚園の発展に貢献した人びと

（1）P.S. ヒル：アメリカの進歩主義教育運動と大きな積み木の発明

19世紀末から20世紀はじめのアメリカでは，G.S. ホールなどの，子どもの心理学研究をもとに教育の理論やカリキュラム，環境を変えていこうとする進歩主義教育運動が起こっていた。

幼稚園の保育者だったヒル（1868〜1946）も，J. デューイのプラグマティズム**やW.H. キルパトリックの生活経験を重視する教育の影響を受けて，新しい幼稚園教育の改革に乗り出していく。現在も幼稚園で使われている大きな木製の積み木は，このときヒルが考案したもので，「ヒルの積み木」ともよばれている。彼女は，フレーベルが考案した小さい積み木にかわって，大きな積み木を子どもたちが自由にもち運ぶことによって，幼児が体の大きな筋肉を動かし，仲間同士で想像力をはたらかせて，豊かな遊びができるように改良したのである。

ヒルは，幼稚園のカリキュラムの内容も，子どもの発達段階ごとの興味や本能に即して考えること，また，子どもの意欲をかきたてる教材によって活動させることが必要だと考えた。彼女の「コンダクト・カリキュラム***」では，子どもの活動として，体の発育をうながす活動，仲間と遊ぶことを学ぶ活動，問題について考えてアイディアを出す活動，遊びや生活に必要なものをつくる活動，想像力をはたらかせる活動，ものに対する責任感を養う活動などが含まれている。なかでもヒルは，ごっこ遊びなどの社会的な遊びによって子どもが家庭や社会につながる生活経験を豊かにし，社会性を身につけていくことを大切に考えていた。

**プラグマティズム
教育の過程を，行為や出来事に即した形で具体的に考える考え方。

***コンダクト・カリキュラム
コンダクト・カリキュラムは1923年に発表され，子どもの活動への必要感を生み出し，生活に連続性と統一をもたらすことを目指した。カリキュラムの構成は，大きく「作業活動」と「その他の活動」からなる。「作業活動」には，靴の履き替え，衣服の着脱などの基本的な生活の部分と子どもがみずから遊具や材料を選んで遊び，作業する部分が含まれる。「その他の活動」には，幼児の生活をより豊かにするために保育者が意図的に指導する活動（音楽，遊びとゲーム，絵画，言語，数，社会研究，自然研究，見学など）が含まれる。コンダクト・カリキュラムでは，とくに社会性の発達が重視されていた。

「人形遊び」の実践を例にあげると，まず，「材料」として，どのような人形（少女，赤ん坊など）や洋服（ドレス，ぼうしなど）や家具（ベッド，台所用品，乳母車など）を準備するかが示されている。次いで，遊びの「代表的な活動」としては，人形の洋服の脱ぎ着や乳母車を押すという材料を使う遊び，食料をそろえて食事をする組織的な遊び，仲間との遊びがあげられている。そして，遊びを通してどのような「思考・感情および行為の向上」がみられるかについては，人形の世話が上手になる，社会生活の習慣に気づく，集団での遊びを計画して組織する力がつく，人形で遊ぶ喜びを感じる，と記されている。このようなカリキュラムの発案は，保育実践の観察記録を積み重ねて分析したり，心理学や教育学の理論や成果から学んだりしたヒル自身の実践研究に支えられていたのである。

（2）倉橋惣三：幼児の生活に寄り添った保育を目指して

アメリカの進歩主義教育運動は，フレーベルの神秘主義[*]的な哲学と恩物の形式的な使われ方を批判して，新しい幼児教育の方法と内容を示そうとする動きを活発にしていった。このような欧米の動向をとらえながら，日本の幼稚園にももっと子どもの自発的な活動を大切にする保育が必要だと考え，幼児教育の改革に乗り出したのが倉橋惣三（1882 ～ 1955）である。倉橋は，学生時代から子どもと遊ぶことが好きなクリスチャンで，1917（大正 6）年に東京女子高等師範学校附属幼稚園の主事となり，保育者とともに新しい保育の試みを実践していった。倉橋は『幼稚園保育法真諦』(しんてい)（1934<昭和 9> 年）のなかで，これまでの幼稚園はフレーベルの精神を忘れてその方法ばかりをまねし，幼児の生き生きとした姿をうばって，無理におとなの方にひきつけていると批判している[**]。そこで，思いきって幼稚園の古い殻を破って，子どもの本来の生活をもとに幼稚園の保育をつくり直していこうとしたのである。

倉橋は，子ども自身の自発的で具体的な生活をもとに，幼稚園生活での教育を成り立たせようとした。そしてそのためには，子どもの気持ちや思いや願いという「心持ち」に，保育者が十分に応えていくことが大切だと考えた。「飛びついてきた子ども」と題された文章からは，そのような彼の思いが読みとれる。

> 子どもが飛びついてきた。あっと思う間にもう何処かへ駆けていってしまった。その子の親しみを気のついた時には，もう向こうを向いている。私は果たしてあの飛びついてきた瞬間の心を，そのときぴったりと受けてやったであろうか。それに相当する親しみで応じてやったろうか。[***]

倉橋の保育方法は，子どもの活動の状況によって，保育者が保育の指導のあり方を柔軟に変えていくことを特徴としていた。幼稚園の生活では，子どもがみ

*神秘主義
神などの超越的な存在を，何らかの方法で直接に体験しようとする宗教・哲学上の考え方。

＊＊倉橋惣三『幼稚園保育法真諦』東洋図書株式合資会社，pp.1-2，1934

＊＊＊倉橋惣三『育ての心』刀江書院，p.40，1936

資料９－５　倉橋と附属幼稚園の子どもたち
出典：お茶の水女子大学附属幼稚園所蔵

ずからの活動を充実させる力をもっていることを信じ，幼児に自由に遊べるという気持ちと保育者の配慮がゆき届いた環境をあたえることを基本とした。このような場で，子どもが自分の遊びや生活を十分にすすめているようすは，倉橋のことばで「自己充実」といわれた。そして，子どもが自分の力で「自己充実」できないとき（たとえば，ブランコをうまくこぎたくても思うようにこげないとき）は，その子どもが何をどの程度まで望んでいるかを理解して援助する「充実指導」が求められる。さらに，自分では何もしようとしない子ども，活動が断片的な子どもに対しては，保育者がもう少し積極的に子どもの活動に方向性をあたえる「誘導」が必要になってくるとしている。なお，小学校の授業のように保育者が子どもに先立って知識や技術を教える「教導」は，「自己充実」「充実指導」「誘導」の最後に，少しだけ行われるものだった。

　このように，目の前の子どもの遊びや生活をもとに保育を行おうとしたときに，保育計画としての「誘導保育案」が必要になってきたのである。「誘導保育案」は，子どもの興味や関心を引き出して活動を生じさせ，それを発展させていくような主題と環境を整えていくための計画である。そのため保育者は，子どもの年齢や活動の発展性をとらえて，ひと月や１年などの活動の期間を考えるとともに，年間の計画で主題をいくつ設定するかを検討する。

　当時行われた事例をあげると，附属幼稚園の保育者たちは，「旅へ―東京駅から―」という主題で，駅の売店，改札，時計，食堂などをつくる製作とともに，駅ごっこが展開されていく実践（新庄よしこ）や，人形を買ってきて，人形の家をつくることからはじまり，子どもたちの家としても遊べるようにストーブ，バルコニー，ポストなども製作していった「人形の家」の実践（菊池ふじの）などを展開していった。

資料９－６　附属幼稚園における誘導保育の様子「お店」
出典：森上史朗『倉橋惣三文庫８　子どもに生きた人・倉橋惣三の生涯と仕事（下）』フレーベル館，2008

　以上のような倉橋の保育の思想や理論，附属幼稚園の保育者たちによる実践は，現代の幼稚園教育のひとつの底流をなしてい

るといえるだろう。

3 新しい幼稚園教育を目指した人びと

（1）橋詰良一：自然のなかでの保育を発展させた人物

明治期のおわりから大正期にかけて，室内での保育だけではなく，戸外での遊びを重視して，自然のなかでの幼児の直接的な体験を大切にしようとする保育（郊外保育，園外保育）が盛んになってきた。橋詰良一（1871 ～ 1934）は，1922（大正11）年に家なき幼稚園という「家」＝園舎をもたない幼稚園をつくり，大阪の郊外の自然豊かな場所で子どもたちを自然にふれさせようとした。当時は，大正期の新教育運動により，さまざまな幼稚園や小学校で新しい教育の方法や内容が開発されていた時期にあたる。また，都市部では鉄道の沿線を中心に郊外住宅地が次々とつくられ，その地域の家庭の子どものために，私立の幼稚園も数多くできていった。

橋詰の保育は，自然を積極的に保育の空間としてとらえる観点を，多くの教育関係者に印象づけるものだった。「自然をそのままの保育室に」という発想のもと，保育者と子どもたちは神社の境内に集まったあとに，ござ，組み立て式の机，折りたたみ式のいす，乳母車につけたオルガンをもって，近くの川や森や野原に出かけていった。そこで子どもたちは，石ひろい，魚つり，川遊び，土ほり，草つみ，虫とりなどをして自然を観察し，自然に親しんだ。また，大阪の百貨店では，自然の草花や木の葉や実をつかった子どもの作品を展示する展覧会も開かれた。このような家なき幼稚園の保育実践をみようと，倉橋惣三，森川正雄（奈良女子高等師範学校），小原国芳（成城学園）などが同幼稚園を訪れている。

1926（大正15）年の「幼稚園令」の公布のおり，「幼稚園令施行規則」の第2条を受けて幼稚園の保育項目に「観察」が新しく入ることになった。この「観察」は，幼児が自然物，日常のもの，人に関することにありのままにふれ，見聞を広めるものとされている。このような「観察」が保育項目にふくまれるようになったのも，当時の自然のなかでの保育実践の高まりによるところが大きい。

（2）小林宗作：幼稚園教育にリトミックを導入

子どもたちがピアノのリズムにあわせ，曲が速くなると小走りになり，遅くなるとゆっくり歩く，高くなったり低くなったりする音にあわせて体の動きを変えていく。このような，リズムによる遊びや運動を「リトミック」として日本に紹介したのが小林宗作[*]（1891 ～ 1979）である。小林宗作はリトミックを考案したダルクローズの舞踊学校で学び，1925（大正14）年に東京の郊外にできた成城学園の成城幼稚園によばれてリトミックを教えた。

すでに，大正期の幼稚園教育では，土川五郎を中心に幼児のリズムによる遊戯

＊小林宗作
彼は，のちに東京都自由が丘に設立された私立幼稚園・小学校のトモエ学園の校長となった。トモエ学園は，黒柳徹子の自伝エッセイ『窓際のトットちゃん』（講談社，1981）で主人公トットちゃんが通った学校として知られている。

の改革が行われていた。土川は，子どもの遊戯がおとなの身振りをまねた形式的なもので，子どもにとってあまり楽しいものではないことに疑問をもっていた。そこで，子どもの自然な表現をとらえ，子どもの気持ちにあうような，リズム感のある遊戯をつくろうとした。彼の「律動遊戯」は，子どもにふさわしいリズミカルな歌曲に動作をつけたもので，「表情遊戯」は，童謡や幼児向けの歌詞に動作をつけたものだった。

　これに対して，もっとリズムと子どもの表現について考えたいと思った小林は，パリに留学して，リトミックを学んで帰ってきたのである。

　まだ，十分な設備の整わない成城幼稚園で主任となった小林は，開園の前の日に園児のためのおもちゃを買いに行き，人形を飾って，開園式をあげたという。また，野原の雑草を抜いて花壇をつくり，もらった子ブタを農家でニワトリとヒヨコ10羽と交換し，ウサギ，伝書バトも幼稚園で飼うことにした。このようにして，小林はリトミックによるリズムの教育とともに，子どもたちの生活を豊かな自然とかかわらせる保育を行おうとしたのである。成城幼稚園の保育項目は「散歩，園芸，音楽，舞踊，美術，観察，談話」となっており，当時の「幼稚園令」の保育5項目（遊戯，唱歌，観察，談話，手技等）にあてはまらない，独自の教育がなされていたといえる。

　リトミックは，リズムにあわせて体を動かすことによって子どもの体と頭とこころにはたらきかけ，バランスのとれた発達をうながすものだった。小林は，子どもがさまざまな音やリズムを聞きわける感覚をみがき，自分の体を自由に動かせるようになると，子どもに注意力や集中力，芸術的な感性が培われるとした[*]。そのために，砂場つきのサンルームをつくり，そこで，子どもたちに下着1枚で活動をさせている。これによって，たとえ気むずかしく神経質な子どもであっても，明るく素直な気持ちになれるようにしたのである。

　成城幼稚園ではリトミックの講習会も行われ，小林からリトミックを学んだ保育者たちによって，日本の幼稚園教育にもリトミックが取り入れられるようになっていった。

＊小林宗作『綜合リズム教育概論』1935（所収：岡田正章監修『大正・昭和保育文献集』第4巻，日本らいぶらり，1978）

2. 保育施設の設立と発展に力を尽くした保育者たち

■ 草創期の保育施設をつくった人びと

（1）赤沢鍾美：子守学校に保育室をつくる

　赤沢鍾美（1867 ～ 1937）は，新潟で私塾を営む家に生まれ，小学校の教師としてはたらきながら，私塾の運営を手伝っていた。1890（明治23）年に赤沢は

教師をやめ，私塾を「新潟静修学校」とあらため，また尋常小学校を設立し，さまざまな事情で教育を受けることのできない貧しい子どもや青年の教育にも専念した。これらの学校は子守学校としての性格をもち，子守りをまかされた子どもたちは，幼い弟や妹を連れて来て，授業を受けていた。赤沢は，幼い子どもがおやつやおもちゃをあたえられ，放課後まで兄姉を待っているようすをかわいそうに思い，子守学校のなかに，当時では先駆的な試みである保育室をつくった。

資料９−７　子守教育所の授業風景（国語）
出典：重要文化財旧開智学校校舎よりご提供

　実際の保育にあたったのは，赤沢の妻の仲子である。彼女は，保育室で子どもたちと家族のように接し，おやつやおもちゃだけでなく，雨の日にはかさ，暑い日にはぼうし，寒い日には足袋をあたえて世話をした。ほかにも「手芸」「唱歌」「愛撫訓育」を行ったとされているが，詳しいことはわかっていない。保育料も無料だったため，子どもの親たちはとても喜んだという。やがて，子守学校に来る幼児だけではなく，母子家庭や工場・行商にはたらきに出る保護者の子どもも預かるようになり，その数は数十名になった。このため，赤沢は1908（明治41）年に「守孤扶独幼稚児保護会」を設立し，保育室を一般に公開して収容児数を増やすとともに，保育者を雇い入れた。当時は，外国の宣教師や慈善事業家による保育所や戦争の遺児のための保育所がつくられていたが，赤沢の保育所は，日本人の個人による組織的な施設としては，かなり早い段階のものであった。

（2）二葉幼稚園（保育園）の保育者たち：貧しい子どもたちへの献身的なかかわり

　日本の近代化にともなって工業化，都市化が進んでくると，東京や大阪の大都市を中心に労働者が数多く集まるようになった。しかし，戦争や不況の影響で貧富の差が大きくなるにしたがい，都市部では貧しい人びとが生活にあえぐスラム[*]が広がっていった。このような東京のスラムに住む子どもたちのために，1900（明治33）年に，野口幽香（1866〜1950）と森島峰のふたりのクリスチャンの女性によって二葉幼稚園が設立された。

　ふたりは，はじめ，華族女学校の幼稚園で，豊かな家庭の子どもを相手に保育者としてはたらいていた。野口の回想によると，その幼稚園に通う道ばたで，子どもたちが地面に文字を書いたり，駄菓子を食べたりして遊んでいる姿をよくみかけたのだという。その子どもたちのようすから，一方では大切に育てられている子どもがいるのに，もう一方では世話もされずにほったらかしにされている子どもがいるのかと思うようになる。そして，そのまま見過ごせない気持ちが彼女のなかで大きくなっていった。野口は，華族女学校の幼稚園ではキリスト教による教育ができないことに物足りなさを感じていたこともあって，道ばたの子どもたちを集めてフレーベルの理想に基づく教育を行いたいという夢をいだいた。

＊スラム
スラムは，都市部で非常に貧しい人びとが集住する地区のことをいう。当時のスラムでは，高い失業率や乳児死亡率，貧困，劣悪な住宅条件などが大きな社会問題となった。

資料9−8 二葉幼稚園の開園当初の子どもたち
出典：上笙一郎，山崎朋子『光ほのかなれども―二葉
保育園と徳永恕―』社会思想社，p.97，1995

東京女子高等師範学校を卒業した野口とアメリカで幼児教育を学んだ森島を，貧しい子どもの保育へつき動かしたのは，優れた教育を受けたエリート女性として子どもの問題を社会的にとらえようとする態度と，クリスチャンとしての使命感，子どもをあわれみ，慈しむ愛情の豊かさではないだろうか。二葉幼稚園の設立主意書には，多くの幼稚園が中流以上の家庭の子どもを対象にしており，生活の困難な家庭の子どもは幼いころから教育も受けられず，衣食住もままならない状況で悪いことを覚え，不幸になっていくことが切実な問題として記されている。そして，子どもたちをよい環境のなかで教育をすることで立派な社会人になるようにし，社会全体がよくなっていくようにするべきだと書かれている。

　こうして，寄付金をもとに小さな民家を借りてはじまった幼稚園では，保育料をとらずに16人の子どもを相手にしていた。また，「遊嬉」「唱歌」「談話」「手技」の保育項目で1日7〜8時間の保育を行い，保護者が労働や家事の時間を十分とれるようにした。

　徳永恕（ゆき）（1887〜1973）は，1908（明治41）年に二葉幼稚園の保育者となり，同園の大黒柱のひとりとして活躍した。二葉幼稚園は，1906（明治39）年に東京でも有数のスラムに移転し，園児も約100名に増えた。彼女は，東京の高等女学校在学中にこの地に幼稚園が移転することを知り，キリスト教の神がみずからを導く道がここにあると強く感じたという。そして，ここに幼稚園ができれば，子どもたちが十分に遊べるため，泥棒ごっこのような遊びをしなくてもすみ，母親たちは，家事や内職ができて暮らしもよくなるだろうと考えた。徳永は，平塚雷鳥らの女性解放運動の思想にもひきつけられ，社会的な弱者である貧しい母親と子どもにこころを寄せ，みずから支えていこうとした。

　二葉幼稚園の保育者が子どもたちに対して気を配っていたのは，ことばづかい，生活習慣と衛生，こころの問題だった。たとえば，ことばづかいなら，「あたい」「てめぇ」といっていたのを，「わたし」「あなた」というように教えていく。また，子どもの体についたノミを取り除いたり，汚れた着物を洗って繕（つくろ）ったり，顔の洗い方を知らない子どもに石けんを使わせたりもした。からかわれると包丁をもち

だして相手につきつけるような子どもに対しては、その子自身のひがみがそのような行為の背後にあることを理解したうえでかかわった。ほかにも、家庭訪問で子どもの生活の実情をとらえる、小学校に連絡して卒園児の授業料の便宜をはかってもらう、病児の世話に病院の協力をえる、などの努力を払っていった。

このような献身的な保育を続けていた二葉幼稚園であるが、のちに園児が約300名まで増え、保育時間が長いことと、休日も日曜・祭日、年末年始しかなかったことから、当時の文部省令の示す幼稚園の基準にあてはまらなくなり、1915（大正4）年に二葉保育園に改称された。

資料9-9　園庭を整備する保育者たち
出典：上笙一郎、山崎朋子『光ほのかなれども―二葉保育園と徳永恕―』社会思想社、p.161、1995

② 保育施設の発展期に保育を志した人びと

（1）都市部のセツルメント[*]の保育所：親の協同に支えられた保育へ

第一次世界大戦後の物価の上昇で人びとの生活が苦しくなると、乳幼児を抱えた母親の労働を助けるために、当時の内務省は保育施設をはじめとする児童保護事業を積極的に行った。このため、大阪、京都、東京といった大都市を中心に、公立の保育施設がつくられるようになった。一方、都市部の労働者が増加した地域や関東大震災（1923<大正12>年）の被災地では、地域の人びとの家庭生活を再建して、子どもの保育と親の労働を支えていこうとする活動が盛んになった。

この動きの中心にあったセツルメントは、宗教家や学生などが、都市の貧しい地域に宿泊所、授産所、保育所などの設備をつくり、住民の生活向上を支援する社会事業である。このなかには、大阪の北市民館保育組合（志賀志那人）や東京の光の園保育組合（賀川豊彦）のように協同組合で保育所をつくったものや、女性が中心になった婦人セツルメント（奥むめお）、大学生が組織した東京帝国大学セツルメントもあった。

それでは、セツルメントで保育施設がどのようにつくられたか、またそこでは、保育者がどのように働いていたかについて、いくつかの例をみていこう。

・大阪北市民館保育組合

大阪の北市民館のまわりには不良住宅が多く、環境もよくなかったため、乳幼児の死亡率もとても高かった。市民館の館長だった志賀志那人（1892～1938年）は、さまざまな乳幼児の保護事業を行っていた。そして、子どもたちが家庭での

＊セツルメント
セツルメントは、知識人・宗教家・学生などが都市部の貧しい地域に住み込み、住民と交流しながら医療・教育・授産・相談などを行い、地域の福祉向上を図った社会事業のことをいう。1880年代のイギリスではじめられたとされ、シカゴでジェーン・アダムスがハル・ハウス（1889）を設立してセツルメントを展開したことは有名である。

養育を十分に受けられない状況を解決するために，親の協同による保育を行うことを試みた。北市民館保育組合は，1925（大正14）年に次のような「協同保育の宣言」に基づいてつくられている。

> 今日の時勢では自分の家庭の力だけでは子どもを立派に育てあげることは困難です。……私どもはここにお母さまお姉さまの協力を求めます。…（中略）…みなさまの心と力を一つにして協同で子どもを保育し，その幸福の増進するに必要な事業をいたしましょう。*

＊志賀志那人「保育の協同組合に就いて」『社会事業』第13巻第3号，社会事業協会，pp.56-63，1929

　北市民館保育組合は，保護者や地域の人びとの保育を目的とする協同組合であり，組合員からの組合費と，保育を依頼する家庭からの保育費で運営された。組合員の親たちも，自分の子どもたちの保育は自分たちが協力して進めていくという思いをもって，自分の職業や技能を活かしながら保育に参加していた。ちょうど大阪では，橋詰良一が家なき幼稚園の実践を行っており（p.225参照），北市民館保育組合の保育にも，志賀の提案で，郊外での保育が取り入れられた。子どもや保育者たちは，電車を利用して都市の混雑した市街地から自然の多い郊外に出かけ，そこでのびのびと遊ぶことができた。

　また，北市民館保育組合の保育者たちは，みな，社会事業に強い関心をもって保育にたずさわっていた。比嘉正子は，はじめのころ，昼食にお弁当をもってこないで友だちの食べ残しを取りあう子どもたちのようすに驚いている。彼女は，学生時代にならった保育理念にしたがう以前に，子どもを取り巻く生活環境にこころをくだかねばならないことを痛感したという。保育者たちの仕事は，セツルメントの事業のなかにあるために，子どもの生活環境やスラムの貧困，失業問題などを抱え込まざるをえなかった。彼女たちは，保育者としての社会的な使命感に支えられながら，地域の親や住民たちの生活がよくなるように，お互いの理解と協同的な関係を築こうと努めていた。

・東京帝国大学セツルメント託児部

　関東大震災の大きな被害を受けた地区で，1926（大正15・昭和元）年に東京帝国大学セツルメント託児部がつくられた。まわりには紡績業や車両の大工場のほかに，染色，金属，石けん，皮革品などの小さな工場も多くあった。東京帝国大学セツルメント託児部には，このような工場や商店ではたらく人々の幼児たちが集まってきた。託児部の保育は，はじめは幼稚園にならっていたが，保育施設にふさわしいものにしようと，次のようになった。

　1. 生活訓練（衛生的な習慣，正しい言葉づかい，社会訓練）
　2. 自然科学的保育（遠足，見学，飼育，観察）

3. 身体的保育（栄養給食，身体検査，日光浴，午睡，転住保育[*]）

4. 自由遊び

＊転住保育
都市部から林間や臨海の地域に出かけて，そこで宿泊をともなう保育を行うこと。自然豊かな場所で心身の健康を回復させる目的があった。

　保育者の鈴木とくは，はじめて託児部の子どもたちをみたとき，落ち着きがなく，遊びもあまり知らなそうだという印象をもったという。そこで彼女は，幼稚園のような年齢別のクラスではなく，地区別の異年齢グループによる保育を行うことで，子どもたちの社会生活での協同性を育てていこうと考えた。託児部では，登園，おならび，食事，衛生，自由遊び，降園は地区別グループ，製作や見学は年齢別グループで行われるようになった。

　鈴木の地区別グループでの保育は，子どもたちが自分の考えやふるまいの正しさを自分自身に問いかけながら，仲間と関係をつくっていくことに向けられた。

　グループの子どもたち同士で貯金をして，みんなでスケッチブックを買いにいく実践をしたとき，ある男の子が，仲間の女の子が汚い服を着てきたと話し出した。鈴木は，そばで女の子がしょんぼりして話を聞いていることに気づいた。そこで男の子に，「○○くん，それなあに？」と聞き返し，「あなたも他人から同じことを言われたら悲しくなるでしょう」と問いかけた。男の子は，とたんに声をあげて泣き出してしまう。鈴木は，男の子が「ごめんなさい」を言いたげなまなざしでいることを見て取り，この子が，自分の発した言葉はよくなかったと気づいていることを理解した。相手の気持ちに対する思いやりをもちながら，外見にとらわれずに仲間の存在を受け入れてほしいという保育者の思いがそこにはあった。

　鈴木は，「母の会」の活動にも地区別グループを用いて，保育者と地域の母親たちの協力で保育をつくりあげたいと強く願った。彼女は，母親たちとの信頼関係を築くため，各家庭を訪れて話を聞く日々を過ごした。

資料9－10　東京帝国大学セツルメント託児部の子どもたち
出典：宍戸健夫『日本の幼児保育　上』青木書店，p.97，1988

　「お母さん。こんばんは，内職はどう？お金になる？」仕事の暇な夜など，自分の地区のお母さんをたずねる，…（中略）…子どもの話を中心に，母の会のこと，生活のことなど話しあうとき，私はもはや先生ではない。すっかりお友達になって，来る日も来る日も家庭，子ども，生活苦に追われ通しの母と語る。私はこの人達と一緒に，自分をたたきなおさなければならない。[**]

＊＊鈴木とく「無産者の託児所を語る」『婦人文芸』新知社，pp.72-76，1936

鈴木の熱意は母親たちに受け入れられ，やがて，彼女たちは自分から給食の調理を手伝ったり，地区別の集まりに積極的に参加するようになった。「母の会」では，スモックづくりやピクニックの計画，米の購入のための資金繰りも行われ，地区別の懇親会では，小児衛生や選挙の話なども親の要望でなされた。このようにして，託児部の集まりに参加することを通して，母親たちは自分がとてもよいことにかかわっているというよろこびと満足感をえるようになっていった。保育者と親が子育てと生活の問題を理解しあいながら，ともに保育をしているという実感が託児部の活動を支えていたのである。

（2）平田のぶ：子供の村保育園の「協働」と「自治」

　平田のぶ（1895～1958）の子供の村保育園は，1931（昭和6）年に東京の同潤会アパートにて誕生した。当時の同潤会アパートは，震災の被災地における公的な住宅の供給を目的とした，新しい生活空間を提案する都市型の集合住宅であった。

　平田は，広島の小学校や池袋児童の村小学校で教師をした経験をもつ。また，平塚雷鳥，奥むめお，市川房江らによる女性と母親の権利の主張に大きな関心をよせ，女性解放運動に参加していくようになった。

　平田は，母親たちに，子育てと家庭生活を担うための知識と，自分の子どもだけでなくすべての子どもの親としての社会的な自覚をもたせようとした。そのため，子供の村保育園では「母様学校」が開かれた。母様学校では，毎週水曜日と土曜日に，育児衛生，栄養学，社会事業などの講義や，料理，洋裁の講習会，石けんやお菓子の共同購入が行われた。のちには「父様学校」も開かれて，親としての子育ての責任と社会的な役目を果たしていくための活動がなされた。平田は母様学校，父様学校を通して，保育園を中心に人びとの「協働」と「自治」をモットーとする「子供の村」をつくろうとしていた。子育てと保育にかかわることで，地域の人びととをつないでいこうとした平田の試みは注目される。

　子供の村保育園の保育には，アパート3階の50坪ほどのホールが使われ，ピアノ，オルガン，本，手づくりのおもちゃが備えられ，屋上にはジャングルジム，小さな畑，飛行機の遊具があった。午前8時から午後3時までの保育で，朝の集まり，体操，踊り，歌，自由遊び，片づけ，昼食，午前中と同じ活動，午睡，おやつ，帰宅という1日の流れである。鼻かみ，歯みがき，トイレ，着がえの生活習慣は，体操や踊り，劇などにも取り入れながら，教えていた。

　子供の村保育園の特徴は，子どもたちに「協働」と「自治」について学ぶための保育がなされたことである。たとえば，保育者は子どもの発達に応じて，手洗い，うがい，食事を自分でする健康の管理や，靴の出し入れなどの物の管理をするように指導している。このときに，投げやりな子どもをとがめるようなことを

せず，きれいにすることのよろこびを子どもに感じさせようとした。また，みんなの物は交代で使うことや，食事の用意，屋上へ水を運ぶバケツリレーなどの仕事を分担することも重視された。年長児が年少児を世話することも保育内容のなかに含まれ，トイレや食事の面倒をみる，遠足では手をひいて電車に乗せる，座席を取ってあげる，などの姿がみられた。このようにして保育者たちは，自分で自分の身のまわりのことを行うこと，仲間と一緒に自分たちで園生活をつくっていくことを子どもたちに伝えていった。

3. 子どもの問題に，保育者はどう向きあってきたか

■ 保育者自身の学びと保育の実践研究

　これまでみてきたように，幼児教育は，明治期から昭和期にかけて保育の方法と内容を大きく変えてきたが，その背後に保育者たちのさまざまな努力があったことがうかがえる。当時は，いまのように交通，電話，テレビ，インターネットなどの移動や通信の手段が，十分に発達していなかった時代である。そのような時代に，保育者たちが新しい保育の動向を知り，お互いの実践を交流させることに大きな役目を果たしたのが，保育者の団体組織による研究会と保育雑誌の出版だった。いいかえれば，保育者たちは，研究会への参加と保育雑誌の購読を通して，子どもの発達や保育の方法と内容に関する問題について考え，保育実践を高めていったのである。

　ここでは，そのようすを，フレーベル会，京阪神連合保育会，保育問題研究会を例にあげてみてみよう。

（1）フレーベル会

　フレーベル会（後の「日本幼稚園協会」）は，1896（明治29）年に東京女子高等師範学校附属幼稚園の保姆会と東京市保育法研究会があわさってできた，全国的な保育研究の組織である。その目的は，幼児教育をよくして発展させていくことだった。会員には，中村正直，高嶺秀夫，伊沢修二，小西新八など東京高等師範学校，東京女子高等師範学校の関係者や，附属幼稚園の関係者もいて，フレーベル会は日本の幼児教育をリードしていく役割を担った。

　1901（明治34）年からは，『婦人と子ども』（後の『幼児の教育』）を発刊し，全国の保育者と家庭の保護者に向けて，幼児教育についての知識と理解を深める記事を提供した。記事の執筆には，教育学者だけでなく，附属幼稚園の保育者もかかわっており，附属幼稚園における保育の方法と内容，子どもへの接し方，子どもの理解の仕方などが読者に伝えられていった。

資料 9－11
『婦人と子ども』創刊号の表紙

『婦人と子ども』の出版の目的は大きくみて二つあった。

一つ目は，幼児教育の方法の研究成果を高めて幼稚園教育をよりよくすることである。発刊されたころは，欧米の新しい教育法や子どもの研究が日本にも入ってきており，これらを紹介しながら，保育の方法，遊び，教材，童話，唱歌などの研究を行っていく必要があった。雑誌が創刊されると，幼児の遊びを重視する教育論や恩物批判の議論，雨の日の室内での汽車遊びの実践報告などが載るようになった。雑誌の編集には，中村五六，東基吉，和田実，倉橋惣三と東京女子高等師範学校附属幼稚園の中心人物があたったため，幼児教育の新しい考え方がいち早く紹介された。前述した，倉橋の「誘導保育案」（p.224 参照）による附属幼稚園の保育実践も，保育者たちの保育記録として具体的に示されている。このような実践記録をもとに，ほかの保育者たちは，倉橋の保育方法による実践の仕方を知ることができたのである。

また，明治期には，幼稚園での教育を疑問視する意見や幼稚園はいらないとする議論が，一部の教育関係者から出されていた。そこで，これらの意見に対して，『婦人と子ども』で幼稚園教育の意義と成果を示していく必要もあった。

二つ目は，家庭での子育てを担う母親の教育を行うという目的である。その目的を達するために，幼児の心身の発達はどのようなものか，発達を支えるためにどうすればいいか，よい家庭をいかにつくるか，といった問題について，教育学者，心理学者，医者などの専門家による記事が掲載されていった。附属幼稚園の保育者も，子どもがなぜ泣かなくなるか，いうことを聞かない子どもにどう接するか，子どもをしかることについて，などの記事を執筆し，母親たちに保育の現場から具体的なアドバイスを与えていた。附属幼稚園の保育者たちは，雑誌を通じて親の子育てを広く支援していたといえる。

20 世紀のはじめには，日本でも都市化と核家族化によって新しい家族のあり方が模索され，家庭での教育も一層重視されるようになった。このような時代状況のなかで，『婦人と子ども』は，家庭での母親の役割や親子関係のあり方，子育ての知識を知りたいという保護者のニーズにもこたえていったのである。

（2）京阪神連合保育会

　京阪神連合保育会は，1897（明治30）年に開かれた大阪市保育会で京都市，神戸市の保育会の代表者を交えて話しあわれ，三市連合保育会として創設された保育研究組織である。翌年の第1回大会では，約100名の幼稚園関係者や保育者が集まって，幼稚園で使う恩物をどのように選ぶか，幼児の机の配置をどうするか，家庭との連絡はどうなっているか，などが議論されている。保育者たちは，このような議論を通して保育方法を研究し，改善し，保育者同士の交流をはかって情報を交換していた。

　そのうちに，京阪神連合保育会は，西日本の保育研究の中心になっていった。当初の会員数は300名を超えており，大阪市や京都市では公立幼稚園の保育者が，神戸市ではキリスト教系の幼稚園の保育者が多かった。第2回の大会に出席した保育者をみると，大阪市では保育者全員が参加した幼稚園も多く，園をあげて，意欲的に保育実践の向上に取り組んでいたようすがわかる。

　京阪神連合保育会は，1898（明治31）年から『京阪神保育会雑誌』（後の『京阪神連合保育会雑誌』）を発刊して，保育研究をもとに，実践の理論の構築と幼稚園教育の普及に努めた。明治期の雑誌記事には，フレーベルと幼稚園，子どもの衛生，お話の材料，遊戯，唱歌などに関するものがみられる。保育者が唱歌を子どもにも歌いやすく改良したもの，歌詞をまったく別のものにしたものなども「実験研究」の成果として紹介されている。たとえば「かごめかごめ」は，以下のように保育者が歌詞を子ども向けにした部分が示されていた。

> かごめかごめ　かごの中の鳥よ　はやく起きてあそべ　よあけのころに　トテコとないて　早く起きて遊べ[*]

＊『京阪神保育会雑誌』第6号，p.44，1901

　大正期，昭和期になると，幼児の感情と意思，自然物について，文字，林間保育，午睡に関する記事もみられるようになる。保育者の実践研究も保育記録をもとにして発表されている。大阪市立日吉幼稚園が「氷の観察」の実践を報告しているので，簡単に紹介しよう。

> 　朝，元気に登園してきた子どもたちが砂場で霜ばしらを「大発見でもしたように踏んで踏んで面白がって」いる。子どもたちは「今度は氷が混ざっているだの，砂が固まっているだの」と口々にいいはじめ，ある女の子は「先生これ寒いので砂に氷がついたのですね」と保育者に話しかけてきた。そこで，保育者は子どもたちと園庭の冬の観察をはじめ，池の水が一面に凍っているのをみつけると，今日こそあらかじめ考えていた氷の観察をしようと思う。保育者は，子どもたちに「氷の表面

を握りこぶしで叩かせて見たり，めいめい持ちたがる者には持たせたり，火鉢のふちに乗せて見たり，玩具の自動車に乗せて引かせたり」して遊ばせた。そして，昼食のときには太郎という子どもが池の氷で遊ぶ話を通して，子どもたちに氷ができる仕組みをわかりやすく話して聞かせた。[*]

＊『京阪神連合保育会雑誌』第50号，pp.11-12，1927 を筆者要約

子どもの遊びの1日のようすをエピソードとして物語りながら，保育者がみずからの実践をふり返っているようすがわかる報告である。前述したように，当時「観察」は，保育項目に入ったばかりだったので，このような実践記録の交流は，ほかの保育者の学びと研究の大きな手がかりになったことだろう。

（3）保育問題研究会

フレーベル会と京阪神連合保育会が，どちらかといえば幼稚園の保育者を中心にしていたのに対し，保育問題研究会には保育施設の保育者たちも積極的に参加していた。

保育問題研究会は，1936（昭和11）年に法政大学の城戸幡太郎を会長としてつくられ，保育者と研究者が共同で保育の問題を研究することを目的とした。また，翌年には，機関紙『保育問題研究』を発刊している。保育問題研究会は，全国の保育者に向けて，「日々の保育にあたっていると，子どもの扱い，生活の訓練，保育の材料，遊ばせ方など，困ることは多いけれども，本を読んだり講習会に出たりしてもなかなか問題は解決されないので，お互いにひざをつきあわせて日常の保育の困った問題について研究者とともに検討していこう」と，呼びかけている。

保育問題研究会では，7つの部会がつくられ，それぞれの部会を中心に，保育理論や保育案を含む保育の基礎的な問題，幼児の保健衛生，困った子どもの問題，自然と社会に関する観察，言葉，遊びと作業，保育政策の問題についての研究会が開かれていた。後には，保育者が日常的に実践研究を行うために，保育記録を重視するようになった。研究会では，幼稚園や保育施設の記録の実態

第一表　昭和14年4月　戸越保育所　保育案（幼兒數 16名）（保姆數 2名）

項目		目標・	第三週	第四週	整理
基本的訓練	清潔	鼻かみ 手洗 うがひ	鼻かみ（かみ方 紙の拾方）	手洗ひ（うがひ水）の使ひ方	鼻かみの習慣未だつかず。水の使ひ方乱暴。うがひ不徹底
	食事	残さない こぼさぬ	残さず食べる	こぼさぬ様に	残さず食べることの意は分る。こぼす事注意足らず
	排泄	便所の使ひ方	便所ですること	はね返さぬ様戸の開け閉め	使ひ方大部分はよく出来る。戸の開閉不徹底、混雑す
	着衣	上着、靴の「脱ぎ着」	上着脱着	同	毎朝、夕、繰り返すので大部慣れる
	睡眠	休養の姿勢	仰臥 手な腹	同	姿勢の取り方は皆わかる
社會的訓練	規律	携帯品整理片附け	朝と帰りの支度（自分の置場）	順番、片附け、椅子のかけ方、持方	自分の置場は二三名のみあいまい。椅子の扱ひ方も分る。片附け、順番は仲々出来ない
	社交	挨拶	お早う さよなら	同	皆喜び元氣よくする
生活教材	観察	保育所内	所内名 帮所 何する所	櫻、チューリップ	
	談話	返事 自分の名	ハイ 先生の名	自分の名を云ふ友達の名を知る	返事、自分の名、先生の名は完全に云ふ友達の名は大半あいまい
	作業	道具の扱ひ方	クレヨン 折紙 使ひ方	ハサミ使ひ方	
	音樂	リズム取方 レコードを聽く	拍手でリズムを取る（レコード）	同 唱歌「チューリップ」レコード	リズムはレコードにより、割合よくとれる。唱歌、樂器なき爲調子外れる
	遊戯	行進、手をつなぐ圓形な造	一列行進 手たつなぐ	同 圓形な造る	行進の時、間隔がとれぬ。ホールの圓形の上にのれば形出來る
	運動	遊具の使ひ方 姿勢、歩き方	歩き方	ブランコ乗り方 同	ブランコに興味をもつて練習、歩き方、リズムに合はぬ子大部分、足手の振り方恶し
主題		保育所の生活に慣れること			

図9-1　戸越保育所の保育案（月案）

出典：保育問題研究会『保育問題研究』第3巻第7号，p.12，1939

が調査され，保育記録の方法について検討されている。また，保育者の持ち寄った保育記録をもとにさまざまな事例の検討も行われた。

　保育案の実践的な研究で中心となった保育施設のひとつが，東京の戸越保育所だった。幼児の遊びばかりが重視され，集団生活に必要な訓練や健康のための身体教育がおろそかにされていると考える立場から，研究会では，戸越保育所で実

第　四　表　　保　育　日　誌

5月17日	水　曜　日	天候 晴	出席　17　名
主　題	スモツク着方		
豫　定	方　法	記　録	

	豫定	方法	記録
基本的訓練	足洗ひ方／スモツク着方	自立出來たかどうかをみる2、3人の子を除き保姆は手を出さぬ。全體指導、袖表返し、背中の方を手前にして衿を兩手に持たせ、袖が何處に行つてゐるかを見せ片方づつ直させる。	大抵の子自立出來てゐる、達ちゃん澄子ちゃんは指の間、かかとが良く洗へない。片方の手で、スモツクを持ち、片方で袖を直すと云ふのはむづかしいらしく机の上に置いて、兩手を使つて袖をひき出してゐる子が多かつた。3人程保姆が持つてゐないと直せない子があつた。
社會的訓練	合圖を守る／喧嘩しない／遊び場を教へる	片附けがすんだ頃再びレコードをかけ、ござの上に並ばせる。ニコニコの子と眼の吊上つた子とどちらが好きかを聞く。（朝の集りの時話す）廊下、事務室、臺所で遊ばない（朝の集りの時話す）	いつも通り、美知子、久ブランコに乗つて來ない。構はずリズム遊びをしてゐたら、久が來、續いて美知子も來た。ニコニコ好きと云つた久、自由遊びになるといきなりこつんと打つた。事務室に三喜子がはいつてゐるのをみて、「いけないんだよ先生の部屋だよ」と光郎注意してゐた。
生活教材	他稱「さん」「ちゃん」の訓練／紙芝居「ピーター兎」／兩足とび	名前あて遊びで。お八つの後子供達を樂しませて家へ歸したい爲に。1人1人飛ばせて見る、縄とびレコードに合せて。	皆改まつたところではちゃんと「さん」「ちゃん」と云へる子が遊びの中では「ユヅル」「ケイ子」等と呼びすてにしてしまふ。静にきく、着物が垣根にひつかかるところ大喜び。リズムに合せて飛ぶ子7人程、他は皆合はね。
	積木くぐ	並んで順番にくぐらせる。	皆喜ぶ、興味15分位つづく。
自由遊び			砂場で、おだんご屋さんごつこ、砂がかわいてゐるので良く出來なかつた。ブランコ、久ちゃん、陽一さんが少しこげるやうになつてきた。

經過	（時刻 6 7 8 9 10 11 12 1 2 3 4 5 6）自由遊び／朝の挨拶、言語訓練／片附け、用便、手洗ひ、含嗽／溶衣調節ラヂオ體操（幼兒の時間）自由遊び、含嗽／食事／片附け、用便、手洗ひ、含嗽／自由遊び／片附け、用便、足洗ひ／午睡／用便、手洗、含嗽、髪とかし／スモツク脱ぎ、おやつあそび、お歸り／居殘りグループ
備考	

図9-2　戸越保育所の保育日誌

出典：保育問題研究会『保育問題研究』第3巻第7号，p.15，1939

践する保育案の形式を提案している。その4月の月案（図9-1）と5月のある日の保育日誌（図9-2）をみてみよう。

　この保育案では，基本的な生活習慣，集団での社会性，健康への配慮，発達に応じた経験をおさえていることがわかる。この保育案を実践した保育者は，次のように実践の報告をしている。

> 　保育案の形式は，基本的習慣，社会的訓練，生活教材と，一日の生活を眺めるとき，今日はこの点に抜け目があった，不均衡があった，と目の前にみることができて，反省と励ましを与えてくれた。各項目が細かくわかれていることは，ちょっとわずらわしくも考えられるが，子どもの生活の各面を見わたす意味で，一応区切ってある方がよいと思う。*

＊保育研究委員会「保育案の研究」『保育問題研究』第4巻第3号，1940

　また，保育日誌については，以下のような案が，実践後に出されている。
・「方法」欄：保育は，場所と子どものようすで柔軟に行われるものなので，予定した方法ではなく，実際にやった方法を書く方がよい。
・「記録」欄：何をどう書くかがむずかしいので，書き方を考える必要がある。
・「備考」欄：個人の観察記録や家庭との連絡にも不便なので，裏面に空欄をつくって，各園で自由に使ってはどうか。

　保育実践における記録の大切さを理解して，実際の保育に基づいて記録の方法を検討する研究を行っているところは，今日の保育においても学びたい姿勢である。

２ 子どもの健康の問題へのとり組み

　今日の教育では，子どものこころの問題がさかんに議論されている。これに対し，わが国に幼稚園や保育施設ができて以来，保育者が取り組んできた課題に，子どもの身体の問題があった。

　明治期の西洋医学や衛生学の導入，感染症の流行，学校衛生の展開などを通じて，しだいに保育の現場にも衛生や健康に関する活動や注意事項が取り入れられていった。保育者には，園舎を清潔にし，適切な採光や温度や大気の流れに配慮することが求められるようになった。保育方法についても，室内で行われるフレーベルの恩物を使った手先を動かす作業だけではなく，戸外で身体を十分に動かすことが子どもの身体の発育には大切であることが唱えられている。また，貧しい家庭の幼児に対しては，保育のなかで身体を清潔にすることが必要だと認められるようになった。

　大正期は，結核**，脚気***，トラコーマ****などの慢性的疾患が社会問題

＊＊結核
結核菌の感染により発熱，咳，たん，呼吸困難，体重減少，食欲不振などが起こる病気。

＊＊＊脚気
ビタミンB₁の欠乏により，倦怠感，食欲不振，むくみ，運動麻痺，心不全などが引き起こされる病気。

＊＊＊＊トラコーマ
クラミジアを病原体とする感染性で，目の角膜・結膜の疾患。悪化すると視力低下や失明をまねく。

となり，1918（大正7）年には，生後1年未満の乳幼児死亡率は1,000人に189人となり，ピークに達した。このため保育施設では，保育内容は幼稚園にならったが，幼児の身体の清潔や身体検査，健康管理については，幼稚園以上に労力がそそがれた。たとえば，東京市江東橋託児場の保育者たちは，乳幼児の登園後，午前8時から午前9時まで衛生と整装に取りかかり，手洗い，髪結い，爪きり，トラコーマ治療，はれ物や頭のシラミの手当て，鼻ふきを行っている。入浴も，夏季には毎日，冬季も1週間に2回させるほか，毎日の昼寝と帰宅前の午後4時からの衛生・整装もあった。昭和のはじめに入ってもこのような保育は続けられ，当時の保育のようすをある保育者はこう語っている。

> 耳われ（耳のつけ根が切れて化膿する）でいつまでもジクジクして治らない子には汗しらず（タルカムパウダー）をマーキロとオリーブ油をまぜて塗ると治ると当時の社会局児童課長森重博士に指導され，それをつくって塗ると不思議に治ってしまった。[*]

＊東京都公立保育園研究会編『私たちの保育史－東京市託児場から都立区立保育園まで－』p.41，1980

子どもたちの傷を何とか治してあげようと，保育者たちが懸命に治療に取り組んでいたようすがわかるだろう。また，朝，顔も洗わず，口もゆすがずに登園してきて，不衛生でも平気な子どもが多く，食事の前に手を洗わせるなど，身体を清潔にする習慣を身につけさせようと保育者は努力していた。家庭で十分な食事がとれないために栄養失調になる子どもも多く，給食やおやつも子どもの健康を維持する大切な保育活動のひとつだった。

幼稚園でも幼児の健康管理や身体の運動に配慮するようになり，戸外での運動や体育が重視され，昼寝や衛生の話，身体検査も取り入れられている。保育内容では，多くの園で遠足を含む園外保育（郊外保育）が取り入れられた。夏季には，健康の増進のために臨海保育や林間保育を行った幼稚園や保育施設もある。1920年代末にラジオが幼稚園に入ってくると，幼児向きのラジオ体操をする園もあらわれ，1930年代後半になると，毎朝ラジオ体操をする園が多くなった。

戦時期になると，幼稚園や保育施設でも，子どもの強い身体をつくることが保育者に求められた。1937（昭和12）年に日中戦争がはじまると，日本の総力戦体制も本格的になった。幼児教育の内容にも，軍国主義の影響が強くあらわれるようになる。当時の保育内容では，幼児の体力強化がとくに重視され，寒さに負けない体づくりや徒歩の多い遠足，国民体操などが行われていた。

資料9－12　林間保育での午睡
出典：京阪神連合保育会『京阪神連合保育会雑誌』第41号，1918

また，当時さかんになった音感教育は，情操教育のためではなく，飛行機の敵味方を音で聞きわけるという戦争のための耳の訓練として行われた。このように，総力戦体制のもとで，強い国民をつくることに向けられた子どもの身体の鍛練は，戦後，反省的にとらえられるようになった。

　このように，保育の現場において保育者は，子どもの身体の健康，清潔，治療に関する問題に取り組んできた。戦後は，これらの取り組みが，保育の制度的な整備とともに，実践的にも拡充していったといえる。

　幼稚園に関しては，学校教育法（1947〈昭和22〉年）で，その目標の最初に健康や安全に関する事項が掲げられ，子どもの健康を基軸とした保育の基本方針が示されることになった。1956（昭和31）年には幼稚園教育要領が制定され，保育内容の6領域のひとつとして，はじめて領域「健康」が登場した。

　一方，保育所に関しては，1948（昭和23）年にララ物資*の配給を受けて，東京，大阪，名古屋，京都，横浜，神戸の6大都市の保育所約300カ所で給食が開始された。保育所での給食は，その後1960年代にかけて一般化していき，幼児への栄養指導もあわせて，保育のなかでさまざまに試みられていく。

　高度経済成長を経て乳幼児の栄養状態や体格は向上したものの，1980年代になると，家庭における養育の機能の低下や食生活の不健全さが社会問題化してきた。1990年代には，ファストフードやコンビニエンスストアなどの簡便な食事やスナック菓子で子どもが空腹を満たしてしまい，栄養の偏りが問題となった。

　また，「個食」という言葉が使われるようになり，食事における家族のコミュニケーションの喪失が問題視されるようにもなった。そのため，保育者には，このような現代の家庭状況に応じた食生活に関する保護者との連携が求められるようになってきた。

　2005（平成17）年には食育基本法が制定され，「健全な食生活を実践することができる人間を育てる食育を推進することが求められている」との記述が盛り込まれた。これを受けて，2008（平成20）年，2017（平成29）年に改定された保育所保育指針では，食育の推進に関する内容が強化され，幼稚園教育要領でも食育を通じた望ましい食習慣の形成について記述された。保育者には，乳幼児の健康な生活を基礎づけるための食育を含めた保育が，より一層期待されている。

　近年は，ひとり親，貧困，外国籍など配慮が必要な家庭への包括的な支援において，乳幼児の保育の重要性が高まっている。保育者には，時代や社会状況により新しい課題に対応する柔軟さが求められている。

*ララ物資
第二次世界大戦後の苦しい生活を救うため，アジア救援公認団体（Licensed Agency for Relief on Asia）から日本に提供された食料・衣料・日用品などの総称である。アジア救援公認団体は，1946年にアメリカの宗教・教育・労働などの組織により，アジアの貧しい人びとを支援する目的で結成された団体である。

<メッセージ> ＜学生のみなさんへ　～テキストを通した学び～＞

　みなさんは保育を学ぶなかで，どのような学習の形態に楽しみを見出しているでしょうか。回答には，ピアノやダンスの実技，絵画や造形の製作，幼稚園や保育所での観察や実習，実験や調査の演習などがあがってくるかもしれません。では，テキストや専門書を読んで学習することについては，いかがでしょうか。

　古代ギリシャの哲学者ソクラテスは，「本をよく読むことで自分を成長させていきなさい。本は著者がとても苦労して身につけたことを，たやすく手に入れさせてくれるのだ」といいました。このテキストがみなさんの知的好奇心を誘い，読むことを通して，保育者の専門性のエッセンスを伝えてくれることを願っています。そして，テキストを読む学習も面白い！と感じてもらえれば嬉しいです。

演習問題

Q　これまで学んできた保育者のなかから興味のある人物を選び，その人物について自分で調べたことを発表しあってみよう。

【引用・参考文献】

阿部真美子『乳幼児の発見と保育の歩み　ゆたかな保育文化をめざして』明治図書，1995

上笙一郎・山崎朋子『光ほのかなれども─二葉保育園と徳永恕─』社会思想社，1995

倉橋惣三『幼稚園保育法真諦』東洋図書，1934

倉橋惣三・新庄よしこ『日本幼稚園史』臨川書店，1980（復刻版）

宍戸健夫『日本の幼児保育（上）』青木書店，1988

田中まさ子『幼児教育方法史研究』風間書房，1998

日本保育学会『日本幼児保育史』フレーベル館，1968

福元真由美「志賀志那人のセツルメントにおける北市民館保育組合とその保育」『保育学研究』第37巻第2号，1999

福元真由美「子供の村保育園の成立とその意味─平田のぶの思想と実践─」『東京大学大学院教育学研究科紀要』第39巻，2000

福元真由美「東京帝国大学セツルメント託児部における地区別グループの実践─鈴木とくによる保育と母親の協同─」『保育学研究』第39巻第2号，2001

森上史朗『子どもに生きた人・倉橋惣三─その生涯・思想・保育・教育─』フレーベル館，1993

文部科学省『幼稚園教育要領解説』2018

厚生労働省『保育所保育指針解説』2018

『日本の就学前教育の歴史』お茶の水女子大学開発途上国女子教育協力センター，2006

第10章

これからの保育を担う
－21世紀の保育課題－

〈学習のポイント〉　①「さまざまな人と共に生きること」の意味とその意義，および「共に生きること」と保育の関係を理解しよう。
　　　　　　　　　②保育において，子どもたちが自然とかかわることの意義を理解しよう。
　　　　　　　　　③文化が子どもの成長にとってもつ意義，および，遊びと文化の関係を理解しよう。
　　　　　　　　　④日常の保育の営みが，いかに平和の創造につながるのかを理解しよう。
　　　　　　　　　⑤自分なりの保育者像を形成することの意義を理解しよう。

1. さまざまな人との共生

　20世紀は人権意識が高まり，世界がさまざまな差別の撤廃に取り組んできた世紀である。1994年に国連総会において，1995年から2004年までを「人権教育のための国連10年」とすることが決められ，わが国でも国内行動計画*をつくり，人権教育に取り組んできた。とくに重要な課題として，「女性」「子ども」「高齢者」「障害者」「同和問題**」「アイヌの人々」「外国人」「HIV感染者等」「刑を終えて出所した人」などがあげられた。さらに近年では「LGBT***」も重要な課題となっている。これをみても，人権が社会全体の問題であることがわかる。

　これに引き続いて，あらゆる人が差別されることのない社会を築いていくことが，21世紀の課題である。そのためには，あらゆる場所で，あらゆる機会に，人権意識を高める教育がなされなければならない。

　保育の分野においても，人権教育が行われる必要がある。幼いときから，生活のなかで自然に人権意識が育まれていくことが望ましいのである。あらゆる人が差別されることのない社会は，さまざまな人が共生できる社会である。子どもたちとの生活を通して，このような社会を築いていくことが，保育者の重要な役割なのである。では，さまざまな人が共生するとは，どのようなことだろうか。

◼️ 共に生きること

　「さまざまな人が共に生きる」ことは，まず第一に，「人間が人間として尊重しあうこと」である。だれかがだれかに従属を強いられたり，あるいは，「病気だから」「障害があるから」「女性だから」「高齢者だから」などという理由で，差別されたり，虐げられてはならない。すべての人がかけがえのない独自な存在として認められ，尊重されなければならないのである。このことは，「人間1人ひとりが

＊国内行動計画
1995（平成7）年12月15日，閣議決定により内閣に「人権教育のための国連10年推進本部」が設置され，1997（平成9）年7月4日に「人権教育のための国連10年」に関する国内行動計画がまとめられた。

＊＊同和問題
江戸時代の身分制度により，部落住民が封建社会の最底辺に位置づけられ，それ以来，社会的に理不尽な，さまざまな差別が行われてきた。

＊＊＊LGBT
レズビアン（女性同性愛者），ゲイ（男性同性愛者），バイセクシャル（両性愛者），トランスジェンダー（社会的性別と一致しない人）の頭文字をとった言葉。「性的少数者」のこと。

自分の考えをもち，自由意志で行動する主体である」と考えることでもある。すなわち，私たち1人ひとりが主体として社会に参加していくことが，共に生きるうえで大切なのである。

第二に，「共に生きること」は，私たちが「お互いに支えあうこと」である。支えあうことは，損得勘定からなされるものではない。それは，すべての人が幸せであることを願うこころからなされるものである。すなわち，人の幸せが自分の幸せでもあると思うことが，支えあう関係を生むのである。だれかが犠牲になるのではなく，私たち1人ひとりが「人を大事にし，かつ自分を大事にする」という生き方をすることが望まれるのである。

第三に，「共に生きること」は，「私たち1人ひとりが自己実現すること」という意味をも含んでいる。共に幸せになることは，私たち1人ひとりが，他者と支えあいながら，なりたい自分に向けて充実して生きていくことでもある。そのようにして，私たちは自分の可能性を開いていくのであり，この自己実現の充実感が，共に生きることには不可欠なのである。

② さまざまな「異」との出会い

さまざまな人と共に生きる姿勢は，自分とは異なるさまざまな人やものとの出会いを通してはぐくまれる。そして，その姿勢がはぐくまれることにより，逆に，さまざまな人やものとの出会いが，さらに深められるのである。

「異」との出会いの一つ目は，友だちとの出会いである。子どもたちは，それぞれ興味や関心，考え方，感性，得意・不得意などが異なる。友だちがいろいろな点で自分とは異なっていることを経験し，身をもって知ることは，共に生きる姿勢をもつうえで重要である。なぜなら，互いに違うからこそ，「共に」という意識が生まれるからである。

また，障がいをもった友だちと出会うことは，さらに大きな意義をもつ。なぜならば，それは自分のなかにある偏見に気づかせてくれるとともに，障がいをもつ友だちが一所懸命に生きる姿に接することで，人間の命の尊さに気づかせてくれるからである。

二つ目の「異」との出会いは，異なる世代との出会いである。同世代の仲間は同じような体験をすることも多く，お互いに理解することが比較的容易である。しかし，世代が異なると，経験の蓄積も異なり，わかりあえないことも多くなる。幼児にとって，中学生，高校生，高齢者など，世代が大きく隔たっている人びととの出会いは新鮮だろう。また，彼らの人生経験が幼児たちよりもはるかに豊かであるゆえに，同世代の友だちとはまったく異なる体験をさせてくれる。そのことが，いっそう，子どもたちの世界を豊かにするのである。

　三つ目の「異」との出会いは，多文化（異なる文化）との出会いである。現代は，国境を越えて人びとが行き交う。それにともない，保育所や幼稚園・認定こども園でも，地域によっては，外国籍の子どもたちが入園してくることが増えてきている。また，帰国子女のように，海外で育った日本国籍の子どもたちが，国内の保育所や幼稚園・認定こども園，小学校などに入園・入学する場合もある。

　このように，現代は，異なる文化を身につけている人びととも共に生きることが当然のこととなりつつある時代である。それゆえ，私たちは，子どもたちが幼いときから異なる文化を身近に感じ，それを受け入れていけるように，異なる文化との出会いを体験させていく必要がある。

　異なる文化との出会いは，とくに自分たちの文化との隔たりが大きいゆえに，子どもたちにとっては新鮮であり，子どもたちの興味を広げる。しかし一方で，隔たりが大きすぎる場合には，それを「おかしなもの」「変なもの」と受け取り，差別意識をもつ危険性もある。したがって，異なる文化が「身近なもの」となり，その素晴らしさを感じられるように，子どもたちを異なる文化と出会わせることが大切なのである。

❸ 自分との出会い

　さまざまな「異」と出会うことは，異なる人やものの存在に気づき，それを知ることだけを意味するのではない。それは，「自分と出会うこと」，すなわち「自分を知り，新しい自分を発見すること」をももたらすのである。

　私たちは，「自分のことは自分が一番よく知っている」と思いがちであるが，必ずしもそうとはいえない。なぜなら私たちは，当たり前でないことに出会ったときに，はじめてそれを知ろうと努力するものであるが，自分のことや自分の生活は，あまりにも当たり前であるため，ふだん私たちは，それを深く知ろうとしないからである。当たり前である自分のことをよく知ろうとする気持ちが芽生えるためには，きっかけが必要である。そのきっかけとなるのが，「異」と出会うことだといえるだろう。

　自分と異なる人びとと出会うことにより，私たちはそれらの人びとを鏡として，それまで，あまりふり返ってよくみつめることをしていなかった自分自身をみつめることができる。つまり，自分のことを考えることができるのである。たとえば，障がいがあり，自由に動けないにもかかわらず，自分の力で行動しようとしている人に接することで，安易な生き方をしている自分に気づくことがあるだろう。あるいは，外国の文化に接することで，日本人としての自分を自覚することがあるかもしれない。

　このようにして，私たちは自分を理解し，あるべき自己の姿を求めるのである。

いわば，自己を確立していくのである。そういう意味でも，「異」との出会いは
重要なのである。

4 保育と共生

　幼稚園教育においても保育所保育においても認定こども園の教育・保育におい
ても，通常，「保育」と呼ばれる営みにおいては，子どもの発達を，友だちとの
かかわりのなかで総合的に実現させることを目的としている。友だちとのかかわ
りの経験が重要であるということは，保育の目的の重要な部分が，共生に向かっ
て子どもたちが成長することにあると考えられていることを示している。幼稚園
教育要領の保育内容でみてみると，「人間関係」「言葉」の領域には，共生にかか
わる内容が含まれている。

　「人間関係」の領域では，とくに，「他の人々と親しみ，支え合って生活するた
めに，自立心を育て，人と関わる力を養う」と，領域の目的が明記されている。
まさに，この領域が共生をめざしたものであることがわかる。人と関わる力の具
体的な内容としてあげられている「先生や友達と共に過ごすことの喜びを味わう」
「自分で考え，自分で行動する」「友達と積極的に関わりながら喜びや悲しみを共
感し合う」などは，すべて共生するために大切な事柄である[*]。

　「言葉」の領域も，共生にかかわる内容を含んでいる。この領域の目的は，「経
験したことや考えたことなどを自分なりの言葉で表現し，相手の話す言葉を聞こ
うとする意欲や態度を育て，言葉に対する感覚や言葉で表現する力を養う[**]」点
にある。すなわち，この領域は，互いに理解しあおうとする意欲や態度を育てる
ことをめざしているのであり，まさに，共生する力の育成にかかわるものである。

＊「幼稚園教育要領」（平
成29年）第2章 人間関
係 2 内容を参照。

＊＊同上 第2章 言葉
2 内容を参照。

　このように，保育内容に
は，「共生」にかかわる記
述が少なからずみられる。
つまり，保育者には，共生
社会の実現に向け，幼児期
からの基礎づくりを担うこ
とが求められているのであ
る。

▲年長の子どもと年少の子どもが一緒に遊んでいるようす

2. 自然環境との共生

▣ 現代の自然環境

　人間はこれまで，経済的な豊かさ，快適な生活を追い求める傾向にあった。その思いを具体化したものとして，近年の科学技術があり，その発展には目を見張るものがある。コンピュータを利用した電気製品が生活のなかに浸透し，私たちは時間を節約して仕事をこなすことができるようになった。そのお陰で，私たちは非常に快適な生活を享受している。しかし，その反面で，私たちは自然破壊という大きな損失を被ってもいる。

　自然環境の悪化は，地球規模の問題である。二酸化炭素の排出による地球温暖化やフロンガスによるオゾン層の破壊は，人類の存亡にかかわる深刻な問題となっている。地上に目を向ければ，大量の樹木の伐採により森林が減少し，開発の名のもとに，山が崩され，海が埋め立てられている。さらに，化学物質による河川の汚染や土壌の汚染など，枚挙にいとまがないほどである。このような自然破壊は自然界のバランスを崩し，生態系をゆがめている。住みかを失った野生の動物が人里に降りてきて農作物を荒らし，人間と敵対するし，雨が降れば容易に崖崩れが起きるなど，私たちの生活そのものにも危険が忍び寄っている。

　このような自然環境の悪化は，年々深刻度を増している。こうした事態に対して，国連を中心として，地球規模で自然環境の保護に取り組むようになった[*]。日本国内では，1993（平成5）年に「環境基本法」が制定され，翌1994（平成6）年に「環境基本計画」が閣議決定された。2000（平成12）年には「第二次環境基本計画～環境の世紀への道しるべ」が，そして，2006（平成18）年には「第三次環境基本計画～環境から拓く新たなゆたかさへの道」が閣議決定され，具体的な環境問題への取り組みが行われている。こうした取り組みにより，環境問題への関心は年々高まりをみせており，運動も活発化している。そして，環境教育の必要性も認識されてきた。しかし，環境問題はすぐに成果が目に見えるような性質のものではないので，地道な取り組みが必要である。そして，環境問題への関心をうながすためにも幼いときから自然環境とかかわる経験をすることが，環境教育として大切なことであると思われる。

　これらの環境問題は人間の生活にかかわる問題であるが，自然環境の問題は子どもの発達にもかかわる。現在では都市化の進行により，環境のなかから地面が減少している。学校の運動場も，アスファルトや樹脂などによって舗装されているところがある。草原も少なくなり，雑草や昆虫にふれる機会がなくなりつつある。小川が消え，水生動物にふれる機会も同様に少なくなってきている。子どもたちの生活から自然が減少し，その代わり，ゲームや遊園地など，人工の遊び環

*たとえば，1972年にスウェーデンのストックホルムで開催された国連人間環境会議では，日本の提案でこの会議が開催された6月5日を「世界環境の日」とすることを決めた。また2015年には国連気候変動枠組条約第21回締約国会議（COP21）および京都議定書第11回締約国会議（CMP11）等がパリで行われ，地球環境保護のための新たな法的枠組みである「パリ協定」が採択された。

境が増えてきている。人工の環境ではどうしても経験できないものが，自然環境にはある。そういう経験が日常のなかでできなくなっていることは，子どもの発達にとって決して望ましいことではない。このように，子どもの発達にとっての環境問題も無視できないことなのである。

② 自然と共に生きること

　人間が自然環境を破壊してきたことは，自然を人間の生活に利用できる「材料」としてのみ考えてきたことによるものだといえる。人間はみずからが生み出した科学を万能と考え，自然を畏れ敬う気持ちを忘れ，自然を征服しようとしてきた。その態度は，人間に人間自身も生物であり，自然の一部であることを忘れさせたのである。

　人間もほかの生き物と同じように，自然により命をはぐくまれて生きている。人間が生きていけるのは，自然の恵みがあるからである。人間はすべての生き物とつながっており，自然界の食物連鎖のなかに組み込まれている。それゆえ，人間もまた，死ねば自然界に吸収されていく。自然とは，すべての生き物が結びつき，関連しあう環境なのである。したがって，人間が自然を失うことは，みずからの命の源を失うことであり，自然を利用し尽くそうとすることは，みずから滅亡への道を歩むことに等しい。人間が生きていくためには，ほかのすべての生き物と，また，自然そのものと，もちつもたれつの関係を築き，自然と共に生きる姿勢をもたなければならないのである。

　自然と共に生きる姿勢は，自然を人間の力を越えた存在と感じるところから生まれる。それは，自然により人間が生かされていると感じることである。そう感じるからこそ，私たちは自然に対して，そして，すべての生き物に対して謙虚になり，命のいとおしさ・尊さを感じられるようになるのである。

▲落ち葉も自然の贈り物

3 命とふれあう

　先にも述べたように，自然との共生を妨げてきたものは，自然を単なる利用物とみなす態度だった。それゆえ，まず，自然と共生するためには，人間自身が尊い命であるのと同様に，自然界の生き物も尊い命であると考え，命と命として自然とふれあうことが大切である。つまり，子どもたちが保育のなかで自然界の命とふれあう機会を多くもつことが，共生の意識をはぐくむのである。

　保育所や幼稚園・認定こども園では，子どもたちにウサギの世話や，プチトマトの栽培など，動植物にかかわる活動を行うことがある。動物の世話を通して，子どもたちは動物の体の温かさを感じ，動物がえさを食べる姿に自分たちがご飯を食べるときの気持ちを重ね，動物の気持ちに共感しようとする。また，植物の栽培によって植物が種から芽を出し，やがて実をつける過程を体験することで，生命力を感じ，命を育てた喜びを感じるだろう。これらは，子どもたちが生き物の命にかかわり，生きていることがどういうことであるのかを実感する体験である。

　命にふれるということは，このように，「命とは何であるのか」「生きているとはどういうことか」を体験的に感じ取ることである。命あるものに共感しようとする子どもたちの姿勢は，自分自身も生きているものとしてふり返り，同じ命があるという点で，動植物と自分たちを仲間としてとらえることにつながるのである。

　命にふれる経験は，このような動物を飼ったり，植物を栽培する活動だけによるものではない。日常的に子どもたちは，園庭での遊びや，園外保育などで行う遊びのなかで，命にふれる経験をしている。ダンゴムシ，ミミズ，アリ，クモ，ミズスマシなどを，子どもたちはめざとく見つけては捕まえる。このような小さな生き物とのかかわりは日常的である。子どもたちは，その生き物をどうやって飼おうかと考えることもあれば，踏みつぶして殺してしまうこともある。どちらも命にかかわることではあるが，それを命にふれる経験へと深めることが保育者の役割である。

　このように，自然界の命にふれることは，同じ命として，私たちが自然界のすべての命と対等な関係になることを意味している。それは，すべての生き物と同様に，私たち自身も，自然によりはぐくまれていることを知ることなのである。

4 感動を体験する

　自然環境と共生するには，自然現象に対する感受性を豊かにすることも必要である。なぜなら，相手が人であろうと自然であろうと，相手にこころを動かされることがないならば，共に生きることは成り立たないからである。共生の条件のひとつは，人のこころの動きを敏感に感じたり，自然現象を敏感に感じられる感

受性の豊かさだといえる。

　子どもたちは，自然現象にこころを動かされるものである。富山大学教育学部附属幼稚園の石倉卓子教諭は，雪の降った園庭の森で，4歳児たちが「妖精のパーティ」をした出来事を報告している*。

　子どもたちは雪でケーキをつくり，木の葉をクッキーにし，妖精に食べてもらおうとした。そして翌朝，子どもたちは，滴が雪の上につくった模様を見て，「妖精が食べに来た」と言って喜んだということである。子どもたちは，自然現象のなかに妖精の存在を想像し，こころを躍らせたのである。

　このように子どもたちは，木の葉が風にそよぐ音，雨上がりの水たまりなど，自然のさまざまな現象に敏感にこころを動かされ，また，自然とふれあうなかで多くのこころを動かされる（感動する）体験をしている。保育者が子どもたちのこのような感動体験に敏感に気づき，それを膨らませるようなかかわりをすることが，自然環境と共生する意識をはぐくむ。それゆえ，保育者自身が感受性に富んでいることが大切なのである。

＊富山大学教育学部幼児教育研究会・富山大学教育学部附属幼稚園『幼児の思いにこたえる環境づくり』明治図書，pp.118-121, 1999

⑤ 身近な自然から地球環境へ

　自然環境との共生は，21世紀の人類の課題である。私たちは地球規模で自然環境を考えていかなければならない。国連は，2002年の第57回総会において，「国連維持可能な開発のための教育の10年」を決議し，2005年から2014年までをそのための10年と決めた。それに基づき，各国は持続可能な開発のための教育の推進に努めてきた。この取り組みが扱う問題は，私たちが健康に生きていくことにかかわるさまざまな事柄であるが，そのなかには気候変動，災害，生物多様性など，自然環境の問題も含まれる**。さらに2015年の国連サミットで「持続可能な開発目標（SDGs：Sustainable Development Goals）」が採択され，17の目標が決められた。このなかには気候変動や海洋資源など自然環境の問題も含まれている。

　このように，環境問題は全世界で取り組むべき問題であり，私たちは，人類の一員として健康に生きるという広い視野に立って，自然環境の問題に取り組まなければならないのである。

　しかし，環境問題への取り組みは，「自分にとって身近な問題」だと感じられなければ進まない。抽象的な数値だけを示されても，実態がみえなければ自分の問題として考えることはむずかしい。自分の目で見て，肌でふれて，実感するところから環境と人間のつながりがわかってくる。つまり，私たち1人ひとりが身近な自然に目を向けることが，地球環境に目を向ける出発点なのである。

　それゆえ，幼児期から子どもたちが身近な自然にふれることは重要な意義をもつ。自然を身近な存在だと感じ，だからこそ，身近な自然を大事にしたいと思う，

＊＊ UNESCO, Education for Sustainable Development (ESD) http://www.unesco.org/new/en/education/themes/leading-the-international-agenda/education-for-sustainable-development/ （2014年1月26日閲覧）

いわば，自然への愛着を育てることが，21世紀の課題だといえるだろう。

3. 文化の創造

1 文化とは

「文化」は，英語で culture という。culture の動詞は cultivate であり，「耕す」という意味である。人間を耕すとは，精神を豊かにし，高めることである。すなわち，文化とは，人間の精神を高めるものであり，人間の精神的活動により生み出されるものだといえる。一般的に文化というと，「学問」「芸術」「宗教」などをさすことが多く，文化は精神的な価値を有し，時代から時代へと受け継がれ，人びとのなかに残っていくものと考えられる。それゆえ，教育と結びつくものでもあり，人間の人格形成にかかわるものでもある。

このようなことから，文化は崇高で，おとなだけのものであるかのように思われがちだが，老若男女を問わず，すべての人のものである。つまり，人間が生み出し，人のこころを豊かにし，人間的に成長させていく力があるものであるならば，文化とみなすことができるのである。したがって，子どもには子どもなりの文化，子どもの発達段階にふさわしい文化があり，それが「児童文化」と呼ばれるものである。

櫛田磐によると児童文化は，「子どもたちが創り出した文化」と「子どものために大人が作った文化」「大人の文化の部分を子どもが共有している文化」とに区分できる[*]。文化はおとなだけではなく，子どもが生み出すものでもあり，子どもには子ども独自の文化があるのである。それゆえ，保育者は子どもの精神活動を決して侮ってはならない。むしろ，子どもの創造する文化を大事にするところから，文化全体は豊かになっていくといえるだろう。

*青木實・櫛田磐・小林美実・土橋美歩『新版　児童文化』学芸図書, pp.10-11, 1992

2 生活のなかに生きている文化

文化は，劇場や博物館など，特定の施設に行かなければ接することができないというものではない。子どもたちは，日常生活のなかで絵本や玩具，CD，紙芝居などの文化財を通して，文化に接している。あるいは，物語を聞いたり，地域のお祭りや伝統的行事に参加することでも，文化に接している。文化は子どもたちの身の回りに，いつでも存在しているのである。それゆえに，文化は子どもの発達に強い影響を及ぼすことができるのである。

しかし，このことには，同時に注意しなければならない側面もある。現代の文化的環境は，娯楽的要素も多い。テレビなどのマスコミによって提供される番組

には，視聴率稼ぎに走り，刺激的で享楽的なものもある。これらのものが子ども
の精神を高め，こころを豊かにするかどうかは，はなはだ疑わしい。それゆえ，
保育者は，文化的環境の質を見きわめる目をもたなければならないのである。

　時代を超えて伝えられてきた文化は，私たちの生活のなかに存在し，子どもた
ちのこころを豊かにしてくれる。保育者は，子どもたちが，生活のなかで時代を
超えて伝えられてきた文化に接し，親しんでいけるように保育環境を整えなけれ
ばならない。

❸ 文化を受け継いでいくこと

　文化は，伝統として世代から世代へと伝承され，受け継がれていく。文化を受
け継ぐことは，国際化する社会のなかで，重要な意義をもっている。

　現代は，人びとが国境を越えて交流する時代である。多くの国の人びとが日本
を訪れ，日本人も旅行者として外国を訪れるだけでなく，海外勤務や留学する人
も増えている。さらに，情報は瞬く間に世界を駆けめぐり，人びとが同じ情報を
共有することができる。すなわち，現代では，世界中のさまざまな文化が，世界
のいたるところで交流しているのである。21世紀は，このような国際化が一層
進展していくものと考えられる。

　国際化が進展する社会では，文化同士が影響しあい，文化の違いが徐々になく
なっていくのではないかと想像される。たしかに，日本文化が欧米化していると
いわれるように，日本のなかに欧米の文化が流入し，新しい若者文化が生まれた
り，日本の固有の文化が変化したりもしている。たとえば，音楽ではポップスが
広まり，食事では座卓の使用が減少し，テーブルといすの使用が一般的になって
いる。また日常生活ではほとんど着物を着なくなっている。

　このような現象は，日本と外国との壁がなくなり，人びとが容易に理解しあえ
る望ましい社会の誕生を意味しているように思われる。しかし，それは必ずしも
よいことだけではない。なぜなら，文化の違いがなくなるということは，人びと
が同質化し，国民として，民族としての個性がなくなることを意味するからであ
る。個性のない者同士の交流からは，新しいものも，本当に相手を理解しようと
する姿勢も生まれない。人びとが創造的に生き，お互いを理解しあうためには，
それぞれが固有の自分をもち，その固有性を尊重しあって向きあわなければなら
ない。いわば，「自我の確立」が必要なのである。

　この自我の確立は，教育を通して文化を身につけることによってもなされるも
ので，文化は民族固有の自我の源泉である。すなわち，文化を受け継ぐというこ
とは，日本人としての自我を確立することなのである。そして，それが国際化す
る社会のなかで，私たちが外国の文化を身につけた人びとと向きあい，理解しあ

い，新たな価値を創造していくうえで，必要なことなのである。

4 遊びのなかから文化が生まれる

　文化は受け継がれつつ，そのなかから新たな文化を生み出す。新たな文化が創造されていくことで私たちのこころは，さらに豊かになり，精神も高められていく。未来をつくる子どもたちがこころ豊かに成長していくためにも，私たちは新たな文化が創造されるように努めなければならない。

　文化は，子どもたちに楽しまれることにより，子どもたちのこころを豊かにしてくれる。それとともに，楽しむ子どもたちにより文化は共有され，受け継がれ，発展していく。つまり文化は，「楽しむ」という行為のなかではぐくまれ，発展していくのである。子どもたちが楽しんで生きるとき，それは，遊ぶときである。遊びは，子どもたち自身の文化が生まれる源泉といえる。

　子どもたちの遊んでいる姿をよく観察してみると，遊びにおいて，子どもたちは創造的であることがわかる。大型積み木で協同して遊んでいる子どもたちは，イメージするものをつくろうと一所懸命に考える。そして，新しいアイディアを考えたり，魅力的な基地をつくりあげたりする。このように，遊びに熱中する子どもたちは，創造力を存分に発揮して生きているのである。それゆえ，子どもたちの遊びを豊かにすること，子どもたちが自由な発想を生かし，遊び込めるようにすることが，子どもたち自身の文化を芽生えさせ，育てることにつながるのである。子どもたちが，自分たち自身で文化を創造する力を育むことも，21世紀の保育の課題である。

▲絵本に夢中になる子どもたち。新しい遊びのイメージが生まれるかな？

4. 平和の創造

1 現代の社会状況

　近年，青少年犯罪の悪化が憂慮されている。凶悪事件の増加だけではなく，犯罪の低年齢化も進んでいる。また，インターネットや携帯電話などの通信手段の急速な発達・普及にともない，青少年が犯罪に巻き込まれる危険性も高まっている。2001（平成13）年6月8日には，大阪の小学校で，外部から侵入した男に児童や教職員が多数殺傷されるという衝撃的な事件が発生した。当時の文部科学大臣は，各都道府県の教育委員会に緊急アピールを発し，幼児・児童・生徒の安

全確保について万全の対策を取るようにと要請した。それを受けて，各教育機関は，外部からの不審者の侵入を防ぐために，安全管理を強化するようになった。

　また，世界に目を向ければ，昔から現在にいたるまで，ヨーロッパでも中東でもアフリカでも内戦や戦争は絶えることがない。そして，それらの争いの原因は単純ではなく，歴史的・宗教的背景をもつものであり，解決は容易ではない。そのうえ，戦争する当事者は，つねにみずからを正当化し，互いに非難しあい，敵意を増幅させる。それゆえ，「武力では問題は解決しない」という平和を願う人たちの声もありながら，武力抗争はなくならないのである。たとえ，当事者に正当な理由があったとしても，忘れてはならないことがある。それは，兵士はもちろんのこと，子どもたちを含む多くの一般市民が犠牲になっているということである。それを思うとき，争いのない社会を実現するためには何が大切なのかを，真剣に考えなければならないだろう。

　このように，日本国内においても世界でも十分に満足できる平和な状態は実現しておらず，どちらも，人間がお互いを信じられない状況になっている。平和な社会をつくるために，お互いに理解しあい，共に生きようとする姿勢が，現代ではもっとも求められているだろう。

② 子どもの権利条約

　戦争や紛争の陰で，多くの子どもたちが犠牲になってきたことは否定できない事実である。子どもたちの命が危険にさらされることはもちろんのこと，何年にも及ぶ戦乱や混乱は，子どもたちから教育を奪うことにもなる。平和であってはじめて，子どもたちは十分な教育や養護を受けることができ，健やかに成長・発達することもできるのである。その意味で，子どもの権利条約は平和にかかわる重要な意義をもっている。

　子どもの権利条約 (Convention on the Rights of the Child)*は，子ども（18歳未満）の有する権利を明確にするとともに，子どもを権利行使の主体として積極的に位置づけている。おとな社会のなかで，子どもはいつも弱い立場に置かれてきた。そのような子どもをおとなと同様に，権利行使の主体として位置づけることは，すべての人間を対等に扱い，その幸せを追求することを意味する。私たちは，子どもの権利を最大限に尊重するとともに，子どもがひとりの人間として発達することを最大限に保障しなければならない。つまり，子どもだからという理由で，その幸せを二の次にされてはならないのである。

　子どもの権利には，生存・保護・発達にかかわるものが含まれる。それらの権利が世界中のすべての子どもたちに保障されるには，平和が不可欠である。それゆえ，子どもの権利条約は，平和の創造を求めているものだともいえる。平和に

＊子どもの権利条約
1989 年 11 月 20 日に国連で採択された子どもの権利に関する条約。日本は，1994（平成6）年に批准した。

より，子どもたちの権利が十分に保障されるとともに，私たちが子どもの権利の保障に努めることを通して，平和が徐々につくられていくのである。

　このようなことから，子どもの権利条約にのっとった保育の実践は，平和の創造につながるものだといえるのである。

3 人に関心をもつ ── 人びとが理解しあう道

　では，私たちは日々の保育において，平和を創造する子どもたちを育てるためには何をすればよいのだろうか。

　まず，私たちが互いに相手に関心をもち，理解しようとする姿勢をもつことこそ，平和の出発点である。理解しようとする姿勢から，自己中心的にではなく，人の立場に立って物事をみて考え，共感する姿勢が生まれる。相手の気持ちがわかってはじめて，私たちは思いやりをもつことができる。互いに思いやるところに争いは生じない。たとえ，争いが起きたとしても，私たちが理解しあおうとするかぎり，誤解は消え，問題は解決され，再び，平和が回復される。私たちは「人は理解しあえる」ということを幼いときから体験し，身にしみ込ませていく必要がある。それはまさに，保育のなかでなされるべきことである。

　保育所や幼稚園・認定こども園に通う子どもが他者と最初に理解しあう体験をするのは，保育者との間においてでである。幼い子どもにとって保育者は最大の関心対象であり，自分のことをもっともわかって欲しい相手のひとりである。子どもは保育者とのかかわりのなかで自分が理解される体験をし，人を信頼することを学んでいく。そして，保育者との信頼関係を基盤にして，子どもの興味はほかの子どもたちへと向いていく。友だちへの興味・関心は，すなわち，友だちのしていることを理解しようとすることである。このように，子どもは幼いときから，人を「理解する相手」として肯定的に受け止め，実際に理解しようとする試みをはじめる。このことにより，「人は理解しあえる」という確信が生まれるのである。そのためにも，まず，乳幼児期において，保育者は子どもたちに他者への肯定的関心を育てるように努めることが大切なのである。

4 共生の精神が平和をつくる

　本章の冒頭において，「21世紀はさまざまな人と共生する社会を築くことが課題である」と述べた。すべての人が互いに異なっていることを認めあい，対等な存在として相手を尊重し，支えあって共に生きること，それが「共生」である。共生社会においては，人種の差別もないし，相互不信や解消し得ない決定的な反目はあり得ない。それゆえ，平和は，私たち1人ひとりが共生の精神をもつことにより，実現されるものだといえるだろう。

たしかに，世界の平和に関しては，民族や国家間の対立は根が深く，それを解決するには大変な努力と膨大な時間がかかるだろう。しかも，それは個人の力ではいかんともしがたい問題でもある。しかし，民族や国家も，詰まるところは人間の集まりである。私たち1人ひとりが共生の精神をもつなら，いつかは民族や国家も共生する関係になり，大きな断絶も埋められる日が来るだろう。つまり，まず，私たちは身近にいる人びとに目を向け，その人びとと共に生きることからはじめればよいのである。共生社会の実現は，私たち1人ひとりが共生の精神を実践することによってのみ可能となる。実践の積み重ねと広がりが社会全体を変え，やがては，世界を変えることもできるのである。それゆえに，子どもをはぐくむ保育者は，そのような崇高な目標と希望をもって，子どもたちと共に生きることを実践しなければならない。それにより，子どもたち自身が身近な人びとと共に生きることを経験することになるのである。子どもたちが幼いときから共に生きることのよろこびを体験し，それを実践していくことで，平和は現実となるのである。

5 平和の種は保育のなかにある

以上のように，平和の礎は，日々の保育のなかにある。子どもたちが友だちや保育者と共に生活することを通して，子どものこころに平和の種がまかれるのである。

平和へのあゆみは，人に関心をもつことからはじまる。友だちに関心をもち，「友だちと遊びたい」と思うようになった子どもたちは，積極的にかかわりあうようになる。子どもたちはかかわりのなかで衝突して，けんかもする。友だちを仲間はずれにすることもあれば，自分が仲間はずれにされることもある。こういう否定的な経験は，子どもたちに友だちの悲しさや悔しさに気づかせるとともに，友だちの大切さ，友だちと協力しあうことの大切さにも気づかせてくれる。

また，子どもたちは友だちとのかかわりのなかで，手伝ってもらったり，教えてもらったり，なぐさめてもらったり，やさしくしてもらったりなどの経験もする。そして，協同して遊ぶことで，友だちと一緒に遊ぶことがどんなに楽しいことかを経験する。これらの肯定的な経験は，友だちの大切さ，人と一緒に生きることの素晴らしさを子どもたちに教えてくれる。

これらの否定的な経験や肯定的な経験を通して，人も自分も大事にする気持ちや，人と協力しあって生きようとする姿勢が，子どものなかに芽生えるのである。

さらには，子どもたちは生き物とのかかわりを通して，命の尊さも学ぶ。まさに日々の保育は，平和の礎を築いているのである。それゆえ保育者は，保育のなかでのかかわりあいや出来事の一つひとつを大事にしなければならない。

5. 保育者像の形成

　ここまで，広い視野から保育の課題を考えてきた。保育は日常的な営みであるために，私たちは目の前のことにばかり目を奪われ，保育者として生きることの意味を見失いやすい。広い視野に立って保育者の役割を考えることは，見失っている役割に気づかせてくれるのである。

　最後に，これまで学んできて新たに認識した保育者の役割を踏まえたうえで，それぞれがめざすべき保育者像を，以下をもとに明確にしていってほしい。

■ 多様な保育者

　私たちは，具体的にどのような保育者へと自己形成していけばよいのだろうか。ある人は，「いつも明るく，元気に充ちた保育者」というかもしれない。また，ある人は，「やさしく思いやりのある保育者」というかもしれない。めざすべき保育者像は，決してひとつだけではない。それぞれが，自分らしい保育をつくっていきながら，自分らしい保育者像を求めていくことが大切なのである。

　人にはそれぞれ個性がある。共感性に富む人，明るい雰囲気をもっている人，発想が豊かな人など，さまざまである。個性豊かな保育者との出会いにより子どもたちはみずからの個性を形成していける。また，さまざまな専門的知識も個性と一体となり，現実的な保育行為となる。それゆえ，保育者の個性は大切なものである。私たちは，保育の目的を十分に理解したうえで，その目的を達成できるように，自分の個性や特徴を活かしていけばよいのである。

　その際にまず必要なことは，本書第1，6章でもふれているように，自分をみつめ，知ることである。自分自身を理解することを通して，はじめて現実的に到達可能な保育者像がみえてくるのである。

　さらに，個性を活かした自分らしい保育者になるためには，保育者自身が主体的でなければならない。自分のめざす保育者像は，他人がつくってくれるわけではない。自分自身で見出していかなければならないものである。保育を理解し，自分を理解するという主体的・能動的な態度のもとで，自分らしい保育者像ができあがるのである。

■ 理想を求める

　現実的に到達可能な保育者像を形成することは，自分が確かに成長しつつあることを実感でき，自信をもてるという意味で大事である。しかし，同時に私たちは，実現不可能かもしれないが，つねにそれをめざして進んでいくべき理想としての保育者像をもつことも必要である。

保育の世界には，すぐれた実践をされる方も多い。身近にいる経験豊かな保育者のなかにも素晴らしい保育をされる方がいるだろう。そういう方の保育は，初心者からみると，とても真似のできないものであり，憧れにすぎないかもしれない。しかし，理想や憧れは，いつも自分の前方にあって，進むべき道を指し示してくれるものである。逆に，理想をもたない者は現状にとどまるだけであり，保育者として成長することは期待できない。

理想の保育者像は，必ずしも実現可能である必要はない。それは，あくまでも私たちが目標としてめざし続けるものである。したがって，それは実在の保育者をモデルとするだけではなく，本書で学んできたような「保育理論」などからも形成される。

たとえば，倉橋惣三[*]の幼児教育理論[**]に描かれる保育者像は，多くの先輩保育者たちに影響を与え，すぐれた実践を生みだした。すなわち，保育者としての成長をもたらす理想的な保育者像は，ただ子どもたちとかかわっているだけでは生まれないのである。保育の理論を学ぶという努力のなかから，実践を導く理想的な保育者像が生まれるのである。

[*]倉橋惣三
大正から昭和にかけて日本の幼児教育を主導した人物。東京女子高等師範学校附属幼稚園の主事および日本保育学会会長を務めた（第9章，p.223 参照）。

[**]幼児教育理論
たとえば，『幼稚園真諦』フレーベル館，2008，『育ての心（上）（下）』フレーベル館，2008（以上，倉橋惣三文庫）など参照。

❸ 自分の生き方を考える

保育者としてどのように子どもにかかわり，接するかという問題だけではなく，どういう生き方をするかということも，保育者像のうちに含まれる大事な要素である。それゆえ，保育者自身の生き方を考えることも大切である。

21世紀の保育の課題として，「共生すること」と「平和を創造すること」をあげた。それらは保育者自身が実行しなければ実現しない。

また，「人に関心をもつこと」が平和への第1歩であることについても述べたが，これも，保育者自身に求められる課題である。保育者に社会や，人に関心をもつ姿勢がなければ，そのような方向へと子どもたちを育てることは難しい。

このように，保育の目的を実現するためには，保育者自身が，自分の生活全体において，どのような態度や姿勢で，どのように生きるかということも重要な問題なのである。それゆえ保育者は，保育のあり方を問うだけではなく，自分自身の人間としてのあり方や生き方をも問う必要がある。そしてそれを，自分のめざす保育者のあり方・生き方として，保育者像のなかに統合することが必要となるのである。

以上，それぞれがめざすべき保育者像をどう形成するかについて考えてみた。これは，保育者を単なる職業のひとつとしてとらえるのではなく，自己形成の問題として，自分の人生のなかに位置づけることである。そのように考えたとき，「保育者である」ということは，保育者自身にとって一度しかない自分の人生そ

のものとして，決しておろそかにはできないことなのである。

＜学生のみなさんへ　〜保育実践の根底にあるもの〜＞

　私が学生のとき，ある特別支援学校の幼稚部で実習をさせていただくことになりました。実習の初日，ひとりの障がいのある子どもを任された私は，保育者らしく子どもの援助をしようと意気込み，その子の前に現れました。ところが，その子は私を無視し，少しも応答してくれませんでした。このとき，私は保育者としての無力感を思い知らされるとともに，子どもが私を認めてくれなければ何もできないことに気づかされました。それ以来，私は子どもと接するときには，子どもに認めてもらえるように意識しています。保育者の仕事は，子どもとの「認める—認められる」という平等な相互関係のうえに成り立っているものなのです。

演習問題

Q1　本文に説明されていること以外に，保育内容5領域のなかに共生にかかわることがないか，考えてみよう。

Q2　子ども時代に自然にふれた体験を学生同士で語りあい，それが自然との共生につながるかどうか考えてみよう。

Q3　子どもの日常生活のなかにある文化，およびそれにより規定されている日本人のふる舞いや行動はなにか，具体的に考えてみよう。

Q4　保育内容5領域のなかに，平和の創造につながることがないかどうか，考えてみよう。

Q5　本章で学んだことを踏まえて，自分はどのような保育者になりたいか,そのためにはどうしなければならないか,学生同士で話しあおう。

【引用・参考文献】
青木實・櫛田磐・小林美実・土橋美歩『新版　児童文化』学芸図書，1992
人権教育のための国連10年推進本部「『人権教育のための国連10年』に関する国内行

　動計画」1997

倉橋惣三『幼稚園真諦』倉橋惣三文庫1，フレーベル館，2008

倉橋惣三『育ての心（上）（下）』倉橋惣三文庫3・4，フレーベル館，2008

厚生労働省『保育所保育指針解説』2018

文部科学省『幼稚園教育要領解説』2018

富山大学教育学部幼児教育研究会・富山大学教育学部附属幼稚園
　『幼児の思いにこたえる環境づくり』明治図書，1999

UNESCO, Education for Sustainable Development (ESD)

http://www.unesco.org/new/en/education/themes/leading-the-international-agenda/
　education-for-sustainable-development/（2014年1月26日閲覧）

おわりに

　国連は未来社会に向けて，SDGs（持続可能な開発のための17の目標）を掲げている。その目標の4.2は「2030年までに，すべての子どもが男女の区別なく，質の高い乳幼児の発達支援，ケア及び就学前教育にアクセスすることにより，初等教育を受ける準備が整うようにする」ことであり，子ども時代を充実させるために，保育の質の高さが何よりも求められている。

　翻って，現在の日本では，都市部の保育所不足，保育者不足が深刻である。育児休業法や保育料無償化など，子どもを産み育てながら働き続けられる社会を志向するための制度が整えられてきたことと，乳幼児を育てる若い世代の家族を取り巻く厳しい経済状況とが相まって，共働き世帯が増えその需要に対応できない状況が生じている。そのため，平成27年度からの子ども・子育て支援新制度では，当初，保育の量的拡大に注力してきた。けれども平成29年度からは，量的充実に加えて，質の向上に対する施策の充実も図られてきている。

　みなさんが幼児教育・保育について保育者養成校で学んでいる今という時代は，このように単に保育者の需要があるだけでなく，質の高い保育者による保育が求められる時代である。それは，未来社会の担い手である子どもたちが心豊かな子ども時代を過ごし，誰もが幸福に生きられる共生社会を作っていくことを，今の社会を生きる私たち皆が心から願っているからではないだろうか。

　未来をつくる仕事は，挑戦的で面白い。それは，何より実習で実際に子どもに触れ，保育者と共に保育するときに，感じることではないだろうか。全力で生活し遊び，仲間と共に育とうとする子どもの真剣さに触れたとき，自分もまた保育者として成長していることを実感する。保育とは育てる仕事に留まらず，共に育ち合う仕事であり，そのような育ち合いのコミュニティを作り上げていく仕事であることに気づくことができるだろう。

　私たち，保育者を養成する者は，保育者を志した若い人たちが子どもの幸せを追求する保育者として，自ら質の向上を求め続ける姿勢を身につけることを切望している。また，そのような姿勢をもった保育者を育てたいと願っている。若い人たちが向上心を有する保育者となって社会に出て行けるためには，養成の段階において，「保育者とは何か」「保育者であることはどういうことか」という問題を考えてみることが必要であろう。本書は，そのための一助となることを願って編まれたものである。

　本書の基本的スタンスは，「保育は共生である」という考え方にある。「子どもと共に」，「保護者と共に」，「同僚と共に」，「地域の人びとと共に」，そして「さまざまな異なるものと共に」生きることが保育者であることの本質であり，そのことのなかに，保育者のさまざまな役割や援助活動も具体化され，実を結ぶ。本書では，この「共に生きること」を基盤として，私たちがいかにして保育者として成長していけるのかをできるだけ具体的に示すことに努めた。本書を通して，これから保育者になろうとする若い人たちが保育者としての自分のこれからの人生を思い描き，これから何をし，どのように生きていくことが大切なのかを考えられることを心から願うしだいである。

　そして，希望を持って保育者としての人生を歩み始められることを強く期待するものである。

　　　2020年4月

編著者　榎沢　良彦

上垣内伸子

索引 *Index*

保育・教育ネオシリーズ [9]

保育者論
共生へのまなざし

2004 年 4 月 1 日　第一版第 1 刷発行
2010 年 4 月 1 日　第二版第 1 刷発行
2014 年 4 月 25 日　第三版第 1 刷発行
2020 年 4 月 1 日　第四版第 1 刷発行

編著者　榎沢良彦・上垣内伸子
著　者　浜口順子・矢萩恭子
　　　　山田陽子・鈴木眞廣
　　　　若松亜希子・向山陽子
　　　　義永睦子・鈴木正敏
　　　　福元真由美
ＤＴＰ　内田幸子
　　　　清原一隆 (KIYO DESIGN)
　　　　伊藤琴美 (KIYO DESIGN)
　　　　丸山礼華 (KIYO DESIGN)
　　　　美研プリンティング株式会社
発行者　宇野文博
発行所　株式会社　同文書院
　　　　〒 112-0002
　　　　東京都文京区小石川 5-24-3
　　　　TEL (03)3812-7777
　　　　FAX (03)3812-7792
　　　　振替　00100-4-1316
印刷・製本　中央精版印刷株式会社